Réussir son BAC Term. S
Physique

Jean-Claude Paul
Professeur agrégé

JOKERS
BORDAS

Mode d'emploi

▶ *Indique le début de chaque rubrique.*

⏮ *Renvoie à une notion déjà traitée.*

⏭ *Renvoie à une notion traitée ultérieurement.*

⏸ *Annonce une remarque.*

⏺ *Résume l'essentiel. Notions à retenir.*
ENREG.

Définition *Précise une définition.*

Méthode *Rappelle un point de méthode.*

© Bordas/HER, Paris, 2000 – ISBN 2-04-730009-6

INTRODUCTION

Réussir l'épreuve de physique au bac, c'est savoir faire la synthèse d'un programme, mettre en forme méthodiquement ses connaissances pour réussir un exercice et enfin, rendre une copie qui réponde précisément aux questions ou sujets posés.

Partant de ce principe, cet ouvrage traite chaque point du programme de physique Terminale S en trois temps :

• ce qu'il faut savoir : **synthèse de cours.**
Définitions, propriétés, résultats…
• ce qu'il faut savoir faire : **méthode.**
Conseils de résolution d'un exercice.
• ce qu'il faut faire : **exercices-types.**
Exercices et problèmes corrigés.

Une méthode efficace qui vous permettra de répondre à l'attente des examinateurs et de réussir votre épreuve de physique.

1. INTERACTION GRAVITATIONNELLE

COURS

- Historique
- Loi de gravitation universelle
- Champ de gravitation

MÉTHODE

- La mission « Pathfinder »

EXERCICES

- Ptolémée et Aristarque
- Copernic et Galilée
- Tycho Brahe et Kepler
- La loi d'attraction
- Les plus gros satellites de Saturne
- Champ de gravitation
- Influence de la Lune et du Soleil
- Champ uniforme ou pas ?
- Expérience de Cavendish
- Testez-vous !
- L'épreuve du bac
- Corrigés

1 INTERACTION GRAVITATIONNELLE

Historique

Dans l'Antiquité

Les philosophes grecs
Les pythagoriciens (Ve siècle av. J.-C.) plaçaient la Terre au centre de la sphère céleste sur laquelle étaient disposées les étoiles. Les planètes se déplaçaient sur des sphères intermédiaires, transparentes et concentriques à la Terre. Ces sphères tournaient autour d'axes plus ou moins inclinés entre eux, passant par le centre de la Terre, laquelle était sphérique.
Ce **système géocentrique** va être remanié par l'école de Platon (IVe siècle av. J.-C.).
Par opposition à ce point de vue, **Aristarque** (IIIe siècle av. J.-C.) plaçait le Soleil au centre et faisait tourner toutes les planètes autour du Soleil. Sa théorie, difficile à admettre et à soutenir, fut rejetée par ses contemporains.

Le système de Claude Ptolémée (École d'Alexandrie)
Astronome et mathématicien grec, Ptolémée (IIe siècle ap. J.-C.) rassemble toutes les connaissances dans l'*Almageste*, livre qui va dominer la pensée pendant quatorze siècles ! Il s'appuie sur les principes pythagoriciens et platoniciens et introduit d'autres concepts pour améliorer les observations.

À la Renaissance

Copernic
Copernic (1473-1543), influencé par les écrits de l'Antiquité, reprend le **modèle héliocentrique** du système solaire d'Aristarque : la Terre tourne

autour du Soleil comme les autres planètes, la Lune tourne autour de la Terre et la Terre tourne autour d'elle-même.
Son livre, *Révolutions des sphères célestes* (1543), fut le point de départ de la révolution scientifique du XVIIe siècle.

Tycho Brahe
Astronome danois, Tycho Brahe (1546-1601) dresse un catalogue, extrêmement précis pour l'époque, des étoiles et de la position des planètes. Pour lui, les planètes tournent autour du Soleil et celui-ci tourne autour de la Terre ! Le système héliocentrique n'est pas encore imposé.

Galilée
Galilée (1564-1642) est considéré comme le fondateur de la physique moderne. Il perfectionne la lunette et découvre, entre autres, les quatre plus gros satellites de Saturne. Il défend avec conviction le système héliocentrique. Le 16 juin 1633, il est condamné à l'abjuration.

Référentiel géocentrique :
solide de référence constitué par le centre de la Terre et trois étoiles très éloignées. Le repère d'espace géocentrique $(T, \vec{i}, \vec{j}, \vec{k})$ est utilisé pour décrire le mouvement des satellites de la Terre.

Référentiel héliocentrique :
solide de référence constitué par le centre du Soleil et trois étoiles très éloignées. Le repère d'espace héliocentrique $(S, \vec{i}, \vec{j}, \vec{k})$ est utilisé pour décrire le mouvement des planètes du Soleil.

Loi de gravitation universelle

Les lois empiriques de Kepler

Une rencontre fortuite
En raison d'un édit contre les protestants, Johannes Kepler (1571-1630), astronome allemand, se réfugie à Prague chez son ami Tycho Brahe (1600). Après la mort de celui-ci en 1601, Kepler étudie avec minutie les relevés remarquables et précis qu'il a laissés. À l'issue d'un long travail d'analyse de ces relevés, il énonce trois lois qui décrivent le mouvement des planètes. Ces lois ne sont pas basées sur une étude théorique mais sur des observations, d'où leur qualification de « lois empiriques ».

Les trois lois de Kepler

1. L'orbite de chaque planète est une ellipse dont l'un des foyers S est occupé par le Soleil.
2. Le mouvement de chaque planète P est tel que, pendant des durées égales, les aires balayées par le rayon vecteur $\overrightarrow{SP}$ soient égales (*fig. 1*).
3. Les carrés des périodes de révolution T des planètes autour du Soleil sont proportionnels aux cubes de leurs distances moyennes R au Soleil :

$$T^2 = kR^3.$$

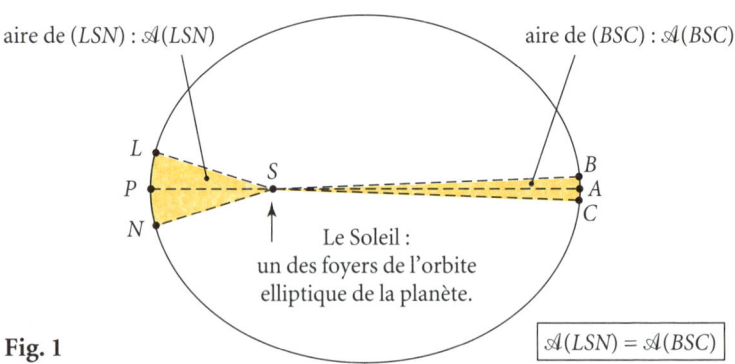

Fig. 1

La découverte de Newton

L'interaction gravitationnelle

Soient deux objets quasi ponctuels (A) et (B) de masses m_A et m_B, placés respectivement en des endroits quelconques A et B, situés à la distance r (*fig. 2*).

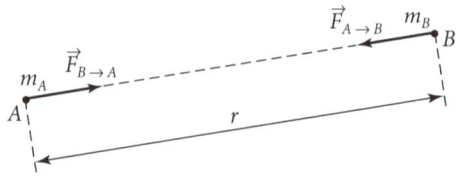

Fig. 2

L'objet (A) attire (B) avec une force $\overrightarrow{F}_{A \to B}$ et l'objet (B) attire (A) avec une force $\overrightarrow{F}_{B \to A}$. D'après le principe des interactions, on a :

$$\overrightarrow{F}_{A \to B} = -\overrightarrow{F}_{B \to A}$$
$\overrightarrow{F}_{A \to B}$; $\overrightarrow{F}_{B \to A}$ et $\overrightarrow{AB}$ sont colinéaires

La loi de gravitation de Newton

$F_{A \to B} = F_{B \to A} = F$	F, valeur commune des forces (N) ;
$F = \mathcal{G} \dfrac{m_A m_B}{r^2}$	m_A et m_B, masses de (A) et (B) (kg) ;
	r, distance entre A et B (m) ;
$\mathcal{G} = 6{,}67 \times 10^{-11}$ N·m²·kg⁻²	$\mathcal{G}$, constante de gravitation.

La loi reste valable pour les objets à répartition de masse de symétrie sphérique tels que les astres : Terre, Soleil, Lune, etc. Le centre O de cet astre est alors placé en A.

Expression vectorielle de la loi de gravitation

Désignons par $\vec{u}_{AB}$ un vecteur unitaire de la droite AB, orienté de A vers B (*fig. 3*). On a donc :

$$\vec{F}_{A \to B} = - \mathcal{G}\, \frac{m_A m_B}{r^2}\, \vec{u}_{AB}$$

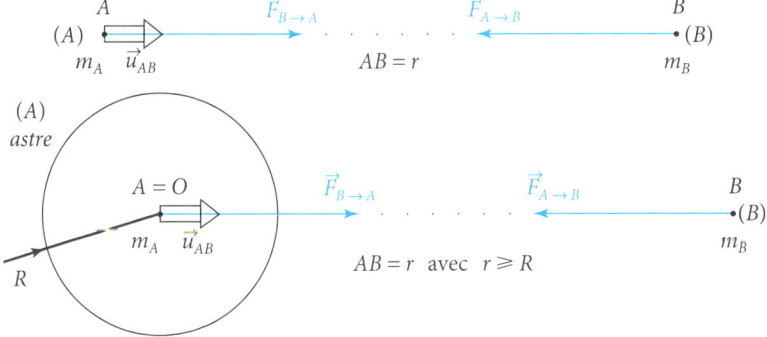

Fig. 3 (A) est un astre : son centre O est placé en A

Champ de gravitation

Définition

Le vecteur champ de gravitation $\vec{G}(A)$ en un point A de l'espace est défini par la relation (*fig. 4*) :

$$\vec{G}(A) = \frac{\vec{F}_A}{m}, \text{ ou encore, } \vec{F}_A = m\vec{G}(A)$$

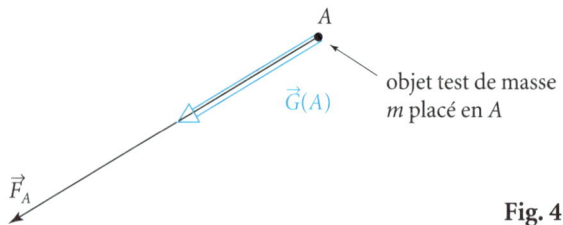

Fig. 4

La valeur du champ de gravitation s'exprime par l'intermédiaire de la relation de définition :

$$G(A) = \frac{F_A}{m}$$

m, masse de l'objet test (kg) ;
F_A, valeur de la force exercée sur l'objet placé en A (N) ;
$G(A)$, valeur du champ de gravitation en A (N·kg^{-1}).

Expression du champ gravitationnel d'un astre

Soit un astre de centre O et de masse M. Le vecteur champ de gravitation $\vec{G}(A)$ en un point A de l'espace possède les caractéristiques suivantes (*fig. 5*) :

$$\vec{G}(A) = -\mathcal{G}\frac{M}{r^2}\vec{u}_{OA}$$

– direction : celle de la droite (OA) ;
– sens : de A vers O ;
– valeur : $G(A)$.

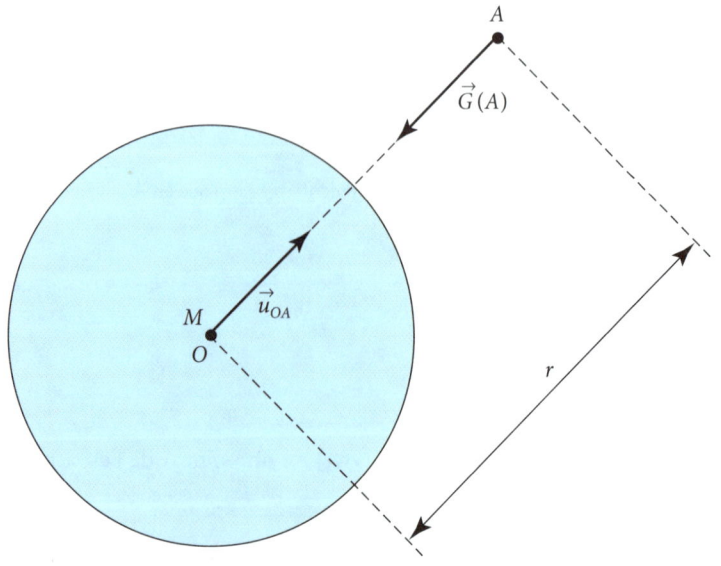

Fig. 5

La valeur de ce champ de gravitation en A est donc :

$G(A) = \mathcal{G}\dfrac{M}{r^2}$	M, masse de l'objet créateur du champ (kg) ; r, distance du centre O au point A, $OA = r$ (m) ; $\mathcal{G}$, constante de gravitation ($N \cdot m^2 \cdot kg^{-2}$) ; $G(A)$, valeur du champ de gravitation en A ($N \cdot kg^{-1}$).

Champ de pesanteur

Champ de gravitation et champ de pesanteur

Le poids d'un objet s'exprime en fonction de sa masse par la relation :

$$\vec{P} = m\vec{g}.$$

$P = mg$	P, valeur du poids de l'objet considéré (N) ; m, masse de l'objet (kg) ; g, valeur de la pesanteur ($N \cdot kg^{-1}$).

En première approximation, le poids d'un objet au voisinage d'un astre en rotation est égal à la force gravitationnelle exercée par cet astre sur l'objet : $\vec{P} \approx \vec{F}$.
D'où : $\vec{g} \approx \vec{G}$.

Champ de pesanteur uniforme

Dans un domaine restreint au voisinage du sol, le **champ de pesanteur** $\vec{g}$ est considéré comme **uniforme**. En première approximation, il est égal au champ de gravitation : $\vec{g} \approx \vec{G}$.

MÉTHODE

La mission « Pathfinder »

Énoncé

Le 4 juillet 1997, la sonde « Pathfinder » entrait dans l'atmosphère martienne à l'altitude $z = 130$ km. Elle emportait à son bord un robot mobile nommé « Rocky ». Ce dernier explora plus de 200 m^2 de la surface de Mars et parcourut une distance de plus de 100 m.
On donne :
– la constante de gravitation, $\mathcal{G} = 6{,}67 \times 10^{-11}$ N·m^2·kg^{-2} ;
– le rayon de Mars au site d'atterrissage, $R = 3\,388$ km ;
– la masse de Mars, $M = 6{,}42 \times 10^{23}$ kg.

1. a) Donner l'expression vectorielle $\vec{G}_M(0)$ du champ de gravitation sur le site d'atterrissage, noté A et situé à l'altitude 0.

b) Donner les caractéristiques de ce vecteur.

c) Calculer la valeur $G_M(0)$ de ce champ de gravitation à l'altitude 0.

2. Calculer la valeur du champ de gravitation à l'altitude de 130 km, notée $G_M(130)$.

3. Le robot mobile « Rocky » fait un prélèvement de roche à des fins d'analyse chimique. L'échantillon prélevé a un poids sur Mars de 23 mN.

a) Quelle est la masse de l'échantillon ?

b) Comparer les valeurs de la pesanteur à la surface de la Terre et à la surface de Mars. On donne la valeur de la pesanteur à la surface de la Terre : $g_T(0) = 9{,}8$ m·s^{-2}.

Solution commentée

Lors d'une application numérique, exprimer toutes les grandeurs de la formule dans les unités du Système International (SI). La valeur recherchée sera exprimée, elle aussi, en unité SI.
Exprimer toujours le résultat du calcul avec un nombre de chiffres significatifs égal à celui de la grandeur qui possède le plus petit nombre.
Exemple dans l'exercice étudié :
G est donné avec 5 chiffres significatifs, R est donné avec 4 et M est donné avec 3. La valeur du champ de gravitation sera donc donné avec le plus petit de ces nombres, soit 3 chiffres significatifs au maximum.

1. a) Mars peut être considéré comme un astre dont la répartition de masse est à symétrie sphérique de centre O. Le champ de gravitation au site d'atterrissage A, situé à l'altitude $z = 0$, est donné par l'expression :

$$\vec{G}_M(0) = -\mathcal{G}\frac{M}{r^2}\vec{u}_{OA} \text{ avec } r = R.$$

D'où : $\vec{G}_M(0) = -\mathcal{G}\frac{M}{R^2}\vec{u}_{OA}$

b) Les caractéristiques du vecteur gravitation sont :

$\vec{G}_M(0)$ en A	– direction : le rayon martien (OA) ; – sens : de A vers O (centre de Mars) ; – valeur : $G_M(0)$.

c) La valeur du champ de gravitation au site d'atterrissage est :

$$G_M(0) = \mathcal{G}\frac{M}{(R)^2}$$

$$G_M(0) = 6{,}6726 \times 10^{-11} \frac{6{,}42 \times 10^{23}}{(3{,}388 \times 10^6)^2}$$

$$G_M(0) = 3{,}73 \text{ N} \cdot \text{kg}^{-1}, \text{ ou encore, } G_M(0) = 3{,}73 \text{ m} \cdot \text{s}^{-2}$$

> La formule donnant le champ de gravitation en un point n'est valable que si ce point est situé à une distance r égale ou supérieure au rayon R de l'astre considéré.

2. Le point B, situé à l'altitude z, est distant du centre O de Mars de $R + z$. La valeur du champ de gravitation au point B est donnée par l'expression :

$G(z) = -\mathcal{G}\frac{M}{r^2}$ avec $r = R + z$. D'où :

$$G(z) = \mathcal{G}\frac{M}{(R+z)^2}$$

$$G_M(130) = 6{,}67 \times 10^{-11} \frac{6{,}42 \times 10^{23}}{(3{,}518 \times 10^6)^2}$$

$$G_M(0) = 3{,}46 \text{ N} \cdot \text{kg}^{-1}$$

> Pour comparer les valeurs de deux grandeurs, il est recommandé d'en exprimer le rapport :
> si $\frac{A}{B} > 1$ alors $A > B$; si $\frac{B}{A} < 1$ alors $A < B$.

!! Les valeurs utilisées dans les calculs numériques du 3. possèdent respectivement 2 et 3 chiffres significatifs. D'après la remarque faite précédemment, le résultat sera donc donné avec seulement 2 chiffres significatifs.

3. a) Soit $g_M(0)$ la valeur de la pesanteur à la surface de Mars. Le champ de gravitation au voisinage d'un astre est pratiquement égal au champ de pesanteur. Leurs valeurs sont donc pratiquement égales, d'où :
$$G(0) \approx g_M(0)$$
$$g_M(0) \approx 3{,}73 \text{ m}\cdot\text{s}^{-2}.$$
Soit P_M la valeur du poids de l'échantillon prélevé. La valeur P du poids d'un corps s'exprime en fonction de sa masse m par la relation : $P = mg$. Sur Mars et à l'altitude $z = 0$, la relation devient $P_M(0) = m\, g_M(0)$. D'où :
$$m = \frac{P_M(0)}{g_M(0)}$$

$$m = \frac{23 \times 10^{-3}}{3{,}73}, \text{ en kg}$$

$m = 6{,}2 \times 10^{-3}$ kg, ou encore, $m = 6{,}2$ g.

b) Comparaison des pesanteurs terrestres et martienne :
$\dfrac{g_T(0)}{g_M(0)} = \dfrac{9{,}8}{3{,}73}$; $\dfrac{g_T(0)}{g_M(0)} = 2{,}6.$

La pesanteur sur Mars est 2,6 fois plus faible que celle sur la Terre.

Méthode : décoder un énoncé

• Ne jamais essayer de faire un exercice sans avoir étudié le cours correspondant !
• Lire attentivement l'énoncé, question par question en inscrivant sur une feuille de brouillon les données littérales et numériques de la question traitée. Dans le cas d'un texte à étudier, ce sont des informations importantes qui sont sélectionnées.
• Avoir constamment à l'esprit les deux questions suivantes :
« Qu'est-ce que je connais ? (les hypothèses) »
« Qu'est-ce que l'on me demande ? (la question) ».
• Si c'est possible, tracer un schéma de la situation physique ou reproduire le schéma de l'énoncé. Porter les différentes données sur ce schéma et mettre en évidence la conclusion demandée.
• Sélectionner la loi, ou la relation, qui va servir à résoudre la question.
Pour ce dernier point, il est évident qu'il faut :
– savoir son cours ;
– avoir bien mémorisé les compétences exigibles.

Pour résoudre les exercices, si cela est nécessaire, on utilisera les valeurs suivantes :
- constante de gravitation : $\mathcal{G} = 6{,}67 \times 10^{-11}$ N·m²·kg⁻² ;
- masse de la Terre : $5{,}97 \times 10^{24}$ kg ;
- masse de la Lune : $7{,}35 \times 10^{22}$ kg ;
- masse du Soleil : $1{,}99 \times 10^{30}$ kg ;
- distance moyenne Terre-Lune : $3{,}84 \times 10^{8}$ m ;
- distance moyenne Terre-Soleil : $1{,}52 \times 10^{11}$ m ;
- rayon moyen terrestre : $6{,}38 \times 10^{6}$ m ;
- rayon moyen lunaire : $1{,}74 \times 10^{6}$ m.

Ptolémée et Aristarque

1 — 1. Où et quand vécurent Ptolémée et Aristarque de Samos ?

2. De quels travaux s'inspira Ptolémée pour rédiger son œuvre et que contient-elle ?

3. Décrire sommairement le système de Ptolémée.

4. Quel était le système défendu par Aristarque ? Ses idées firent-elles école ?

(corrigés p. 21)

Copernic et Galilée

2 — 1. À l'aide de documents divers (dictionnaire, encyclopédie,…) chercher où et quand vécurent Copernic et Galilée.

2. Par qui fut influencé Copernic lorsqu'il réintroduisit le système héliocentrique ?

3. Décrire le système héliocentrique de Copernic.

4. De leur vivant, Copernic et Galilée firent paraître des livres qui marquèrent leur époque. Ces deux savants ne furent pas soumis aux mêmes attaques et aux mêmes foudres de l'Église. Pourquoi ?

(corrigés p. 21)

Tycho Brahe et Kepler ★

3 — **1.** Quels furent les travaux de Tycho Brahe ? En quoi sont-ils remarquables ?

2. Quels furent les relations et les liens entre Brahe et Kepler ?

3. a) Citer les trois lois de Kepler : la loi des orbites elliptiques (1605), la loi des aires (1604) et la loi harmonique (1618).

b) Pourquoi dit-on que ces lois sont empiriques ? *(corrigés p. 22)*

La loi d'attraction ★

4 — **1.** Qu'appelle-t-on « interaction gravitationnelle » ?

2. a) Donner l'expression de la valeur commune des deux forces gravitationnelles agissant sur deux objets supposés isolés.

b) Cette relation s'applique-t-elle aux astres ?

c) Donner la forme vectorielle de la loi de gravitation.

3. Calculer les valeurs de la force gravitationnelle exercée par le Soleil sur la Terre et de celle exercée par la Lune sur la Terre. *(corrigés p. 22)*

Les plus gros satellites de Saturne ★★

5 — Les sept plus gros satellites de Saturne ont des diamètres compris entre 5 150 km pour Titan et 392 km pour Mimas. Deux de leurs caractéristiques sont données dans le tableau suivant :

	Mimas	Encelade	Téthys	Dioné	Rhéa	Titan	Japet
R rayon orbital moyen (10^3 km)	186	238	295	377	527	1 222	3 561
T période de révolution (j)	0,942	1,370	1,888	2,737	4,518	15,945	79,331

1. Pour étudier le mouvement des satellites de Saturne, quel référentiel est-il préférable d'utiliser ?

2. Calculer le quotient $k = \dfrac{T^2}{R^3}$.

3. La troisième loi de Kepler est-elle vérifiée ? *(corrigés p. 22)*

Champ de gravitation ★

6 — **1.** En utilisant la loi de gravitation de Newton, établir l'expression vectorielle du champ de gravitation en un point situé à la surface de la Terre, noté $\vec{G_0}$.

2. Établir l'expression du champ de gravitation $G(z)$ d'un point situé à l'altitude z en fonction de G_0.

3. Calculer la valeur du champ de gravitation à l'altitude :
a) où vole un avion de ligne (10,0 km), on donne $G_0 = 9{,}80 \text{ N} \cdot \text{kg}^{-1}$;
b) où tourne un satellite d'observation (230 km) ;
c) où tourne un satellite de télécommunication (36,0 Mm). *(corrigés p. 23)*

Influence de la Lune et du Soleil ★

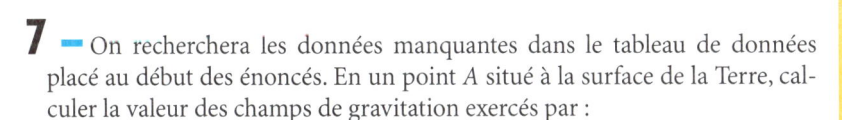

7 — On recherchera les données manquantes dans le tableau de données placé au début des énoncés. En un point A situé à la surface de la Terre, calculer la valeur des champs de gravitation exercés par :

a) la Terre ; **b)** la Lune ; **c)** le Soleil. *(corrigés p. 24)*

Champ uniforme ou pas ? ★★

8 — **1.** Qu'appelle-t-on champ de gravitation uniforme ?

2. Deux points A et B situés à la surface de la Terre sont éloignés d'une distance $d = 5{,}0$ km.

a) Les deux vecteurs champ de gravitation en ces deux points ont-ils des directions parallèles ? Pourquoi ?

b) Calculer la valeur de l'angle α que font ces deux directions. Que conclure à la vue de ces calculs ?

3. a) Qualifier les vecteurs champ de gravitation à la surface de la Terre sur une dizaine de kilomètres carrés.

b) Que peut-on dire du champ de pesanteur et du champ de gravitation en un point situé au voisinage de la Terre ? *(corrigés p. 24)*

Expérience de Cavendish

9 — La première détermination de la valeur de 𝒢 a été effectuée par Lord Cavendish en 1798. Il utilise le dispositif suivant (*fig. 7*) :

• deux petites boules, de masse m chacune, sont fixées à une tige horizontale ; leurs centres sont distants d'une longueur D ;

• la tige horizontale est suspendue par l'intermédiaire d'un fin fil en quartz dont la constante de torsion est C ;

• deux grosses boules, de masse M chacune, sont disposées à proximité des deux premières ;

• une méthode optique permet de mesurer, avec précision, la rotation θ de l'équipage mobile due aux interactions entre les boules ;

• la distance entre les centres d'une petite boule et d'une grosse boule est alors de d lorsque le fil de quartz est tordu d'un angle de mesure θ.

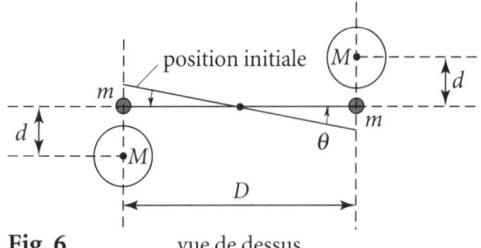

Fig. 6   vue de dessus

On donne : $M = 10{,}00$ kg ; $m = 10{,}00$ g ; $D = 1{,}000$ m ; $d = 10{,}0$ cm ; $C = 8{,}34 \times 10^{-8}$ USI ; $\theta = 7{,}88 \times 10^{-3}$ rad.

1. Donner l'expression de la valeur de la force de gravitation s'exerçant sur une petite boule et due à la grosse boule placée à sa proximité.

2. Donner l'expression du moment des forces de gravitation s'exerçant sur les deux petites boules.

3. Donner l'expression du moment du couple de torsion du fil de suspension lorsque la tige AB a subi une rotation de valeur θ.

4. a) Calculer la valeur $\mathcal{G}$ de la constante de gravitation donnée par cette expérience.

b) Déterminer la précision obtenue lors de cette mesure de $\mathcal{G}$.

- Coup de pouce pour le **2.** Le moment du couple de forces recherché est :
$$\mathcal{M} = FD \cos \theta.$$
- Coup de pouce pour le **3.** Le moment d'un couple de torsion est :
$$\mathcal{M} = C\theta.$$
(corrigés p. 25)

Testez-vous !

10 — *Quatre points à chaque exercice juste. Bon courage !*

1. Décrire succinctement :

a) le système de Ptolémée ;

b) le système de Copernic.

2. a) Citer les lois de Kepler.

b) Énoncer la loi de gravitation de Newton et donner son expression vectorielle.

3. On utilisera les valeurs données en début de chapitre. Calculer le champ de gravitation créé :

a) par la Terre à la surface de celle-ci ;

b) par la Lune à la surface de celle-ci.

4. En 1989, la sonde *Voyager-2* arrivant dans la région de Neptune découvre six nouveaux satellites de Neptune dont quelques caractéristiques orbitales sont données dans le tableau suivant.

Par une méthode de calcul quelconque, compléter le tableau.

	Naiad	Thalassa	Despira	Galatea	Larissa	Proteus
Période de révolution (j)	0,296	0,312	B	0,429	C	1,121
Rayon moyen de l'orbite (10^3 km)	48,0	A	52,5	62,0	73,6	D

5. On considère un point A de la surface de la Lune. On désigne par O le centre de la Terre et par O' le centre du Soleil. On donne : $AO = 3,9 \times 10^8$ m et $AO' = 1,5 \times 10^{11}$ m. Calculer les valeurs des champs de gravitation en A créés par :

a) la Lune ; **b)** la Terre ; **c)** le Soleil.

d) Donner une conclusion à la vue des résultats obtenus. *(corrigés p. 26)*

L'épreuve du bac

- À faire après l'étude des 10 exercices précédents.
- Comme pour le bac, aucune indication n'est donnée dans le texte.
- Rédiger la solution sans aucun document à portée de main.
- Arrêter la recherche et la rédaction de la solution après 52 minutes environ (durée pouvant être consacrée à cette partie durant l'examen).
- Essayer de noter le travail ainsi fait.

11 — Champ de gravitation
(Amérique du Nord — juin 1997 — 5 points)

I. On assimile le Soleil à une sphère de rayon r_S et de masse m_S présentant une répartition de masse à symétrie sphérique.
On suppose que la trajectoire du centre de la Terre autour du Soleil est un cercle de rayon R.

1. Donner l'expression littérale du champ de gravitation G_{0S} à la surface du Soleil. Calculer sa valeur numérique. 0,75 pt

2. Donner l'expression littérale du champ de gravitation G_S en un point de l'orbite terrestre autour du Soleil.
Calculer sa valeur numérique. 0,75 pt

3. Comparer la valeur du champ de gravitation G_S précédente à celle G_{0T} du champ de gravitation terrestre au niveau du sol.
Conclure. 0,75 pt

Données : $r_S = 7,0 \times 10^5$ km ; $m_S = 2,0 \times 10^{30}$ kg ; $R = 1,5 \times 10^8$ km.
Constante d'attraction universelle : $K = 6,67 \times 10^{-11}$ SI. Ici $K = G$.
Champ de gravitation terrestre au niveau du sol : $G_{0T} = 9,8$ N·kg^{-1}.

II. Soient m_L et m_T les masses respectives de la Lune et de la Terre, ces astres étant supposés sphériques. Soient r_L et r_T leurs rayons.

1. Calculer la valeur du champ de gravitation lunaire G_{0L} au niveau de son sol. 0,75 pt

2. Il existe, sur la ligne joignant les deux astres Terre et Lune, un point M où les champs de gravitation lunaire et terrestre se compensent.

a) Situer ce point M remarquable en calculant sa distance x au centre de la Terre.
Donnée : distance des centres des deux astres Terre-Lune : $D = 3,80 \times 10^5$ km. 1,25 pt

b) Indiquer, sur le segment Terre-Lune, le domaine où l'action gravitationnelle d'un des deux astres est prépondérante. 0,75 pt

(corrigés p. 26)

CORRIGÉS

Ptolémée et Aristarque

1 –

1. Ptolémée (90?-168 ap. J.-C.), savant grec de l'École d'Alexandrie en Égypte. Aristarque (310-230 av. J.-C.), né à Samos en Grèce. On perd sa trace à la fin de sa vie : on ne sait même pas où il est mort.

2. Ptolémée s'inspira des idées des disciples de Platon et de Pythagore. Il fit la synthèse de toutes les connaissances astronomiques, mathématiques et géographiques de l'Antiquité dans une œuvre monumentale, *Almageste*.

3. La Terre est au centre du Monde. La Lune tourne autour de la Terre, le Soleil tourne autour de la Terre. Les planètes tournent autour d'un cercle dont le centre tourne autour de la Terre !

4. Aristarque de Samos défend des idées trop révolutionnaires pour l'époque. La Terre tourne autour d'elle-même et tourne autour du Soleil comme les autres planètes. Sa vision du Monde ne fit pas école et resta quasi ignorée dans l'Antiquité.

Copernic et Galilée

2 –

1. Copernic (1473-1543), astronome et homme d'Église polonais.
Galilée, illustre physicien, mathématicien et astronome italien. Il est le fondateur de la physique moderne.

2. Copernic fut influencé par les écrits des Anciens et, en particulier, par les idées d'Aristarque. Il le cite dans son manuscrit mais pas dans son traité *De Revolutionibus orbium caelestium libri*, publié à Nuremberg en 1543.

3. Copernic défend le système héliocentrique ; les phénomènes observés sont plus simples à expliquer. Le Soleil est au centre du système solaire, les planètes tournent autour du Soleil et la Terre tourne autour d'elle-même.

4. Copernic édite son traité pratiquement à la veille de sa mort. Ses idées ne seront connues que d'une élite intellectuelle de l'époque. Au début, elles apparaissent comme une curiosité plutôt que comme une révolution. Quelques années plus tard, Galilée défend avec ferveur et vulgarise les idées de l'héliocentrisme dans un ouvrage polémique *Dialogue sur les deux grands systèmes du Monde* (1632). Les remous et le succès de cet ouvrage gênent l'Église car les idées qu'il défend sont contraires aux conceptions de celle-ci. Galilée passe en jugement, est condamné à l'abjuration et à la prison à vie. Sa peine est transformée par le Pape en assignation à domicile.

Tycho Brahe et Kepler

3 –

1. Tycho Brahe, astronome danois, découvre en 1577 une nouvelle étoile ou nova qui « vient de naître » ; elle bouleverse la conception immuable de la voûte céleste. Il dresse le premier catalogue des positions de 777 étoiles et effectue, à l'œil nu, des mesures extrêmement précises pour l'époque des différentes positions des planètes dans le ciel.

2. Kepler, persécuté en Allemagne, se réfugie chez son vieil ami Tycho Brahe à Prague. Il lui sert d'assistant jusqu'à sa mort.

3. Voir page 7, *Loi de gravitation universelle*.

La loi d'attraction

4 –

1. Voir page 7, *La découverte de Newton*.

2. Voir page 7, *La découverte de Newton*.

3. • La valeur de la force gravitationnelle exercée par le Soleil sur la Terre est donnée par l'expression :

$F_{S \to T} = \mathcal{G}\dfrac{m_S m_T}{r^2}$, avec $r = 1{,}50 \times 10^{11}$ m ; $F_{S \to T} = 3{,}43 \times 10^{22}$ N.

La valeur de la force gravitationnelle exercée par la Lune sur la Terre est donnée par l'expression :

$F_{L \to T} = \mathcal{G}\dfrac{m_L m_T}{r^2}$, avec $r = 3{,}84 \times 10^{8}$ m ; $F_{L \to T} = 1{,}98 \times 10^{20}$ N.

L'attraction lunaire est près de 173 fois plus faible que l'attraction solaire sur la Terre.

Les plus gros satellites de Saturne

5 –

1. Pour étudier le mouvement des satellites de Saturne, il est préférable d'utiliser le référentiel suivant : centre de Jupiter et trois étoiles très éloignées fixes sur la voûte céleste.

2. Calcul de k :

	Mimas	Encelade	Téthys	Dioné	Rhéa	Titan	Japet
R (10^3 km)	186	238	295	377	527	1 222	3 561
T (j)	0,942	1,370	1,888	2,737	4,518	15,945	79,331
R^3 (10^{15} km^3)	6,43	13,5	25,7	53,6	146,4	1 824	45 156
T^2 (j^2)	0,887	1,877	3,565	7,491	20,41	254,2	6 293
$k = \dfrac{T^2}{R^3}$ (10^{-16} j$^2 \cdot$ km^{-3})	1,38	1,39	1,39	1,40	1,39	1,39	1,39

3. Les valeurs de k sont pratiquement les mêmes aux incertitudes de mesure et de calcul près. La troisième loi de Kepler est donc vérifiée :
$$T^2 = kR^3.$$

Champ de gravitation

6 –

1. Par définition, la force $\vec{F}$ de gravitation s'exerçant sur un objet test de masse m est égale au produit du champ de gravitation $\vec{G_0}$ existant à la surface de la Terre par la masse m de l'objet : $\vec{F} = m\vec{G_0}$.

La force de gravitation a pour expression : $\vec{F} = -\mathcal{G}\dfrac{mM}{R^2}\vec{u}_{OA}$; O étant le centre de la Terre et A la position de l'objet test à la surface de la Terre.

On en déduit donc : $m\vec{G_0} = \mathcal{G}\dfrac{mM}{R^2}\vec{u}_{OA}$. D'où $\vec{G_0} = -\mathcal{G}\dfrac{M}{R^2}\vec{u}_{OA}$.

La valeur du champ de gravitation est : $G_0 = 9,80$ N$\cdot$kg^{-1}.

2. À l'altitude 0, la valeur du champ de gravitation est : $G_0 = \mathcal{G}\dfrac{M}{R^2}$.

À l'altitude z, la valeur du champ de gravitation est : $G_z = \mathcal{G}\dfrac{M}{(R+z)^2}$.

En faisant le rapport, membre à membre, on obtient après simplification :
$G_z = \dfrac{R^2}{(R+z)^2} G_0$.

3. La valeur du champ de gravitation (ou la valeur de la pesanteur), à l'altitude :
a) où vole un avion de ligne, est : $G_{10} = 9,77$ N$\cdot$kg^{-1} ;
b) où tourne un satellite d'observation, est : $G_{230} = 9,13$ N$\cdot$kg^{-1} ;
c) où tourne un satellite de télécommunication, est : $G_{36\,000} = 0,222$ N$\cdot$kg^{-1}.

Influence de la Lune et du Soleil

7 –

a) Le champ de gravitation exercé par la Terre en A est :
$G_T = \mathcal{G} \dfrac{M_T}{R^2}$; $G_T = 9{,}78$ N·kg^{-1}.

b) Le champ de gravitation exercé par la Lune en A est :
$G_L = \mathcal{G} \dfrac{M_L}{d^2}$; $G_L = 3{,}32 \times 10^{-5}$ N·kg^{-1}.

c) Le champ de gravitation exercé par le Soleil en A est :
$G_S = \mathcal{G} \dfrac{M_S}{D^2}$; $G_S = 5{,}75 \times 10^{-3}$ N·kg^{-1}.

On remarque que :
$G_T \approx 1\,700\,G_S$ et $G_T \approx 300\,000\,G_L$.
L'influence gravitationnelle de la Lune est très faible par rapport à celle du Soleil.

Champ uniforme ou pas ?

8 –

1. Voir page 9, *Champ de gravitation*.

2. a) Par définition, les lignes de champ passant par les points A et B passent par ce centre O de la Terre. Ce sont des droites sécantes en O ; les vecteurs champ de gravitation en A et B n'ont donc pas des directions parallèles.

b) La valeur α de l'angle des deux droites verticales passant par A et B est donnée par la relation (fig. 9) :

$\alpha \approx \dfrac{AB}{R}$, avec R le rayon terrestre ;

$\alpha \approx \dfrac{5{,}0}{6\,380}$; $\alpha \approx 7{,}8 \times 10^{-4}$ rad.

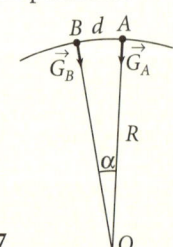

Fig. 7

3. a) Pratiquement, on peut considérer que la valeur de cet angle est très faible et que les directions des différents vecteurs gravitation sont parallèles. En admettant que les différentes valeurs de ces champs de gravitation sont les mêmes, on dira que le champ de gravitation à la surface de la Terre, sur plusieurs kilomètres carrés, est le même.

… CORRIGÉS

b) Si l'on néglige l'effet de rotation de la Terre, le champ de gravitation $\vec{G}$ est pratiquement le même que le champ de pesanteur $\vec{g}$: $\vec{G} \approx \vec{g}$.

Expérience de Cavendish

9 — Réponses pour vérifier les résultats trouvés

1. $F = \mathcal{G}\dfrac{mM}{d^2}$.

2. $\mathcal{M} = FD \cos \theta$.

3. $\mathcal{M}_T = C\theta$.

4. **a)** À l'équilibre : $\mathcal{M} = \mathcal{M}_T$.

D'où : $\mathcal{G}\dfrac{mM}{d^2} D \cos \theta = C\theta$

$\mathcal{G} = \dfrac{C\theta d^2}{mMD \cos \theta}$; $\mathcal{G} = 6{,}57 \times 10^{-11}$ USI.

b) La précision de cette détermination expérimentale est :
$\dfrac{\Delta \mathcal{G}}{\mathcal{G}} = \dfrac{6{,}67 - 6{,}57}{6{,}67}$; $\dfrac{\Delta \mathcal{G}}{\mathcal{G}} \approx 1{,}5\,\%$.

Testez-vous !

10 — Réponses pour vérifier les résultats trouvés

1. **a)** Voir page 6, *Historique*.

   b) Voir page 6, *Historique*.

2. **a)** Voir page 6, *Loi de gravitation universelle*.

   b) Voir page 6, *Loi de gravitation universelle*.

3. **a)** $G_T = \mathcal{G}\dfrac{M_T}{R_T^2}$; $G_T = 9{,}8$ N·kg^{-1}.

   b) $G_L = \mathcal{G}\dfrac{M_L}{R_L^2}$; $G_L = 1{,}63$ N·kg^{-1}.

4. $T^2 = kR^3$: $k_{moy} = 7{,}82 \times 10^{-16}$ j$^2 \cdot$ km^{-3}.
$A = 49{,}9 \times 10^3$ km ; $B = 0{,}336$ j ; $C = 0{,}558$ j ; $D = 117 \times 10^3$ km.

5. a) Champ gravitationnel créé par la Lune :

$G_L = \mathcal{G}\dfrac{M_L}{R_L^2}$; $G_L = 1{,}63$ N$\cdot$kg^{-1}.

b) Champ gravitationnel créé par la Terre :

$G_T = \mathcal{G}\dfrac{M_T}{AO^2}$; $G_T = 2{,}6 \times 10^{-3}$ N$\cdot$kg^{-1}.

c) Champ gravitationnel créé par le Soleil :

$G_S = \mathcal{G}\dfrac{M_S}{AO'^2}$; $G_S = 5{,}9 \times 10^{-3}$ N$\cdot$kg^{-1}.

d) Les champs gravitationnels créés par la Terre ou le Soleil à la surface de la Lune sont négligeables par rapport à celui créé par la Lune.

L'épreuve du bac

11 — Réponses pour vérifier les résultats trouvés.

I. 1. $G_{OS} = K\dfrac{m_S}{r_S^2}$; $G_{OS} = 2{,}7 \times 10^2$ N$\cdot$kg^{-1}.

2. $G_S = K\dfrac{m_S}{R^2}$; $G_S = 5{,}9 \times 10^{-3}$ N$\cdot$kg^{-1}.

3. $\dfrac{G_{OT}}{G_S} = 1{,}7 \times 10^3$.

En un point de la surface de la Terre, le champ de gravitation du Soleil est quasi négligeable par rapport à celui exercé par la Terre (plus de 1 600 fois plus petit).

II. 1. $G_{OL} = K\dfrac{m_L}{r_L^2}$; $G_{OL} = K\dfrac{m_T}{81} \times \left(\dfrac{11}{3r_T}\right)^2$.

$G_{OL} = K\dfrac{11^2}{3^2 \times 81} K\dfrac{m_T}{r_T^2}$; $G_{OL} = \dfrac{11^2}{3^2 \times 81} G_{OT}$

$G_{OL} = \dfrac{121}{729}G_{OT}$; $G_{OL} = 1{,}6$ N$\cdot$kg^{-1}.

CORRIGÉS

2. a)

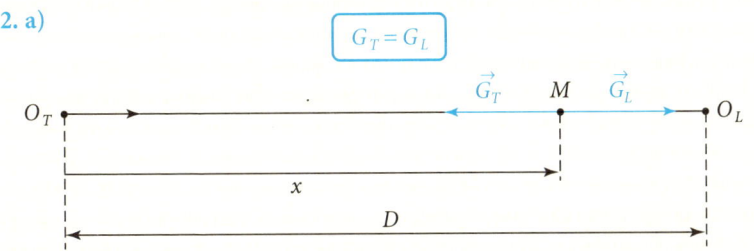

Fig. A

On désigne par :
• O_T et O_L les centres de la Terre et de la Lune ;
• M le point de la droite $(O_T O_L)$ tel que $\vec{G_T} + \vec{G_L} = \vec{O}$, ou encore, $G_T = G_L$;
• $(O, \vec{i})$ un repère d'espace de la droite $(O_T O_L)$;
• $\overrightarrow{O_T M} = x \cdot \vec{i}$, ou encore, $\overrightarrow{OM} = x$.

En M, on a donc : $G_T = G_L$. D'où :

$K \dfrac{m_T}{x^2} = K \dfrac{m_L}{(D-x)^2}$; avec $x \in [O ; D]$.

$K \dfrac{81 \, m_T}{x^2} = K \dfrac{m_L}{(D-x)^2}$.

Après simplification, on obtient :
$81(D-x)^2 = x^2$
$80x^2 - 2 \times 81 D + 81 D^2 = 0$, avec $x \in [O ; D]$.

$d = x = \dfrac{81 D \pm \sqrt{81^2 D - 80 \times 81 D}}{80}$

$d = x = \dfrac{81 - 9}{80}$; $d = x = 3{,}42 \times 10^5$ km.

b)

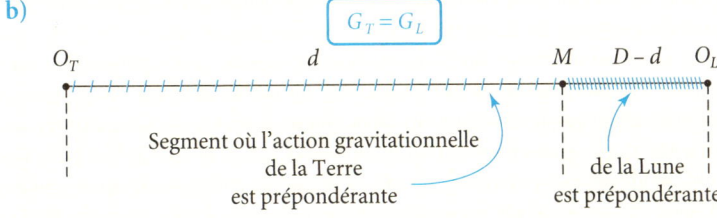

Fig. B

2. INTERACTION ÉLECTROMAGNÉTIQUE

COURS

- Loi de Coulomb
- Notion de champ électrique
- Notion de champ magnétique
- Solénoïde et bobine de Helmholtz

MÉTHODE

- Les deux pendules électriques

EXERCICES

- Deux poussières
- Penser à la dérivée
- Forces électriques et forces de gravitation
- Le condensateur plan
- Deux grandeurs dépendantes
- Analogies et différences
- Testez-vous !
- L'épreuve du bac
- Corrigés

2. INTERACTION ÉLECTROMAGNÉTIQUE

Loi de Coulomb

L'interaction électrostatique

Soit deux objets quasi ponctuels, (A) et (B), portant des charges électriques, q_A et q_B, placés respectivement en A et B, à la distance r l'un de l'autre. L'objet (A) exerce sur (B) une force $\vec{F}_{A \rightarrow B}$ et l'objet (B) exerce sur (A) une force $\vec{F}_{B \rightarrow A}$.

Ces deux forces sont appelées forces électriques ou forces électrostatiques. Elles sont :

- répulsives si les deux charges électriques sont de même signe (fig. 1a) ;
- attractives si les deux charges électriques sont de signes contraires (fig. 1b).

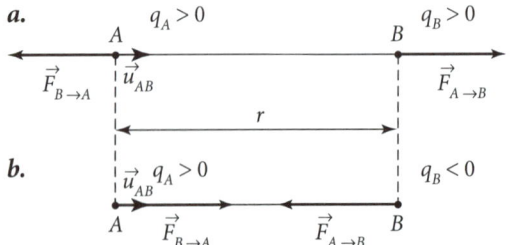

Fig. 1

D'après le principe des interactions, on a :

$$\vec{F}_{A \rightarrow B} = -\vec{F}_{B \rightarrow A}$$

$F_{A \rightarrow B}$; $F_{B \rightarrow A}$ et AB sont colinéaires.

Expression de la loi de Coulomb

Valeur des forces électriques

$F_{A \to B} = F_{B \to A} = F$ $$F = k \frac{|q_A||q_B|}{r^2}$$	F, valeur des forces électriques (N) ; $|qA|$, $|qB|$, valeurs absolues des charges (C) ; r, distance entre A et B (m) ; k, constante de proportionnalité.

• On pose $k = \dfrac{1}{4\pi\varepsilon_0} = 8{,}99 \times 1\,099$ N·m²·C⁻²,

ε_0 étant appelé la permittivité électrique du vide.

• Si les objets (A) et (B) sont placés dans l'air, on admettra que la relation reste valable.

Forme vectorielle de la loi de Coulomb

On désigne par $\vec{u}_{AB}$ un vecteur unitaire de la droite (AB) orienté de A vers B. La force $\vec{F}_{A \to B}$ s'écrit sous la forme vectorielle suivante :

$$\vec{F}_{A \to B} = \frac{1}{4\pi\varepsilon_0} \frac{q_A\, q_B}{r^2} \vec{u}_{AB}.$$

Notion de champ électrique

Notion de champ électrique

• On place en un point A un « objet test » de charge positive. Si celui-ci est soumis à une force électrique $\vec{F}$ (*fig. 2a*), on dira qu'il existe en A un champ électrique $\vec{E}$ ayant même sens que le vecteur $\vec{F}$.
Si q est négatif, les vecteurs $\vec{F}$ et $\vec{E}$ ont des sens contraires (*fig. 2b*).

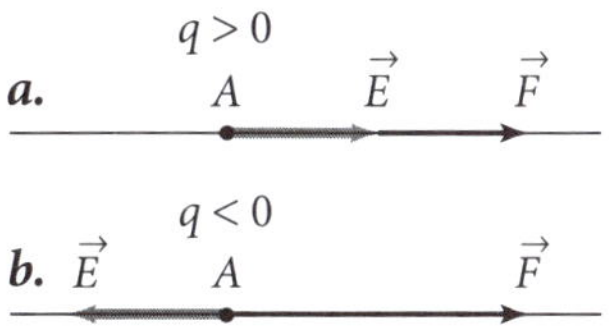

Fig. 2

| $\vec{E} = \dfrac{\vec{F}}{q}$ | $\vec{E}$, champ électrique en un point A ;
 $\vec{F}$, force s'exerçant sur la particule chargée placée en A ;
 q, charge électrique de la particule. |

| $F = qE$ | F, valeur de la force électrique (N) ;
 q, charge électrique de « l'objet - test » (C) ;
 E, valeur du champ électrique en A (V·m^{-1}). |

Champ électrique uniforme

Les caractéristiques du champ électrique $\vec{E}$ entre les armatures sont :

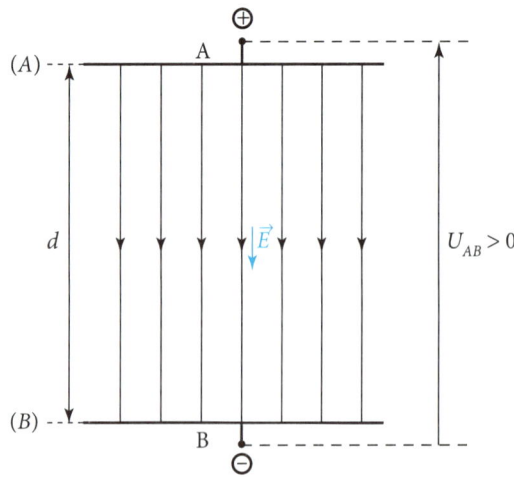

Fig. 3

| $\vec{E} = \overrightarrow{\text{cte}}$
 (Fig. 3) | – direction : perpendiculaire aux plaques ;
 – sens : de la plaque positive à la plaque négative ;
 – valeur : $E = \dfrac{U_{AB}}{d}$, avec U_{AB} (V), d(m) et $E(V \cdot \text{m}^{-1})$. |

• Les lignes de champ à l'intérieur d'un condensateur plan sont parallèles entre elles, à l'exclusion des bords.

Notion de champ magnétique

Mise en évidence

• Une petite aiguille aimantée, orientable en toute direction, donne le sens et la direction du champ magnétique $\vec{B}$ à l'endroit où elle est placée (*fig. 4*) :

$\vec{B}_M$ en un point M	– direction : l'axe de symétrie de la petite aiguille aimantée ; – sens : du pôle sud vers le pôle nord ; – valeur B_M, en teslas (T).

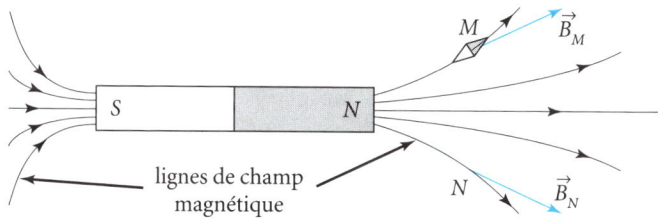

Fig. 4

• Une ligne de champ magnétique est une courbe en chaque point de laquelle la direction du vecteur champ magnétique fournit la direction de la tangente à la courbe au point considéré. On oriente ces lignes de champ magnétique dans le sens du champ magnétique.

• Comme le champ magnétique est une grandeur vectorielle, l'addition de plusieurs champs magnétiques s'effectue suivant la somme vectorielle des champs magnétiques : $\vec{B} = \vec{B}_1 + \vec{B}_2$.

Sources de champ magnétique

Les aimants
Les aimants sont des sources permanentes de champ magnétique.

Les courants électriques

• Tout courant électrique passant dans un conducteur crée un champ magnétique en son voisinage.

• Sens du champ magnétique : la règle du « bonhomme d'Ampère ». Un petit bonhomme allongé sur le conducteur, le courant électrique passant des pieds vers la tête, regardant le point M, voit le sens de $\vec{B}_M$ vers sa gauche (*fig. 5*).

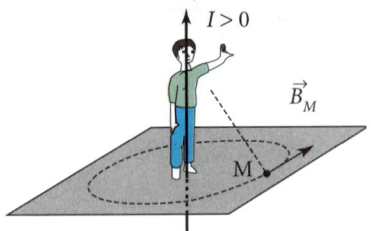

Fig. 5

• Un moyen mnémotechnique permet de trouver instantanément le nom de la face d'une bobine : le sens des flèches du N (pour nord) et du S (pour sud) est identique au sens du courant électrique lorsque l'on regarde ses différentes faces (*fig. 6*).

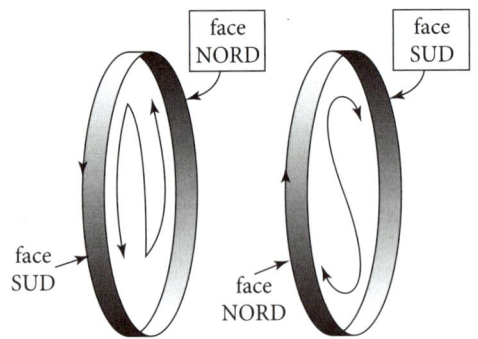

Fig. 6

Solénoïde et bobine de Helmholtz

Champ magnétique à l'intérieur du solénoïde

À l'intérieur d'un solénoïde long, à l'exclusion de ses extrémités et de ses bords, le champ magnétique $\vec{B}$ est uniforme et ses caractéristiques sont (*fig. 7*) :

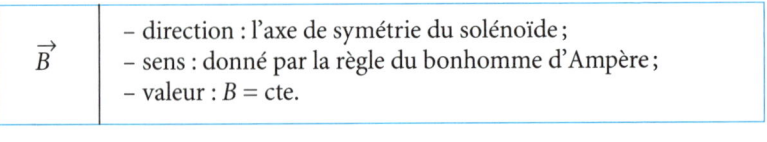

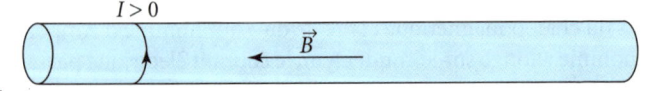

Fig. 7

$B = \mu_0 \dfrac{N}{l} I$	B, valeur du champ magnétique (T) ; $\mu_0 = 4\pi \times 10^{-7}$ N·A^{-2}, perméabilité magnétique du vide ; N, nombre de spires du solénoïde (sans unité) ; l, longueur du solénoïde (m) ; I, intensité du courant électrique (A).

Proportionnalité entre B et I

Soit B la valeur du champ magnétique en un point quelconque de l'espace créé par un courant électrique d'intensité I. En l'absence de milieu magnétique, par exemple du fer, B varie toujours linéairement avec I :

$$B = aI, \text{ avec } a \text{ une constante.}$$

Les bobines de Helmholtz

Au laboratoire, on réalise des champs magnétiques $\vec{B}$ uniformes dans des volumes relativement importants à l'intérieur des bobines de Helmholtz (*fig. 8*). Les caractéristiques de $\vec{B}$ sont :

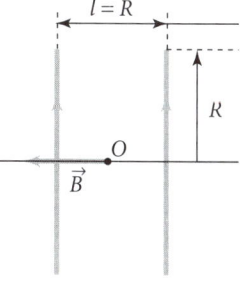

Fig. 8

$\vec{B}$	– direction : l'axe de symétrie des deux bobines ; – sens : donné par la règle du bonhomme d'Ampère ; – valeur : B = cte.

$B = 0{,}72\, \mu_0 \dfrac{N}{l} I$	B, valeur du champ magnétique (T) ; $\mu_0 = 4\pi \times 10^{-7}$ N·A^{-2}, perméabilité magnétique du vide ; N, nombre de spires du solénoïde (sans unité) ; l, distance des deux bobines égale au rayon des bobines (m) ; I, intensité du courant électrique (A).

MÉTHODE

Les deux pendules électriques

Énoncé

La figure 9 illustre l'interaction électrostatique entre deux boules métallisées identiques (A) et (B). On admet que la valeur absolue des charges électriques q_A et q_B prises par chacune des deux boules est identique. On suppose que le poids et la force électrique s'exerçant sur une boule s'appliquent à son centre de symétrie.

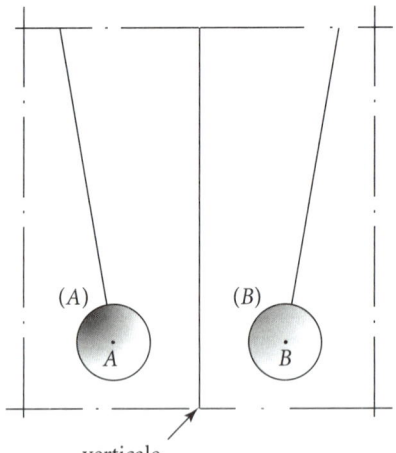

Fig. 9

On donne :
- le diamètre des boules, $D = 20$ mm ;
- la masse d'une boule, $m = 1{,}07$ g ;
- la constante électrique, $k = 9{,}0 \times 10^9$ N·m²·C⁻².

1. a) Que dire du signe des charges électriques q_A et q_B ?

b) Donner les caractéristiques des forces électrostatiques s'exerçant sur chaque boule.

2. a) En utilisant le document et un rapporteur d'angle, déterminer la valeur α de l'angle que fait un fil de suspension avec la verticale.

b) Quelle est la distance réelle des centres de symétrie des deux boules ?

3. Exprimer la valeur de la force électrique agissant sur une boule, en fonction de m, α et g valeur de la pesanteur.

4. Calculer la valeur absolue q des charges électriques q_A et q_B.

Solution commentée

a) Si les forces sont répulsives, les charges électriques portées par chacune des deux boules sont de même signe, soit toutes les deux positives, soit toutes les deux négatives.

b) L'expression vectorielle de la loi de Coulomb est à savoir ainsi que celle de la valeur commune des deux forces d'interaction. Revoir au besoin le cours.

1. a) D'après le document, les boules sont attirées l'une vers l'autre. Les forces électriques sont donc attractives. Pour avoir des forces attractives, il faut que les charges électriques portées par les deux boules soient de signes opposés. On a donc deux possibilités :

• la charge électrique q_A est positive et la charge q_B est négative ;
• la charge électrique q_A est négative et la charge q_B est positive.

b) D'après le principe des interactions :

$$\vec{F}_{A \to B} = - \vec{F}_{B \to A}$$

La direction (AB) de ces deux forces est la même.
Le sens de $\vec{F}_{A \to B}$ est de B vers A ; le sens de $\vec{F}_{B \to A}$ est de A vers B.
La valeur F de ces deux forces est la même.

a) Ne pas hésiter à tracer des traits sur un document pour améliorer les mesures. Prolonger la direction de la verticale et celle du fil de suspension. Noter avec précision le point d'intersection des deux droites. Ce point sera positionné au centre du rapporteur d'angle.

b) Le document photographique est représenté avec une certaine échelle de réduction par rapport à la grandeur réelle. Il existe donc une proportion entre les dimensions réelles et les dimensions représentées à la figure 9. On écrira cette proportion, laquelle permet de calculer la distance réelle entre les deux boules.

2. a) En prolongeant l'image des fils de suspension et le repérage de la verticale, on mesure la valeur de l'angle recherché :

$$\alpha = 21°$$

b) Soit D le diamètre réel d'une boule et d son diamètre sur le document. En désignant par L la distance réelle des deux centres de symétries des boules et

par l la distance correspondante sur le document, on a la proportion suivante :
$$\frac{L}{l} = \frac{D}{d},$$
d'où $L = l\dfrac{D}{d}$.

Application numérique :
Les mesures de l et de d donnent $l = 21$ mm et $d = 10$ mm.
$$L = 42 \text{ mm}$$

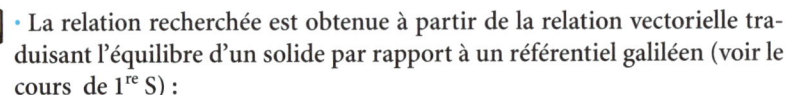

II • La relation recherchée est obtenue à partir de la relation vectorielle traduisant l'équilibre d'un solide par rapport à un référentiel galiléen (voir le cours de 1re S) :
$$\sum \vec{F} = \vec{0}.$$

• La relation vectorielle est inexploitable directement. Les vecteurs ne sont pas des nombres : il est donc nécessaire, à partir de cette relation vectorielle, d'écrire une relation scalaire.
Dans le cas présent, la somme vectorielle des trois forces forme un triangle rectangle (il faudra le démontrer !). Les relations scalaires dans un triangle rectangle sont donc utilisées :
$$a^2 = b^2 + c^2 ;$$
$$b = a \sin \beta ;$$
$$c = a \cos \beta ;$$
$$b = c \tan \beta.$$

3. Dans le référentiel terrestre, la boule (A) est soumise à trois forces (*fig. 10*) :
• son poids $\vec{P}$;
• la force électrique $\vec{F}_{B \to A}$;
• la tension du fil de suspension $\vec{T}$.

La boule étant en équilibre par rapport au référentiel terrestre supposé galiléen, on a :
$$\vec{P} + \vec{F}_{B \to A} + \vec{T} = \vec{0}.$$

Les représentants des trois vecteurs force forment un triangle (IJK). Les directions des vecteurs $\vec{P}$ et $\vec{F}_{B \to A}$ sont respectivement verticale et horizontale. Ces directions sont orthogonales et le triangle (IJK) est donc rectangle en K. Dans ce triangle, on a :
$$F_{B \to A} = F = P \tan \alpha$$
ou encore :
$$F = mg \tan \alpha \quad (1)$$

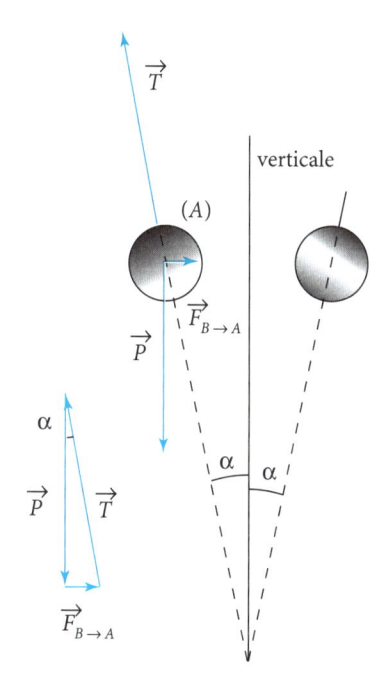

Fig. 10

- La détermination de l'expression de q s'effectue :
1) à partir de la relation mise en évidence précédemment (1) ;
2) à partir de l'expression de la loi de Coulomb (valeur du vecteur force électrique).

- On donne la relation littérale de q, puis on effectue le calcul numérique. Attention aux unités utilisées, les unités sont celles du Système International.

4. D'après la loi de Coulomb appliquée aux boules, on a :

$$F = k\frac{|q_A|\,|q_B|}{r^2}, \text{ avec } |q_A| = |q_B| = q \text{ et } r = L \quad (2).$$

D'après les relations (1) et (2), on obtient : $k\dfrac{q^2}{L^2} = mg \tan \alpha$,

ou encore :

$$q = L\sqrt{\frac{mg}{k} \tan \alpha}$$

Application numérique :

$$q = 42 \times 10^{-3} \sqrt{\frac{1{,}07 \times 10^{-3} \times 9{,}8}{9{,}0 \times 10^{9}} \tan(21°)}$$

$$q = 4{,}5 \times 10^{-8} \text{ C, ou encore, } q = 45 \text{ nC}$$

Méthode : additionner des vecteurs

Addition de deux vecteurs
Exemple : additionner deux vecteurs champ magnétique : $\vec{B_1}$ et $\vec{B_2}$.

• Tracer un représentant de $\vec{B_1}$, par exemple, le bipoint (AB) (*fig. 11*).

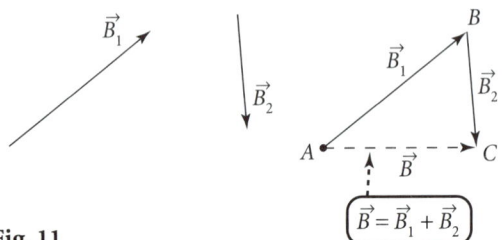

Fig. 11

$$\boxed{\vec{B} = \vec{B_1} + \vec{B_2}}$$

• Tracer un représentant de $\vec{B_2}$ de telle façon que l'extrémité B du premier bipoint soit confondue avec l'origine du représentant de $\vec{B_2}$. Soit (BC) le représentant de $\vec{B_2}$.

• La somme vectorielle $\vec{B_1} + \vec{B_2}$ est égale à un vecteur $\vec{B}$:
$$\vec{B_1} + \vec{B_2} = \vec{B}.$$

Une représentation du vecteur somme $\vec{B}$ est le bipoint (AC).

Somme de vecteurs égale au vecteur nul
Si la somme vectorielle de plusieurs vecteurs est égale au vecteur nul, l'origine du représentant du premier vecteur est égale à l'extrémité du représentant du dernier vecteur de la somme.

Exemple : la somme de trois vecteurs force égale au vecteur nul :
$$\vec{P} + \vec{F}_{B \to A} + \vec{T} = \vec{0}.$$

Un représentant du vecteur poids $\vec{P}$ est le bipoint (AB), un représentant du vecteur force $\vec{T}$ est le bipoint (BC), un représentant du vecteur force $\vec{F}_{B \to A}$ est donc le bipoint (CA) (*fig. 12*).

On vérifie que le bipoint (AA) est bien un représentant du vecteur nul $\vec{0}$.

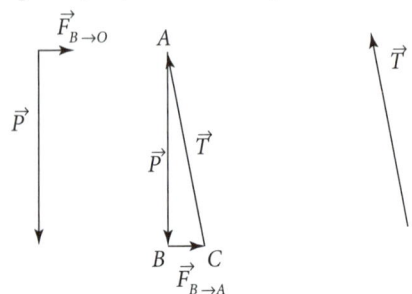

Fig. 12

EXERCICES

Valeurs utilisables dans les exercices :

- $k = \dfrac{1}{4\pi\varepsilon_0} = 8{,}99 \times 10^9 \text{ N} \cdot \text{m}^2 \cdot \text{C}^{-2}$, ε_0 permittivité électrique du vide ;
- $\mu_0 = 4\pi \times 10^{-7} \text{ N} \cdot \text{A}^{-2}$, perméabilité magnétique du vide.

Deux poussières ★

1 —

1. Rappeler l'expression vectorielle de la loi de Coulomb.

2. Deux poussières, distantes de 3,0 mm, portent chacune une charge égale à + 10 pC (1 pC = 10^{-12} C). Calculer la valeur des forces qui agissent sur chaque poussière.

3. Les deux poussières toujours distantes de 3,0 mm portent maintenant des charges qui ont respectivement pour valeur – 5 pC et + 15 pC.
La valeur des forces agissant sur chaque poussière change-t-elle ?

4. a) Faire un schéma des situations étudiées en 2. et 3.

b) Quelle relation vérifie ces différentes forces ? *(corrigés p. 47)*

Penser à la dérivée ★ ★

2 — Une charge électrique Q peut être répartie sur deux petits objets en deux parties : q et $Q - q$.

1. Les forces s'exerçant sur ces objets sont-elles répulsives ou attractives ?

2. Ces deux objets étant placés à une distance donnée, quelle relation doit-il y avoir entre Q et q pour que les forces possèdent des valeurs maximales ?

(corrigés p. 47)

Forces électriques et forces de gravitation ★ ★

3 — **1. À l'échelle atomique.** Comparer les forces électriques et les forces de gravitation s'exerçant entre le proton et l'électron dans un atome isolé d'hydrogène en admettant que leur distance soit d.
On donne :
$m_p = 1,67 \times 10^{-27}$ kg ; $m_{e^-} = 9,11 \times 10^{-31}$ kg ; $e = 1,60 \times 10^{-19}$ C ;
$d = 5,3 \times 10^{-11}$ m et $\mathcal{G} = 6,67 \times 10^{-11}$ N·m²·kg⁻².

2. À l'échelle macroscopique. Comparer les forces électriques et les forces de gravitation s'exerçant entre deux petites boules (A) et (B) de masse 8,0 g, ayant une charge de 10 nC (nanocoulomb) et séparées par une distance de 6,0 cm.

3. Donner une conclusion.
(corrigés p. 48)

Le condensateur plan ★ ★ ★

4 — Deux plaques métalliques identiques A et B, de forme carrée, sont placées parallèlement entre elles à une distance $d = 12,0$ cm l'une de l'autre. On établit entre ces deux plaques une tension $U_{AB} = 1,50$ kV.

1. a) Caractériser le champ électrique entre ces deux plaques.

b) Faire un schéma en représentant quelques lignes de champ dans cet espace.

2. a) Calculer la valeur du champ électrique entre ces plaques.

b) Donner les caractéristiques de ce champ électrique.

c) Représenter le vecteur champ électrique en précisant bien l'échelle.

3. On approche les deux plaques à une distance $d' = 9,5$ cm, en maintenant la tension $U_{AB} = 1,50$ kV. Que dire du champ électrique situé entre les deux plaques ?

4. On suspend une petite boule électrisée fixée à l'extrémité d'un fil que l'on place entre les deux plaques verticales ; le fil est attaché en O. Lorsque la tension entre les deux plaques est $U_{AB} = 1,50$ kV et que $d = 12,5$ cm, on constate que le fil s'écarte de la verticale d'un angle de mesure $\alpha = 5,0°$ vers la plaque A. Calculer la charge q de la boule électrisée.
On donne la masse de la petite boule : $m = 2,0$ g ; $g = 9,80$ N·kg⁻¹.

• Revoir, si besoin, la définition d'un champ électrique. Le vecteur champ électrique a pour sens : de la plaque notée ⊕ vers la plaque notée ⊖.

• Pour le **4.**, revoir l'exercice de la rubrique « Méthode » si cela est nécessaire.
(corrigés p. 48)

Deux grandeurs dépendantes ★ ★

5 — 1. Avec quel appareil mesure-t-on la valeur B_O du champ magnétique au centre d'un solénoïde long ?

2. On note les valeurs de B_O en fonction de l'intensité I du courant électrique passant dans le solénoïde. On obtient le tableau :

I (A)	0	1,00	1,50	2,00	2,50	3,00	3,50	4,00
B (mT)	0	3,5	5,5	7,2	9,0	10,9	12,7	14,5

a) Tracer la représentation graphique de la fonction $B_O = f(I)$.

b) Le champ magnétique est-il uniforme dans tout l'espace situé à l'intérieur du solénoïde.

3. La longueur du solénoïde est $l = 38{,}0$ cm ; avec l'aide du tracé, déterminer le nombre de spires du solénoïde.

4. Sur le tracé effectué à la question 2.a), représenter un petit schéma du solénoïde, le sens du courant électrique dans les spires et le vecteur $\vec{B_O}$.

(corrigés p. 50)

Analogies et différences ★ ★ ★

6 — Après avoir rappelé les relations régissant la loi de gravitation et la loi de Coulomb, consigner dans un tableau les analogies et les différences existant entre ces deux lois. *(corrigés p. 50)*

Testez-vous !

7 — *Quatre points à chaque exercice juste. Bon courage !*

1. a) Énoncer la loi de Coulomb et donner son expression vectorielle.

b) Deux objets possèdent la même charge électrique négative q. Ils sont distants de 86 mm et ils sont soumis à des forces électrostatiques de valeur 1,23 mN. Calculer q.

2. a) Comment définir un champ électrique en un point ?

b) Quatre objets quasi ponctuels sont placés aux sommets d'un carré *ABCD* dont la longueur d'un côté est $a = 10$ cm. Les charges de ces objets sont respectivement $q_A = q$, $q_B = 2q$, $q_C = 3q$, $q_D = 4q$, avec $q = +1,00$ nC. Donner les caractéristiques du champ électrique au centre *O* du carré.

3. a) Décrire un dispositif permettant d'obtenir un champ électrique uniforme.

b) Donner alors les caractéristiques du champ électrique à l'intérieur de ce dispositif. On donne la distance entre les plaques $D = 12,5$ cm et la tension existant entre les plaques $U_{AB} = 4,6$ kV.

c) Que dire des lignes de champ électrique situées entre les plaques *A* et *B* ?

4. Une sonde à effet Hall est placée au centre *O* d'un solénoïde. On note la valeur du champ magnétique en *O* en fonction de l'intensité *I* du courant électrique qui circule dans le solénoïde. On obtient les mesures suivantes :

I (A)	0	1,00	2,00	3,00	4,00	5,00
B (mT)	0	3,2	6,7	9,8	13,3	16,4

a) Tracer la représentation graphique de la fonction $B = f(I)$.

b) Donner une conclusion à la vue du tracé.

c) On donne la longueur du solénoïde $l = 40$ cm. En utilisant le tracé obtenu, calculer le nombre de spires *N* du solénoïde.

5. Deux paires de bobines de Helmholtz sont disposées comme l'indique la figure 10. Leurs axes de symétrie sont perpendiculaires en *O* et les quatre diamètres *AB*, *BC*, *CD*, *DA* forment un carré de 115 mm de côté. L'intensité circulant dans les quatre bobines est de 3,7 A et le sens conventionnel du courant électrique est indiqué sur la figure.
Le nombre de spires de chaque bobine est 80.

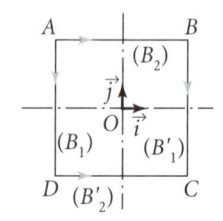

Fig. 13

a) Calculer la valeur de *B* du champ magnétique créé en *O* par une paire de bobines de Helmholtz.

b) Donner les caractéristiques du champ magnétique $\vec{B}$ créé en *O* par les deux paires de bobines de Helmhlotz.

(corrigés p. 52)

L'épreuve du bac

8 –

- À faire après l'étude des 7 exercices précédents.
- Pour se mettre dans les conditions du « bac », aucune indication n'est donnée dans le texte (comme au bac).
- Rédiger la solution sans aucun document à portée de main.
- Arrêter la recherche et la rédaction de la solution après 37 minutes environ (durée de cette partie au cours de l'examen).
- Essayer de noter le travail ainsi fait.

Étude d'un solénoïde (partiel)
(Tokyo, Hong-Kong, Singapour – 3,5 points)

Étude du champ magnétique créé par un solénoïde

On dispose du matériel suivant :

- un solénoïde (S) dont les caractéristiques sont : nombre de spires : 200 ; longueur $l = 40$ cm ; intensité maximale : 5A ;
- un générateur de tension variable ;
- un générateur de tension continue ;
- un rhéostat ;
- un multimètre ;
- une sonde à effet Hall reliée à un teslamètre (le zéro du teslamètre est réglé en l'absence de tout courant traversant le solénoïde) ;
- un interrupteur ;
- des fils de connexion ;
- des aiguilles aimantées ;
- de la limaille de fer.

On négligera le champ magnétique terrestre.

Expérience I

On règle l'intensité du courant à la valeur 4,0 A.
On mesure la valeur du champ magnétique en différents points de l'axe du solénoïde.
Les résultats sont représentés sur le graphe ci-dessous, pour lequel l'abscisse x est comptée à partir du centre O du solénoïde.

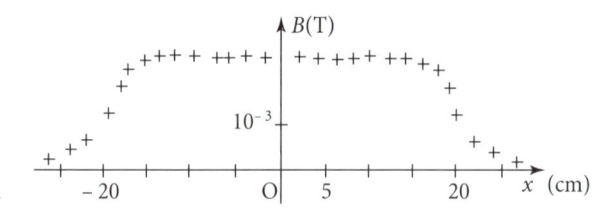

Fig. A

[Graphique : B(T) en fonction de x (cm), valeurs de B ≈ 10⁻³ T entre environ −20 et +20 cm]

1. Faire un schéma annoté du montage. `0,5 pt`

2. La manipulation qui a été conduite (mesure de B en divers points de l'axe du solénoïde) est-elle suffisante pour pouvoir affirmer qu'à l'intérieur du solénoïde, le champ magnétique est uniforme entre les plans d'abscisses – 14 cm et + 14 cm ?

Dans l'hypothèse d'une réponse négative, quelles mesures supplémentaires faudrait-il effectuer pour prouver l'existence d'un champ uniforme dans la zone considérée ? `0,75 pt`

3. On veut réaliser le spectre du champ magnétique du solénoïde, dans un plan contenant son axe. Comment doit-on procéder ?

Représenter, sur la figure A, le vecteur champ magnétique au point O.
(Échelle : 1 cm $\leftrightarrow$ 1 × 10⁻³ T.) Dessiner quelques lignes de champ à l'intérieur et à l'extérieur du solénoïde. `0,75 pt`

Expérience II

On veut étudier le champ magnétique en fonction de l'intensité du courant. Pour chaque valeur de I on note la valeur B_0 du champ magnétique au centre du solénoïde. On obtient les résultats suivants :

x (mm)	0,00	1,00	1,50	2,00	2,500	3,00	3,50	4,00	4,50	5,00
B_0 (mT)	0,00	0,62	0,95	1,28	1,54	1,90	2,18	2,51	2,79	3,09

1. Tracer la représentation graphique de la fonction $B_0 = f(I)$. `0,75 pt`
Échelle : 1 cm $\leftrightarrow$ 0,5 A ;
1 cm $\leftrightarrow$ 2 × 10⁻³ T.

2. Quelle loi vérifie-t-on ? `0,75 pt`

schéma du solénoïde

[Schéma : vue en coupe du solénoïde avec axe de symétrie passant par O, et vue de dessus]

Évidement schématique réalisé pour « voir » à l'intérieur du solénoïde

Vue de dessus du solénoïde

O : centre de symétrie du solénoïde

Fig. B

(corrigés p. 53)

CORRIGÉS

Deux poussières

1 –

1. Voir page 31, *Loi de Coulomb*.

2. $F = k \dfrac{|q|\,|q|}{d^2}$; $F = k\left(\dfrac{q}{d}\right)^2$; $F = 1,0 \times 10^{-7}$ N.

3. $F' = k \dfrac{|q_1|\,|q_2|}{d^2}$; $F' = 7,5 \times 10^{-8}$ N, la valeur est différente.

4. a)

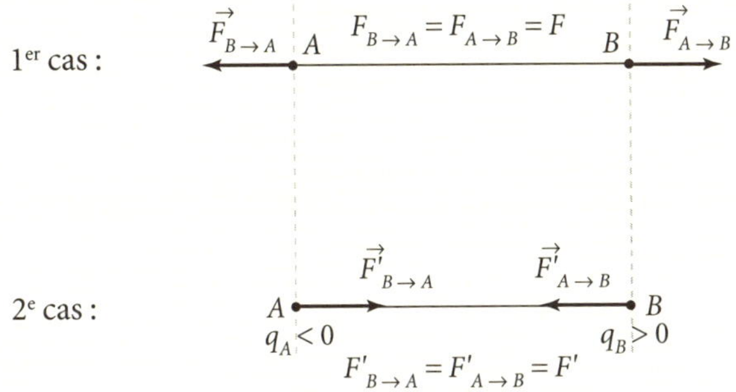

1ᵉʳ cas : $\vec{F}_{B \to A}$ A $F_{B \to A} = F_{A \to B} = F$ B $\vec{F}_{A \to B}$

2ᵉ cas : A ($q_A < 0$) $\vec{F'}_{B \to A}$ $\vec{F'}_{A \to B}$ B ($q_B > 0$) ; $F'_{B \to A} = F'_{A \to B} = F'$

Fig. 14

b) Les différentes forces représentées sur la figure 14 vérifient le principe de l'interaction :
$$\vec{F}_{A \to B} = - \vec{F}_{B \to A} \text{ avec } \vec{F}_{A \to B}\,;\,\vec{F}_{B \to A} \text{ et } \vec{AB} \text{ colinéaires.}$$

Penser à la dérivée

2 –

1. La charge électrique Q se répartissant en deux parties, les deux objets chargés ont des charges de même signe q et $Q - q$. Les interactions entre les deux objets sont répulsives.

2. D'après le principe des interactions, ces forces possèdent la même valeur ayant pour expression :

$F = k \dfrac{|q|\,|Q - q|}{d^2}$.

Que Q soit positif ou négatif, on a toujours :

$F = \dfrac{k}{d^2}(Qq - q^2)$.

Pour que F soit maximale, il faut que la dérivée de la fonction $F = f(q)$ par rapport à la variable q soit nulle : $F'(q) = 0$. D'où :
$\frac{d^2}{k} F'(q) = Q - 2q = 0$. Cette dernière relation donne $q = \frac{Q}{2}$.

Forces électriques et forces de gravitation

3 –

1. Les forces de gravitation s'exerçant entre le proton et l'électron sont :

$F_{p \to e^-} = F_{e^- \to p} = \mathcal{G} \dfrac{m_p \, m_{e^-}}{d^2}$; $F_{p \to e^-} = F_{e^- \to p} = 3{,}6 \times 10^{-47}$ N.

Les forces électriques s'exerçant entre le proton et l'électron sont :

$F'_{p \to e^-} = F'_{e^- \to p} = k \dfrac{|q_p| \, |q_{e^-}|}{d^2}$; $F'_{p \to e^-} = F'_{e^- \to p} = 8{,}2 \times 10^{-8}$ N.

2. Les forces de gravitation s'exerçant sur chacune des deux boules sont :

$F_{A \to B} = F_{B \to A} = \mathcal{G} \dfrac{m_A \, m_B}{d^2}$; $F_{A \to B} = F_{B \to A} = 1{,}2 \times 10^{-12}$ N.

Les forces électriques s'exerçant sur chacune des deux boules sont :

$F'_{A \to B} = F'_{B \to A} = k \dfrac{|q_A| \, |q_B|}{d^2}$; $F'_{A \to B} = F'_{B \to A} = 2{,}5 \times 10^{-4}$ N.

3. Dans l'atome d'hydrogène, les forces de gravitation sont « archi » négligeables par rapport aux forces électriques.
Dans l'étude effectuée sur les objets macroscopiques tels que des petites boules chargées, les forces de gravitation sont négligeables par rapport aux forces électriques.

Le condensateur plan

4 –

1. a) Le champ électrique existant entre deux plaques métalliques parallèles peut être considéré comme uniforme dans la région centrale située entre ces plaques. Les lignes de champ électrique sont alors parallèles entre elles et perpendiculaires aux plaques.

b) La figure 15 représente les lignes de champ à l'intérieur de ce condensateur plan.

2. a) La valeur du champ électrique est donnée par la relation :

$E = \dfrac{U_{AB}}{d}$; $E = 12{,}5\ \text{kV} \cdot \text{m}^{-1}$.

b) Les caractéristiques du champ électrique $\vec{E}$ sont :

$\vec{E}$	• direction : perpendiculaire aux plaques A et B ; • sens : de la plaque notée + vers la plaque notée − ; • valeur : $E = 12{,}5\ \text{kV} \cdot \text{m}^{-1}$.

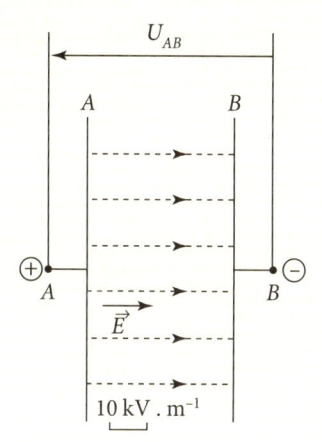

Fig. 15

c) Un représentant du vecteur champ électrique est tracé sur la figure 15 ; l'échelle est donnée sur la figure.

3. Le champ électrique uniforme existe toujours dans la région centrale située entre les deux plaques métalliques. Seule sa valeur a changé. Elle est maintenant :

$$E' = \dfrac{U_{AB}}{d'}\ ;\ E' = 15{,}8\ \text{kV} \cdot \text{m}^{-1}.$$

4. Système étudié : la boule électrisée.
Forces agissant sur la boule par rapport au référenciel terrestre $(O, \vec{i}, \vec{j})$ supposé galiléen (*fig. 16a*) :
• le poids de la boule $\vec{P}$;
• la force électrique $\vec{F}$;
• la tension du fil (action du fil sur la boule) $\vec{T}$.

Le système étant immobile par rapport au repère, on a :
$\sum \vec{F} = \vec{0}$; $\vec{P} + \vec{F} + \vec{T} = \vec{0}.$
La somme vectorielle de ces trois vecteurs forme un triangle QMN rectangle en M (*fig. 16b*).

Fig. 16

D'où : $\tan \alpha = \dfrac{F}{P} = \dfrac{|q|E}{mg}$; $|q| = \dfrac{mg \tan \alpha}{E'}$; $|q| = 1{,}4 \times 10^{-7}\ \text{C}.$

Comme la boule se rapproche de la plaque positive, elle est donc chargée négativement ; d'où : $q = -1{,}4 \times 10^{-7}\ \text{C}.$

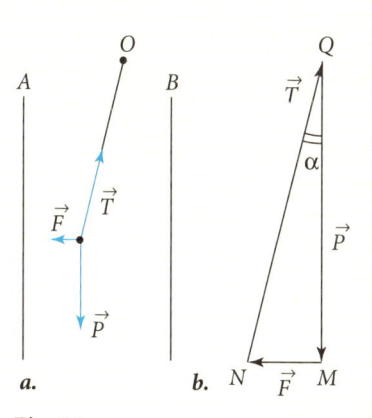

Deux grandeurs dépendantes

5 –

1. On mesure la valeur d'un champ magnétique avec un teslamètre muni d'une sonde à effet Hall.

2. a)

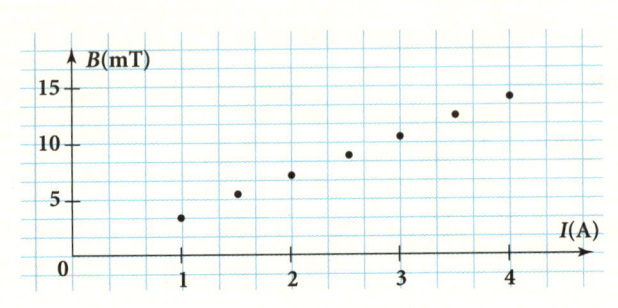

Fig. 17

b) Dans une région voisine du centre du solénoïde, on peut considérer que le champ magnétique est uniforme.

3. D'après la construction graphique, la fonction $B = f(I)$ est une fonction linéaire de la forme $B = AI$.

Comme $B = \mu_0 \dfrac{N}{l} I$,

on a : $A = \mu_0 \dfrac{N}{l}$ et $N = \dfrac{Al}{\mu_0}$.

Le point de coordonnées (4,0 A ; 14,5 mT) étant situé sur cette droite, le coefficient directeur A est :

$A = \dfrac{14,5 \times 10^{-3}}{4,0}$.

D'où : $N = 1,10 \times 10^3$ spires.

Analogies et différences

6 –

Il existe les analogies et les différences suivantes entre la loi de gravitation et la loi de Coulomb.

CORRIGÉS

Lois	Loi de gravitation	Loi de Coulomb
	$\vec{F}_{A \to B} = \mathcal{G} \dfrac{m_A \, m_B}{r^2} \vec{U}_{AB}$.	$\vec{F}_{A \to B} = k \dfrac{q_A \, q_B}{r^2} \vec{U}_{AB}$.
	$\mathcal{G} = 6{,}67 \times 10^{-11}$ N·m²·kg⁻².	$k = \dfrac{1}{4\pi\varepsilon_0}$ $= 8{,}99 \times 10^9$ N·m²·C⁻².
Analogies	• Définition du champ de gravitation : $G = \dfrac{F}{m}$. • Expression en $\dfrac{1}{r^2}$. • La valeur de la force de gravitation est proportionnelle aux masses m_A et m_B de (A) et de (B).	• Définition du champ électrique : $E = \dfrac{E}{|q|}$. • Expression en $\dfrac{1}{r^2}$. • La valeur de la force électrique est proportionnelle aux charges électriques q_A et q_B portées par (A) et par (B).
Différences	• Grandeur considérée des objets en présence : la masse. • La masse est une grandeur toujours positive. • Forces de gravitation toujours attractives. • Faible valeur des forces de gravitation. • Malgré leur faible valeur, les forces gravitationnelles sont toutes cumulatives. Elles peuvent jouer sur de très grandes distances et contribuer, seules, à l'architecture générale de l'Univers. *Exemples* : cohésion du système solaire, des galaxies.	• Grandeur considérée des objets en présence : la charge électrique. • La charge électrique est une grandeur positive ou négative. • Forces électriques : – attractives si q_A et q_B sont de signes contraires ; – répulsives si q_A et q_B sont de même signe. • Grande valeur des forces électriques par rapport à celle des forces de gravitation. • Pour un échantillon de matière, électriquement neutre, globalement, les forces électrostatiques et leurs effets, même si ceux-ci sont parfois spectaculaires, n'apparaissent que par excès et déficits locaux de charges. *Exemple* : la foudre.

INTERACTION ÉLECTROMAGNÉTIQUE

Testez-vous !

7 –

1. a) Voir page 31, *Loi de Coulomb*.

b) $F = k \dfrac{q^2}{d^2}$; $|q| = d\sqrt{\dfrac{F}{k}}$; $q = 31$ nC.

2. a) Voir page 31, *Notion de champ électrique*.

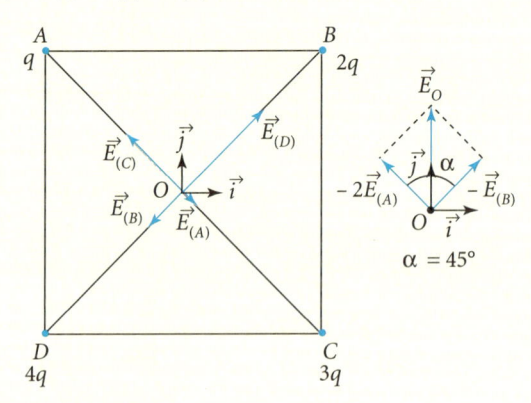

b) $\vec{E}_O = \vec{E}_{(A)} + \vec{E}_{(B)} + \vec{E}_{(C)} + \vec{E}_{(D)}$.

Fig. 18

On remarque (*fig. 22*) :

- $\vec{E}_{(D)} + \vec{E}_{(B)} = -\vec{E}_{(B)}$
- $\vec{E}_{(A)} + \vec{E}_{(C)} = -2\vec{E}_{(A)}$
- $2E_A = E_B$.

D'où $E_O = 2E_B \cos\alpha = 2k\dfrac{2q}{d^2}$, avec $d = a\dfrac{\sqrt{2}}{2}$.

$E_O = 8k\dfrac{q}{a^2}$; $E_O = 7{,}2$ kV·m^{-1}.

$\vec{E}_O$	• direction : celle de $\vec{j}$; • sens : celui de $\vec{j}$; • valeur : $E_O = 7{,}2$ kV·m^{-1}.

3. a) Voir page 31, *Notion de champ électrique*.

CORRIGÉS

b) $\vec{E}$
- direction : perpendiculaire aux plaques ;
- sens : de la plaque B vers la plaque A ;
- valeur : $E = \dfrac{|U_{AB}|}{D}$; $E = 37$ kV·m^{-1}.

c) Les lignes de champ électrique sont parallèles entre elles.

4. a) Le tracé de la fonction $B = f(I)$ avec $I \in [0\,;5]$ en ampères est un segment de droite passant par l'origine.

b) La fonction $B = f(I)$ est une fonction linéaire de la forme :

$B = KI$ avec $K = \mu_0 \dfrac{N}{l}$.

c) $N = \dfrac{Kl}{\mu_0}$; $N = 1{,}04 \times 10^3$ spires.

5. a) $B = 0{,}72\,\mu_0 \dfrac{N}{l} I$; $B = 2{,}3$ mT.

b) $\vec{B}$
- direction : celle de la somme $(\vec{i} + \vec{j})$;
- sens : celui de $(\vec{i} + \vec{j})$;
- valeur : $B = \sqrt{2}\,B$; $B = 3{,}3$ mT.

L'épreuve du bac

8 –

Expérience I

1. Le schéma annoté du montage est représenté à la figure ci-contre :

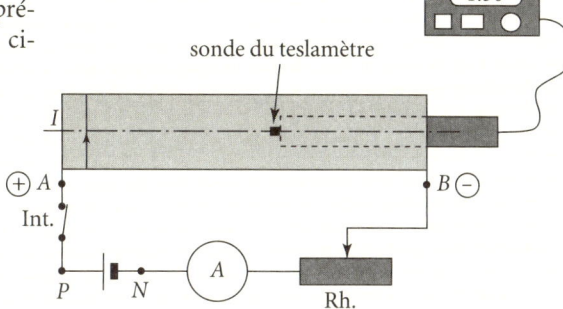

Fig. C

2. Les mesures effectuées montrent que la valeur B du champ magnétique est uniforme sur l'axe du solénoïde entre les abscisses – 14 cm et + 14 cm, compte tenu de la précision des mesures.

La manipulation n'est pas suffisante pour affirmer que la valeur B est uniforme à l'intérieur du solénoïde entre les abscisses – 14 cm et + 14 cm. Il faudrait effectuer des mesures de part et d'autre de l'axe du solénoïde et parallèlement à celui-ci.

3. Protocole de réalisation de l'expérience de visualisation des lignes de champ magnétique :

a) Sur un morceau de carton rectangulaire, dont la largeur est égale au diamètre intérieur du solénoïde, on saupoudre de la limaille de fer (longueur du carton ≈ 50 cm).

b) On glisse ce morceau de carton à l'intérieur du solénoïde, horizontalement.

c) On fait passer le courant électrique dans le solénoïde.

d) On tapote légèrement, avec le bout d'un crayon, sur le bord de la plaque de carton.

• On constate alors que les grains de limaille de fer se sont orientés, visualisant par là-même le champ magnétique créé par le solénoïde. À l'intérieur du solénoïde, dans la région centrale, on visualise des lignes de champ qui sont pratiquement parallèles.

• Le vecteur champ magnétique en O est représenté à la figure B.

• Quelques lignes de champ sont tracées sur la figure B ci-dessous.

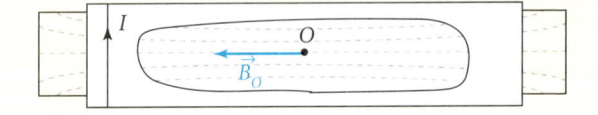

Fig. D

• Le vecteur champ magnétique en O est noté $\vec{B}_O$.

$\vec{B}_O$	direction : parallèle à l'axe de symétrie ; sens : de la droite vers la gauche sur la figure ; valeur : $B_O = 2{,}5$ mT.

Point d'application en O.

Expérience II

1. La représentation graphique de la fonction $B_O = f(I)$ est donnée à la figure C, avec $I \in [0\,;5{,}0]$, en A.

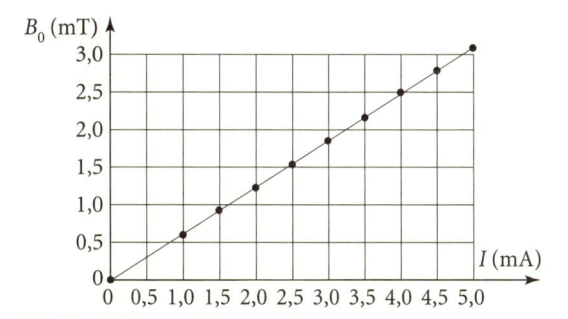

Fig. E

2. On constate que les points traduisant les mesures expérimentales sont alignés aux incertitudes de mesure près. La courbe passe par l'origine. La fonction $B_O = f(I)$ est donc une fonction linéaire de la forme :
$B_O = kI$, avec k une constante.

$k = \dfrac{3,0 \times 10^{-3}}{5,0 \times 10^{-3}}$; $k = 0,60 \text{ T} \cdot \text{A}^{-1}$.

La valeur B_O du champ magnétique créé par le solénoïde en O est proportionnelle à la valeur I de l'intensité du courant électrique qui parcourt le solénoïde.

3 LOIS DE LA DYNAMIQUE

COURS

- Première loi de Newton
- Vecteur vitesse et accélération
- Deuxième et troisième lois de Newton

MÉTHODE

- L'accéléromètre

EXERCICES

- Terre-Lune
- Mouvement de rotation
- Le plan incliné
- Le motard dans un virage
- Protocole expérimental : l'élastique et le mobile autoporteur
- Testez-vous !
- L'épreuve du bac
- Corrigés

3 LOIS DE LA DYNAMIQUE

Première loi de Newton : principe de l'inertie

Centre d'inertie d'un solide composite

De façon rigide, on associe deux solides de masse m_1 et m_2 ayant respectivement comme centre d'inertie G_1 et G_2. Le centre d'inertie G du solide composite est tel que :
$m_1\overrightarrow{OG_1} + m_2\overrightarrow{OG_2} = (m_1 + m_2)\overrightarrow{OG}$, soit $\sum m_i\overrightarrow{OG_i} = \overrightarrow{OG}\sum m_i$.

Le centre d'inertie G d'un système est le barycentre des points G_i affectés de coefficients égaux aux masses m_i des solides composites.

Énoncé du principe

Un système est dit isolé, ou pseudo-isolé, lorsque la somme vectorielle des forces qui lui sont appliquées est nulle : $\sum \overrightarrow{F} = \overrightarrow{0}$.

Le centre d'inertie d'un système isolé ou pseudo-isolé est animé d'un mouvement rectiligne et uniforme ou reste immobile, par rapport à certains référentiels appelés référentiels galiléens.

Un référentiel est le solide de référence par rapport auquel on décrit le mouvement d'un mobile. Le caractère galiléen d'un référentiel est donné par le fait que le principe de l'inertie est vérifié.

Deux référentiels galiléens sont en mouvement de translation rectiligne uniforme l'un par rapport à l'autre.
Le référentiel terrestre peut être considéré comme galiléen.

Vecteurs vitesse et accélération

Repérage d'un point mobile

Repère de temps
On fixe l'origine des temps ($t = 0$) pour un événement donné (par exemple, le départ du mobile).

Repère d'espace

• **Repérage cartésien**
Le mobile M est repéré par rapport à un repère $(O, \vec{i}, \vec{j}, \vec{k})$ lié au référentiel d'étude (*fig. 1a*) :
$$\overrightarrow{OM} = \vec{r} = x(t)\vec{i} + y(t)\vec{j} + z(t)\vec{k}.$$
$x(t), y(t)$ et $z(t)$ sont les équations horaires du mouvement de M.

• **Repérage curviligne**
Si la trajectoire du mobile est connue (*fig. 1b*), on repère le mobile par son abscisse curviligne $s(t)$.

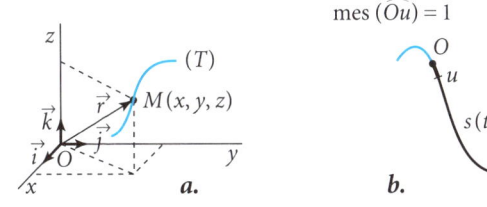

Fig. 1   **a.**   **b.**

Vecteur vitesse

Par définition, à un instant t quelconque, on a :
$$\vec{v} = \frac{d(\vec{r}(t))}{dt} = \frac{dx}{dt}\vec{i} + \frac{dy}{dt}\vec{j} + \frac{dz}{dt}\vec{k} = \dot{x}\vec{i} + \dot{y}\vec{j} + \dot{z}\vec{k}.$$

En repérage curviligne, on a : $\vec{v} = \dfrac{ds}{dt}$.

Vecteur accélération

En coordonnées cartésiennes

Par définition, à un instant t quelconque, on a :

$$\vec{a}(t) = \frac{d(\vec{v}(t))}{dt} = \frac{dv_x}{dt}\vec{i} + \frac{dv_y}{dt}\vec{j} + \frac{dv_z}{dt}\vec{k} ;$$

$$\vec{a}(t) = \frac{d^2x}{dt^2}\vec{i} + \frac{d^2y}{dt^2}\vec{j} + \frac{d^2z}{dt^2}\vec{k} = \ddot{x}\vec{i} + \ddot{y}\vec{j} + \ddot{z}\vec{k}.$$

Cas d'un mouvement circulaire

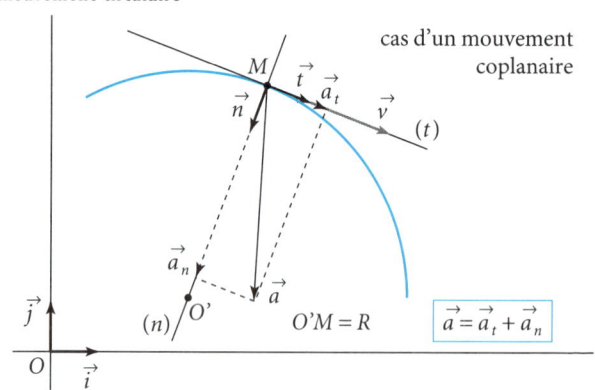

Fig. 2

La trajectoire du point mobile M est un cercle de rayon R ; à l'instant t, sa vitesse est v. Dans la base de Frénet $(\vec{t}, \vec{n})$, le vecteur accélération s'écrit (fig. 2) :

$$\vec{a} = \frac{v^2}{R}\vec{n} + \frac{dv}{dt}\vec{t}.$$

Deuxième et troisième lois de Newton

Deuxième loi de Newton : une relation fondamentale

Dans un **référentiel galiléen,** la somme vectorielle des forces extérieures appliquées à un solide de masse m est égale au produit de m par le vecteur accélération du centre d'inertie G de ce solide.

$$\sum \vec{F} = m\vec{a}_G$$

$\sum \vec{F}$, somme vectorielle des forces extérieures (N) ;
m, masse du solide considéré (kg) ;
$\vec{a}_G$, vecteur accélération du centre d'inertie (m·s^{-2}).

Application pratique du théorème du centre d'inertie

Pour obtenir le vecteur accélération $\vec{a}_G$ du centre d'inertie G d'un solide, on concentre en ce point toute la masse de ce solide et on applique en G, toutes les forces agissant sur le solide.

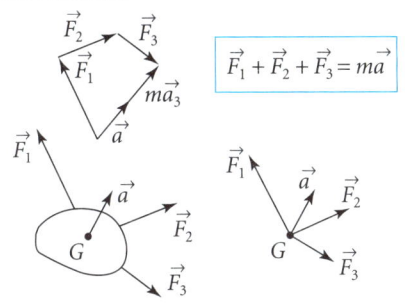

$$\vec{F}_1 + \vec{F}_2 + \vec{F}_3 = m\vec{a}$$

Fig. 3

Troisième loi de Newton : loi des actions réciproques

Lorsqu'un système (S) exerce une force $\vec{F}_{s \to s'}$ sur un système (S'), le système (S') exerce simultanément une force $\vec{F}_{s' \to s}$ sur un système (S). Ces deux forces ont la même droite d'action et vérifient la relation (fig. 4) :

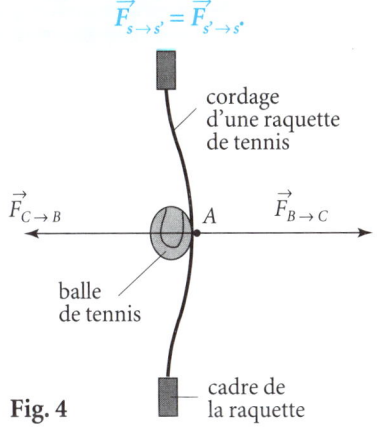

$$\vec{F}_{s \to s'} = \vec{F}_{s' \to s'}$$

Fig. 4

Cette loi est vérifiée en toute circonstance, que les systèmes soient en mouvement ou immobiles par rapport au référentiel galiléen considéré.

La troisième loi de Newton est également connue sous le nom de la « loi d'interaction ».

MÉTHODE

L'accéléromètre

Énoncé

Une grosse bille de plomb de masse 140 g est fixée à l'extrémité d'un fil fin et inextensible, l'autre extrémité est fixée au plafond d'une automobile. Les différents essais sont effectués sur une route horizontale et rectiligne.

1. Le fil est vertical. L'automobile est-elle à l'arrêt ou se déplace-t-elle à la vitesse constante de 90 km·h^{-1} ? Justifier la réponse.

2. Le fil est incliné de 16,0° vers l'avant du véhicule, puis quelque temps après, de 9,5° vers l'arrière du véhicule. Quelles sont les accélérations du véhicule ?

3. Pour ces trois cas, calculer la tension du fil.

Solution commentée

Comme on l'a vu dans la rubrique « Cours », si un ensemble de forces, agissant de l'extérieur sur la bille de plomb, est tel que :

$$\sum \vec{F} = \vec{0}$$

alors le vecteur vitesse $\vec{v}_G$ de son centre de gravité G est constant.
Dans ce cas, il existe deux possibilités de mouvement par rapport au référentiel terrestre :
– soit la bille est immobile : $\vec{v}_G = \vec{0}$;
– soit elle est en mouvement rectiligne uniforme : $\vec{v}_G = \overrightarrow{Cte}$.
Pour effectuer cette étude, il faut donc effectuer le bilan des forces agissant sur cette bille et en faire la somme vectorielle.

1. Système étudié par rapport au repère $(O, \vec{i}, \vec{j})$ lié au référentiel terrestre supposé galiléen : la grosse bille de plomb.
Forces agissant sur le système :
– le poids de la bille $\vec{P}$;
– la tension du fil $\vec{T}$.
Loi appliquée au système : $\sum \vec{F} = m\vec{a}_G$; $\vec{P} + \vec{T} = m\vec{a}_G$ (1).

• Si l'automobile est à l'arrêt, par rapport au repère terrestre, $\vec{v}_G = \vec{0}$ et $\vec{a}_G = \vec{0}$:
$\vec{P} + \vec{T}_1 = \vec{0}$ et $\vec{P} = \vec{T}_1$.
Le fil de suspension est vertical.

• Si l'automobile se déplace d'un mouvement rectiligne horizontal à vitesse constante, on a : $\vec{v} = \vec{cte}$ et $\vec{a}_G = \vec{0}$.
On a toujours : $\vec{P} + \vec{T}_1 = \vec{0}$ et $\vec{P} = \vec{T}_1$.
Le fil de suspension est toujours vertical.

• **Conclusion** : si le fil de suspension est vertical, on ne peut pas déterminer si l'automobile est à l'arrêt ou se déplace d'un mouvement rectiligne uniforme (regardez alors par la fenêtre !).

• On utilise la méthode des projections des vecteurs sur deux axes judicieusement choisis. En général, on choisit les axes de projection de telle façon que certain vecteur ait une projection nulle sur les axes choisis. Cette méthode est une méthode générale, elle s'applique à tous les cas de figure.

2. En projetant la relation (1) suivant l'axe $(O, \vec{i})$, on obtient (*fig. a*) :
$0 - T_2 \sin \alpha_2 = m a_{G_2}$ (2).

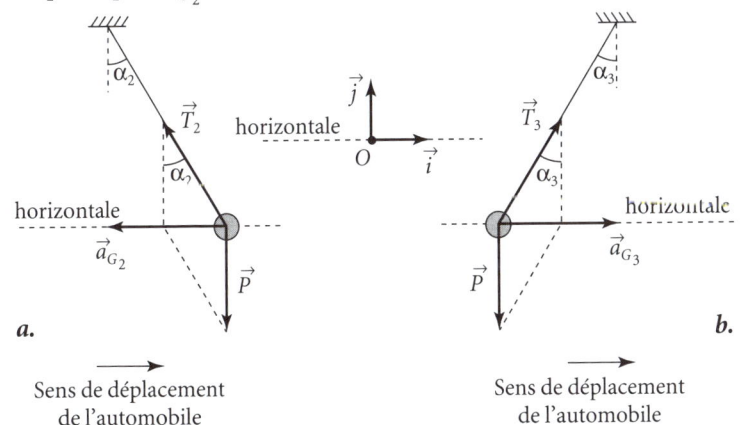

Fig. 6

En projetant la relation (1) suivant l'axe $(0, \vec{j})$, on obtient :
$-P + T_2 \cos \alpha_2 = 0$; $T_2 \cos \alpha_2 = mg$ (3).
En divisant membre à membre les relations (2) et (3), on a :

$$\frac{\sin \alpha_2}{\cos \alpha_2} = -\frac{m a_{G_2}}{mg} \quad (4).$$

D'où : $a_{G_2} = -g \tan \alpha_2$; $\alpha_2 = -2{,}81 \text{ m} \cdot \text{s}^{-2}$.
L'accélération est négative : l'automobile freine.

• Cette étude est un cas particulier qui peut être résolu d'une autre manière. La relation (1) de la première question peut encore s'écrire :
$$\vec{P} + \vec{T} + (-m\vec{a}_G) = \vec{0}.$$
La force $\vec{P}$ et la force $-m\vec{a}_G$ ont des directions respectivement verticale et horizontale, la somme vectorielle précédente forme un triangle (ABC) rectangle en B (fig. 5).

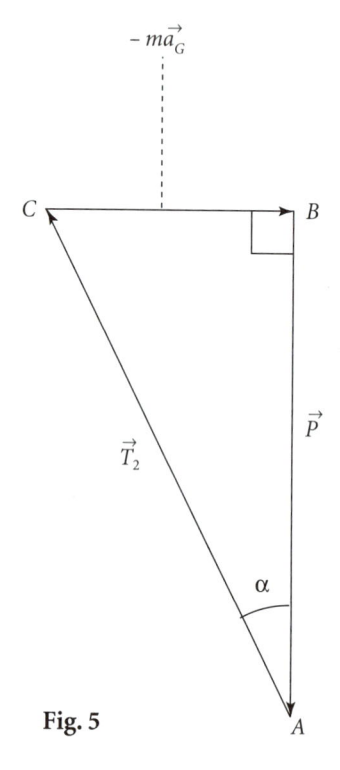

Fig. 5

Dans ce triangle, on peut écrire la relation suivante en posant $a = a_G$:
$$\tan \alpha = \frac{m|a_G|}{mg}, \text{ ou encore, } |a_G| = g \tan \alpha.$$

• **Premier cas.** Le mouvement est décéléré, a est négatif d'après le choix des orientations des axes.

• **Deuxième cas.** Le mouvement est accéléré, a est positif.

De même, on obtient (fig. 5b) :

$a_{G3} = +g \tan \alpha_3$; $a_{G3} = +1,64 \text{ m} \cdot \text{s}^{-2}$.

L'accélération est positive : l'automobile accélère.

Dans le triangle (ABC), on a la relation suivante :
$$\cos \alpha = \frac{ma_G}{T}, \text{ ou encore, } T = \frac{ma_G}{\cos \alpha}.$$

3. Les valeurs des tensions du fil de suspension pour les trois phases du mouvement sont :

$T_1 = mg$; $T_1 = 1{,}37$ N.

$T_2 = \dfrac{ma_{G2}}{\cos \alpha_2}$; $T_2 = 1{,}43$ N.

$T_3 = \dfrac{ma_{G3}}{\cos \alpha_3}$; $T_3 = 1{,}39$ N.

Méthode : résoudre un exercice de dynamique

1. Définir le référentiel par rapport auquel on effectue l'étude. En général, c'est le référentiel terrestre que l'on suppose galiléen.

2. Définir le système sur lequel porte l'étude demandée, en général c'est un solide.

3. Faire le bilan des forces agissant de l'extérieur du système sur le solide étudié.

4. Appliquer les lois de la dynamique ; le plus souvent, c'est la deuxième loi de Newton qui est utilisée : $\sum \vec{F} = m\vec{a_G}$.
Remarque :
Si $\sum \vec{F} = \vec{\text{cte}}$ et si la masse m du solide est constante alors l'accélération du centre de gravité G du solide est également constante :
$$\vec{a_G} = \vec{\text{cte}}.$$
Le mouvement du solide est rectiligne et uniformément varié.

5. Calculer la valeur algébrique de l'accélération en transformant la relation vectorielle en une ou plusieurs relations algébriques.
Pour cela, il existe une méthode générale : la méthode des projections.

a) Choisir deux axes de projections de telle façon que certains vecteurs aient une projection nulle sur les axes choisis.

b) Écrire la relation algébrique traduisant la projection de la relation vectorielle sur chaque axe choisi.

c) En combinant les relations trouvées, on en déduit la grandeur recherchée.

EXERCICES

On prendra pour la valeur de la pesanteur au niveau du sol terrestre :
$g = 9{,}80$ m·s^{-2}.

Terre-Lune ★

1 — La masse de la Lune est 81 fois plus faible que la masse de la Terre et la Lune est située à une distance $D = 3{,}84 \times 10^8$ m de la Terre. Déterminer la position du centre d'inertie du système « Terre-Lune » par rapport au centre O de la Terre. *(corrigés p. 72)*

Mouvement de rotation

2 — On réalise l'enregistrement d'un mobile autoporteur en mouvement de rotation (*fig. 6*). La période des étincelles est $\tau = 20$ ms. La distance entre deux points d'enregistrement successifs est 43 mm et le rayon du cercle trajectoire est $R = 240$ mm.

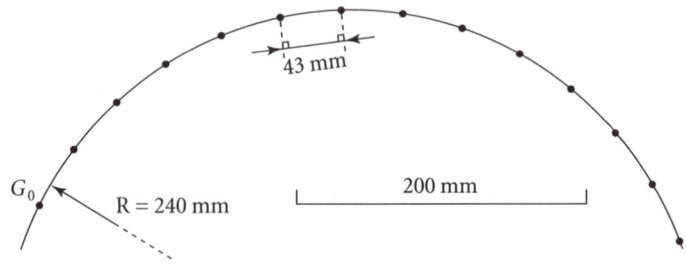

Fig. 7

1. a) Reproduire la figure en grandeur réelle.

b) En réalité, lors de l'enregistrement, le centre O du cercle trajectoire n'est pas tracé ; comment le déterminer pour exploiter le document ?

c) Qualifier le mouvement du mobile.

2. a) Déterminer la vitesse du mobile par deux méthodes :
– en utilisant comme instrument de mesure, une règle graduée ;
– en utilisant comme instrument de mesure, un rapporteur d'angle.

b) Tracer les vecteurs vitesse du mobile en G_3, G_5, G_9 et G_{11}.

3. Tracer les vecteurs accélération en G_4 et G_{10}.

4. a) Vérifier que l'accélération du mobile est bien centripète.

b) Vérifier que sa valeur est bien en accord avec la relation donnée dans le cours.
(corrigés p. 72)

Le plan incliné ★★

3 — On réalise l'enregistrement d'un mobile autoporteur en mouvement de translation le long d'un plan incliné dont l'angle de plus grande pente a pour mesure α. La période des étincelles est τ = 40 ms. L'enregistrement étant effectué *(fig. 7a)*, on mesure la distance entre deux points successifs à partir de G_0. On obtient les distances suivantes, en mm :
10 ; 12,5 ; 15 ; 17,5 ; 20 ; 22,5 ; 25 ; 27,5 ; 30 ; 32,5 ; 35.

a.

G_0 G_3 G_5 G_7 G_9 G_{11}

b.

Fig. 8   horizontale   α

1. a) Reproduire l'enregistrement en grandeur réelle.

b) Qualifier la translation. Le mouvement est-il uniforme ?

c) Déterminer la vitesse du mobile en G_3, G_5, G_7, G_8 et G_{10}.

2. a) Calculer l'accélération du mobile en G_4, G_6 et G_9. Que dire des vecteurs accélération du mobile ?

b) Tracer les vecteurs accélération en G_4 et G_9.

3. a) On néglige tout frottement. Calculer α.

b) On vérifie la mesure de l'angle de plus grande pente avec un niveau de longueur l = 42,0 cm *(fig. 7b)*. La dénivellation du bord du niveau au plan incliné est h = 69 mm. Que trouve-t-on comme valeur pour α ? Conclusion à la vue des deux résultats obtenus.
(corrigés p. 73)

Le motard dans un virage ★★

4 — On prend une photographie de face d'un motard dans un virage dont le rayon de courbure est $R = 28$ m. Après développement, on mesure sur la photographie l'angle d'inclinaison de la moto et de son conducteur ; on trouve $\alpha = 49°$.

1. Pourquoi doit-il s'incliner avec sa machine pour négocier un virage ?
2. Calculer la vitesse du motard dans le virage. *(corrigés p. 75)*

Protocole expérimental : l'élastique et le mobile autoporteur ★★★

5 — On réalise l'enregistrement du mouvement d'un mobile autoporteur « à coussin d'air » sur une table horizontale. Ce mobile, de masse $M = 736$ g, est accroché à un ressort horizontal dont l'autre extrémité est accrochée à un point fixe F. La constante de raideur du ressort est $k = 50$ N·m^{-1}. On obtient l'enregistrement de la figure 8.

1. a) Décrire brièvement le phénomène permettant l'inscription des points sur l'enregistrement.

b) Un des réglages du boîtier d'alimentation indique 40 ms. Quelle est sa signification ?

c) Quelle hypothèse peut-on formuler concernant les frottements ? Par quel dispositif réalise-t-on cet effet ?

2. a) Reproduire la figure 8 sur du papier calque.

b) Tracer les vecteurs vitesse instantanée $\vec{v}_5$ et $\vec{v}_7$ du centre du mobile lors de l'inscription des points A_5 et A_7.

c) Tracer le vecteur accélération $\vec{a}_6$ au point A_6.

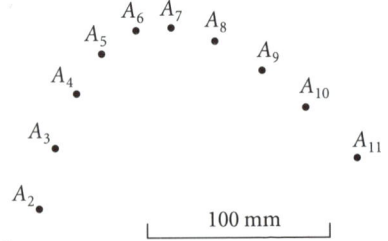

Fig. 9

3. a) Faire le bilan des forces agissant sur le mobile.

b) Calculer la valeur T_6 de la tension du ressort pour la position A_6.

c) Situer sur la feuille de papier calque, le point fixe F sachant que, lorsque le ressort est au repos, F est à une distance $l_0 = 150$ mm de l'électrode du mobile. *(D'après bac)*

(corrigés p. 76)

Testez-vous !

Quatre points à chaque exercice juste. Bon courage !

6 — **1.** Sur un document, on lit les caractéristiques techniques des deux types de 306 Peugeot suivants :

	Durée pour passer de 0 à 100 km·h^{-1}	Durée pour franchir 1 000 m
306 XN	18,4 s	38,6 s
306 S16	8,4 s	29,5 s

Pour chacun des véhicules, calculer :
a) l'accélération, supposée constante, pour passer de 0 à 100 km·h^{-1} ;
b) la distance parcourue pour atteindre la vitesse de 100 km·h^{-1} ;
c) l'accélération, supposée constante, pour franchir 1 000 m.

2. Sur la piste d'un vélodrome, un cycliste possède un mouvement uniforme et une trajectoire circulaire de rayon $R = 30,0$ m. Le tour de piste est effectué en une durée $\tau = 140$ s. À un instant t_1 :
a) donner les caractéristiques du vecteur vitesse $\vec{v}_1$;
b) donner les caractéristiques du vecteur accélération $\vec{a}_1$.

3. Une automobile de masse $m = 1,50$ tonne gravit une côte rectiligne, dont l'angle de plus grande pente a pour valeur $\alpha = 10°$, à la vitesse $v_0 = 90$ km·h^{-1}. L'ensemble des forces de frottement est équivalent à une force dont la valeur est $f = 400$ N.
a) Le moteur n'étant plus couplé aux roues motrices, quelle est la durée τ nécessaire pour que l'automobile s'arrête ?
b) Quelle est alors la distance D parcourue ?

4. Une chronophotographie donne les différentes positions du centre d'inertie G d'un solide de masse $m = 58,0$ g, en mouvement circulaire de rayon $R = 280$ mm. La période des éclairs du stroboscope est $\tau = 0,020$ s et la distance entre deux positions successives de G est de 50 mm.
a) Caractériser le mouvement et déterminer la valeur de la vitesse de G.
b) Reproduire les différentes positions de G à l'échelle $\dfrac{1}{2}$. Déterminer la valeur de l'accélération de G.
c) Calculer la valeur T de la tension du fil reliant G au point fixe O.
d) Cette valeur vérifie-t-elle également la relation : $T = \dfrac{mv^2}{R}$?

5. Une masselotte, suspendue à un fil inextensible de longueur $l = 30$ cm, tourne à la vitesse angulaire ω autour d'un axe vertical (D). Le fil et l'axe forment constamment un angle aigu de mesure $\alpha = 15°$. Calculer ω.

(corrigés p. 77)

L'épreuve du bac

7 –

- À faire après l'étude des 6 exercices précédents.
- Comme pour le bac, aucune indication n'est donnée dans le texte.
- Rédiger la solution sans aucun document à portée de main.
- Arrêter la recherche et la rédaction de la solution après 42 minutes environ (durée pouvant être consacrée à cette partie durant l'examen).
- Essayer de noter le travail ainsi fait.

Virages relevés de voie ferrée
(France métropolitaine, session de remplacement – 4 points)

Pour obtenir une bonne qualité de roulement des trains, les voies ferrées sont « relevées » dans les virages, c'est-à-dire inclinées vers l'intérieur du virage.
Dans cet exercice, on étudie le mouvement du centre d'inertie G d'un wagon de masse m.
Le train décrit un virage à vitesse constante v. Le centre d'inertie G du wagon a une trajectoire circulaire de rayon r, de centre O, contenue dans un plan horizontal (voir schéma).

Fig. A

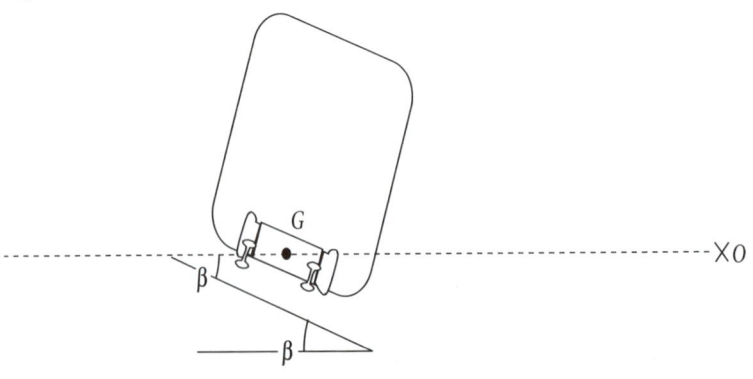

1. Donner la direction, le sens et l'expression du vecteur accélération $\vec{a}$ de G lorsque le wagon décrit le virage. *0,5 pt*

2. On désigne par $\vec{F}$ la somme des forces, autres que le poids $\vec{P}$, s'exerçant sur le wagon.
Pour une bonne utilisation du matériel et le confort des passagers, la force $\vec{F}$ doit être perpendiculaire au plan de la voie.

a) Représenter la force $\vec{F}$ s'exerçant sur G, en justifiant la construction. `0,5 pt`

b) Donner l'expression de β, valeur de l'angle que doit faire le plan de la voie avec l'horizontale, pour que cette condition soit satisfaite. `0,75 pt`

c) Donner l'expression de h, différence de hauteur, appelée « dévers », entre le rail extérieur et le rail intérieur, sachant que la distance entre les deux rails est d. `0,5 pt`

d) Application numérique : calculer β et h dans le cas du TGV (train à grande vitesse). `0,5 pt`
Données : $r = 9\,000$ m, $v = 300$ km·h^{-1}, $g = 9{,}8$ m·s^{-2}, $d = 1{,}44$ m.

3. Une rame TGV est amenée à circuler sur une voie classique et à prendre un virage de rayon $r' = 900$ m avec une vitesse v' constante. En raison de contraintes techniques, le dévers h' ne peut excéder 16 cm.

a) En déduire l'angle β' dont on peut au maximum relever la voie classique dans ce virage. `0,5 pt`

b) Déterminer la vitesse maximale du TGV sur cette portion de voie classique.
Quel inconvénient majeur en résulte-t-il alors pour le TGV ? `0,75 pt`

(corrigés p. 79)

CORRIGÉS

Terre-Lune

1 –

Le barycentre G du système « Terre-Lune » est :
$(M_T + M_L)\overrightarrow{OG} = M_T\overrightarrow{OG_T} + M_L\overrightarrow{OG_L}$.
On pose $O = G_T$, d'où :
$(M_T + M_L)\overrightarrow{OG} = M_L\overrightarrow{OG_L}$.
Par hypothèse : $M_T = 81 M_L$.

$x = \dfrac{M_L}{M_T + M_L} D$; $x = \dfrac{D}{82}$; $x = 4{,}68 \times 10^3$ km.

Mouvement de rotation

2 –

1. a) et **b)** Le centre O du cercle trajectoire est situé à l'intersection des médiatrices des cordes du cercle.

c) La distance entre deux points successifs de l'enregistrement est constante, la vitesse est donc constante : $v = $ cte.
Le mouvement est circulaire uniforme.

2. a) Première méthode

$v = \dfrac{M_{i+1} M_{i-1}}{2\tau}$; $v = \dfrac{43 \times 10^{-3} \times 2}{40 \times 10^{-3}}$; $v = \dfrac{86 \times 10^{-3}}{40 \times 10^{-3}}$; $v = 2{,}15 \cdot $ s^{-1}.

Deuxième méthode

• Calcul de ω
Pour $\tau' = 12\tau$, on a $\alpha = 124°$.
180° correspondent à π radians,
124° correspondent à α radians.

$\alpha = 2{,}16$ rad ; $v = \dfrac{\alpha}{12\tau}$; $\omega = \dfrac{2{,}16}{12 \times 20 \times 10^{-3}}$; $\omega = 9{,}02$ rad $\cdot$ s^{-1}.

• Calcul de v
$v = \omega R$; $v = 2{,}16$ m $\cdot$ s^{-1}.

b) échelle de représentation des vecteurs vitesse

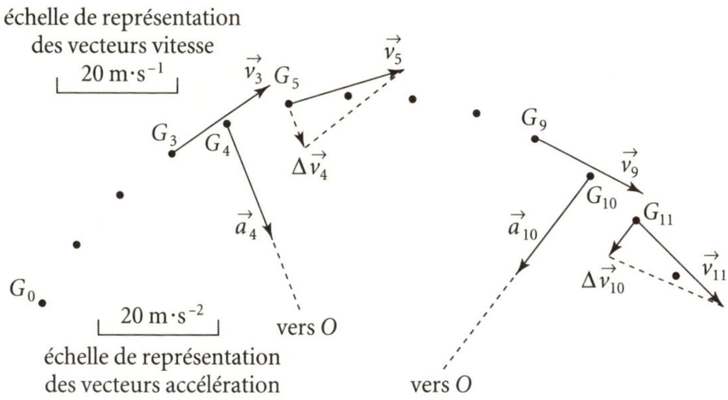

Fig. 10

3. Tracé des vecteurs accélération en G_4 et G_{10} :
$$\vec{a_4} = \frac{\vec{v_5} - \vec{v_3}}{2\tau} = \frac{\vec{\Delta v_4}}{2\tau} \;;\; a_4 = \frac{\Delta v_4}{2\tau}.$$

D'après l'échelle de représentation $\Delta v_4 = 0{,}80$ m·s^{-1}. D'où :

$$a_4 = \frac{0{,}80}{0{,}040} \;;\; a_4 = 20 \text{ m·s}^{-2}.$$

On obtient de même pour $\vec{a}_{10}$: $a_{10} = 20$ m·s^{-2}.
Le tracé des vecteurs $\vec{a_4}$ et $\vec{a}_{10}$ est représenté sur la figure 10.

4. a) On remarque que les directions des vecteurs $\vec{a_4}$ et $\vec{a}_{10}$ passent, aux incertitudes de construction près, par le centre O du cercle trajectoire : l'accélération du mobile est bien centripète.

b) D'après le cours : $\vec{a} = \vec{a_N} = \frac{\vec{v}^2}{R}$; $a_T = 0$ car $v =$ cte et $\frac{dv}{dt} = 0$.

$$a = \frac{2{,}16^2}{0{,}240} \;;\; a = 19{,}4 \text{ m·s}^{-2}.$$

Ce résultat est en accord avec les constructions effectuées et l'étude faite précédemment.

Le plan incliné

3 –

1. b) La translation est rectiligne. La distance franchie par le mobile pendant des durées égales est de plus en plus grande : le mouvement est accéléré et donc non uniforme.

c) Vitesse du mobile en G_3 :
$$v_3 = \frac{G_4G_2}{2\tau} \,;\, v_3 = \frac{32{,}5 \times 10^{-3}}{80 \times 10^{-3}} \,;\, v_3 = 0{,}406 \text{ m} \cdot \text{s}^{-1}.$$

Les autres valeurs recherchées sont :
$v_5 = 0{,}531 \text{ m} \cdot \text{s}^{-1}$; $v_7 = 0{,}656 \text{ m} \cdot \text{s}^{-1}$;
$v_8 = 0{,}719 \text{ m} \cdot \text{s}^{-1}$; $v_{10} = 0{,}844 \text{ m} \cdot \text{s}^{-1}$.

2. a) $\vec{a}_4 = \dfrac{\vec{v}_5 - \vec{v}_3}{2\tau}$.

$\vec{v}_5$ et $\vec{v}_3$ ont même sens et même direction ; il en est de même de $\vec{a}_4$. On a donc :
$$\vec{a}_4 = \frac{\vec{v}_5 - \vec{v}_3}{2\tau} \,;\, a_4 = 1{,}56 \text{ m} \cdot \text{s}^{-2}.$$

On a de même :
$a_6 = 1{,}56 \text{ m} \cdot \text{s}^{-2}$; $a_9 = 1{,}56 \text{ m} \cdot \text{s}^{-2}$.
La valeur de l'accélération est constante ; le vecteur accélération du mobile est donc constant. Le mouvement est rectiligne, uniformément accéléré.

b)

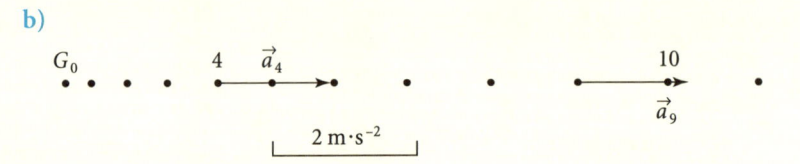

Fig. 11

3. a) Système étudié par rapport au repère $(O, \vec{i}, \vec{j})$ lié au référentiel terrestre supposé galiléen : le mobile autoporteur.
Forces agissant sur le système (*fig. 13*) :
– le poids du mobile, $\vec{P}$;
– l'action de l'air pulsé sur le mobile, $\vec{R}$.

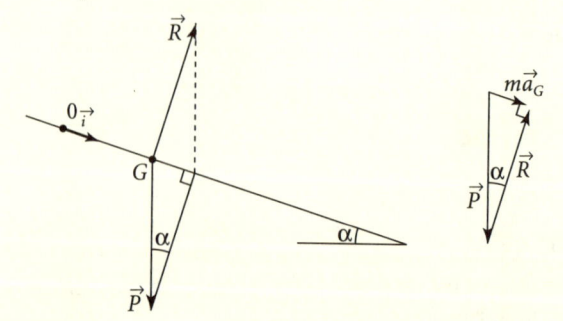

Fig. 12

CORRIGÉS

Loi appliquée au système : $\sum \vec{F} = m\vec{a}_G$.
$\vec{P} + \vec{R} = m\vec{a}_G$.
En projetant cette relation sur l'axe $(O, \vec{i})$; on obtient :
$P_x + R_x = ma_G$; $mg \sin \alpha + 0 = ma_G$; $a_G = g \sin \alpha$.

D'où : $\alpha = \arcsin\left(\dfrac{a_G}{g}\right)$; $\alpha = 9{,}2°$.

b) D'après la figure 13, on a :

$\tan \alpha = \dfrac{h}{L}$.

D'où : $\alpha = \arctan\left(\dfrac{h}{L}\right)$; $\alpha = 9{,}3°$.

Valeurs en accord avec le résultat théorique de l'expérience.

Le motard dans un virage

4 –

1. Pour effectuer son virage, le système « le motard et sa machine » doit être soumis à une force résultante dirigée vers O, centre de courbure du virage. La seule manière de réaliser cette force pour le système étudié est qu'il se penche vers O (fig. 14).

2. Système étudié par rapport au repère $(O, \vec{i}, \vec{j})$ lié au référentiel terrestre supposé galiléen : « le motard et sa machine ».

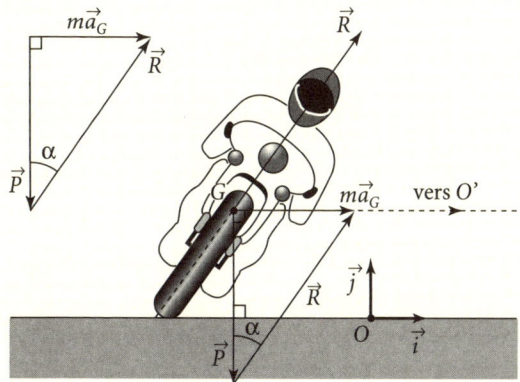

Fig. 13

Forces agissant sur le système :
- le poids du système, $\vec{P}$;
- l'action de la route sur les pneus, $\vec{R}$.

Loi appliquée au système :
$\sum \vec{F} = m\vec{a}_G$: $\vec{P} + \vec{R} = m\vec{a}_G = m\vec{a}_N$.
Les trois vecteurs $\vec{P}, \vec{R}$ et $m\vec{a}_G$ forment un triangle rectangle, d'où :

$\tan \alpha = \dfrac{mv^2}{Rmg}$; $v = \sqrt{Rg \tan \alpha}$; $v = 17{,}8$ m·s^{-1} ; $v = 64$ km·h^{-1}.

Protocole expérimental

5 –

1. a) Un générateur HT envoie des signaux électriques périodiques. Ceux-ci passent : par un fil de liaison reliant le générateur au premier mobile ; du mobile à la couche conductrice du papier spécial, en créant une étincelle qui laisse une trace noire ; dans la couche conductrice ; de la couche conductrice dans le deuxième mobile (2e étincelle) ; par un fil de liaison reliant le deuxième mobile au générateur.

b) L'indication « 40 ms » est la période des signaux électriques du générateur ; c'est donc également la période des prises de positions successives du mobile sur la feuille d'enregistrement.

c) Le mobile est sustenté par l'air pulsé par une petite turbine interne au mobile. Il se déplace donc sur « coussin d'air » : les frottements sont alors négligeables, en première approximation.

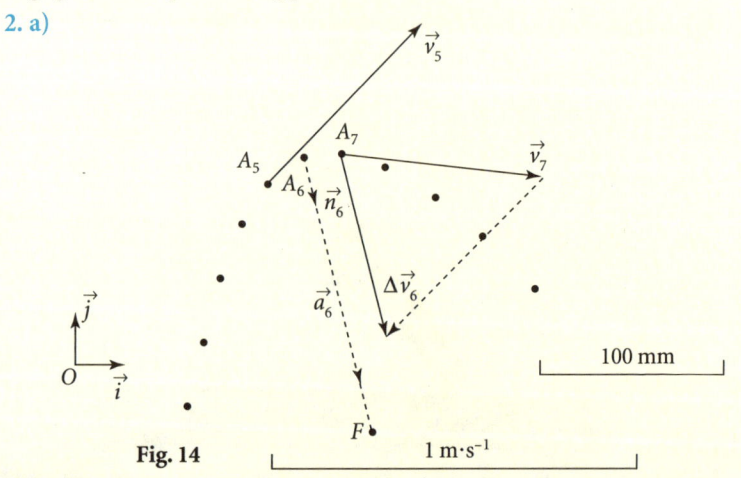

2. a)

Fig. 14

b) $v_5 = \dfrac{48 \times 10^{-3}}{80 \times 10^{-3}}$; $v_5 = 0{,}600 \text{ m} \cdot \text{s}^{-1}$;

$v_7 = \dfrac{45{,}6 \times 10^{-3}}{80 \times 10^{-3}}$; $v_7 = 0{,}570 \text{ m} \cdot \text{s}^{-1}$.

c) D'après l'échelle de représentation des vecteurs vitesse, on a :
$\Delta v_6 = 0{,}510 \text{ m} \cdot \text{s}^{-1}$.

$\vec{a}_6 = \dfrac{\vec{v}_7 - \vec{v}_6}{} = \dfrac{\overrightarrow{\Delta v_6}}{}$; $a_6 = \dfrac{0{,}510}{0{,}080}$; $a_6 = 6{,}38 \text{ m} \cdot \text{s}^{-2}$. $\vec{a}_6$ a même sens et même direction que $\overrightarrow{\Delta v_6}$. D'où le tracé de la figure 15.

3. a) Système étudié par rapport au repère $(O, \vec{i}, \vec{j})$ lié au référentiel terrestre supposé galiléen : le mobile autoporteur.
Forces agissant sur le système en A_6 :
– le poids, direction normale à la table, $\vec{P}$;
– l'action de l'air pulsé, direction normale à la table, $\vec{R}$;
– la tension du fil, $\vec{T}_6$.

b) Loi appliquée au système :
$\Sigma \vec{f} = m\vec{a}_G$; $\vec{P} + \vec{R} + \vec{T}_6 = m\vec{a}_6$.
En projetant cette relation suivant l'axe $(A_6, \vec{n}_6)$, on obtient :
$0 + 0 + T_6 = ma_6$; $T_6 = ma_6$: $T_6 = 4{,}7 \text{ N}$.

c) Entre la tension T_6 du ressort et son allongement x_6, il existe la relation suivante : $T_6 = kx_6$.

D'où : $x_6 = \dfrac{T_6}{k}$; $x_6 = 94 \text{ mm}$.

Le point fixe F se trouve donc à une distance :
$A_6F = l_0 + x_6$; $A_6F = 244 \text{ mm}$.

Testez-vous !

6 –

Réponses pour vérifier les résultats trouvés

1. a) $v = a\tau$; $a = \dfrac{v}{\tau}$.

306 XN : $a_1 = 1{,}51 \text{ m} \cdot \text{s}^{-2}$.
306 S16 : $a_2 = 3{,}31 \text{ m} \cdot \text{s}^{-2}$.

b) $d = \dfrac{1}{2} a\tau^2$; $d = \dfrac{1}{2} \dfrac{v}{\tau} \tau^2$; $d = \dfrac{v\tau}{2}$.

306 XN : $d_1 = 256$ m.

306 S16 : $d_2 = 117$ m.

c) $D = \dfrac{1}{2} a'\tau'^2$; $a' = \dfrac{2D}{\tau'^2}$.

306 XN : $a'_1 = 1{,}49$ m·s^{-2}.

306 S16 : $a'_2 = 2{,}30$ m·s^{-2}.

2. a)

$\vec{v}_1$ en M_1	– direction : tangente en M_1 au cercle trajectoire ; – sens : celui du mouvement ; – valeur : $v_1 = \dfrac{2\pi P}{\tau}$; $v_1 = 13{,}5$ m·s^{-1}.

b)

$\vec{a}_1$ en M_1	– direction : le rayon $(M_1 O)$, O centre du cercle ; – sens : de M_1 vers O ; – valeur : $a_1 = \dfrac{v_1^2}{R}$; $a_1 = 6{,}1$ m·s^{-2}.

3. a) $\vec{R} + \vec{f} + \vec{P} = m\vec{a}_G$.

$a_x = -\left(\dfrac{f}{m} + g\sin\alpha\right)$; $a_x < 0$ et $a_x =$ cte.

$\begin{cases} v = a_x t + v_0 \\ \text{si} \quad v = 0, \end{cases}$ alors $t = \tau$; d'où : $\tau = -\dfrac{v_0}{a_x}$.

$\tau = \dfrac{v_0}{\dfrac{f}{m} + g\sin\alpha}$; $\tau \approx 12{,}7$ s.

b) $\begin{cases} v^2 - v_0^2 = 2a_x x \\ \text{si} \quad x = D, \end{cases}$ alors $v = 0$;

$-v_0^2 = 2a_x D$; $D = -\dfrac{v_0^2}{2a_x} = \dfrac{v_0 v_0}{2a_x} = \dfrac{v_0 \tau}{2}$; $D = 159$ m.

4. a) Le mouvement est circulaire uniforme.

$v = \dfrac{100 \times 10^{-3}}{2 \times 20 \times 10^{-3}}$; $v = 2{,}50$ m·s^{-1}.

CORRIGÉS

b) $\Delta v = 0{,}91$ m·s^{-1}.

$a = \dfrac{\Delta v}{2\tau}$; $a = \dfrac{0{,}91}{0{,}040}$; $a = 22{,}8$ m·s^{-2}.

c) $T = ma$; $T = 1{,}32$ N.

d) $T = m\dfrac{v^2}{R}$; $T = 1{,}29$ N. $\dfrac{\Delta T}{T} \approx 2\,\%$.

5. $\vec{T} + \vec{P} = m\vec{a}_G$; $\vec{a}_G = \vec{a}_N$.

$\tan \alpha = \dfrac{ma_N}{mg}$; $\tan \alpha = \dfrac{\omega^2 r}{g}$ et $r = l \sin \alpha$.

$\dfrac{\sin \alpha}{\cos \alpha} = \dfrac{\omega^2 l \sin \alpha}{g}$; $\omega = \sqrt{\dfrac{g}{l \cos \alpha}}$; $\omega = 5{,}8$ rad·s^{-1}.

L'épreuve du bac

7 –

1. Par hypothèse, le centre d'inertie G du wagon décrit un mouvement circulaire horizontal uniforme :

$v = $ cte.

L'accélération tangentielle est donc nulle :

$\dfrac{dv}{dt} = a_t = 0$.

Le vecteur accélération pour un mouvement circulaire s'écrit :
$\vec{a} = \vec{a}_n + \vec{a}_t$

$\vec{a} = \dfrac{v^2}{R}\vec{n} + \vec{0} = \vec{a}_n$.

L'accélération de G est donc centripète.
La direction de $\vec{a}_n$ est la droite (OG) et le sens de $\vec{a}_n$ est de G vers O (fig. A).
La valeur de $\vec{a}_n$ est donc :

$a_n = \dfrac{v^2}{R}$; $a_n = 0{,}772$ m·s^{-2}.

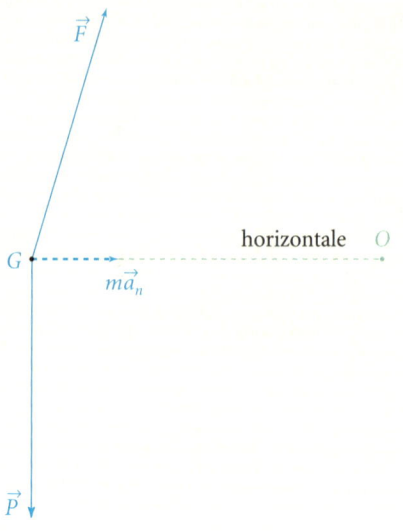

Fig. B

2. a) • Système étudié par rapport au référentiel terrestre supposé galiléen : le wagon.

• Bilan des forces agissant sur le système (fig. B) :
– le poids du wagon : $\vec{P}$;
– la force $\vec{F}$ (voir le texte).

• D'après le théorème du centre d'inertie, on a :
$\sum \vec{F} = m\vec{a}_G$.
$\vec{P} + \vec{F} = m\vec{a}_G = m\vec{a}_n$.
La construction du vecteur force $\vec{F}$ est telle que la somme vectorielle $\vec{P} + \vec{F}$ donne le vecteur force $m\vec{a}_n$ de direction horizontale.
La droite support de ce vecteur est la droite (GO), d'où la construction de la figure B.

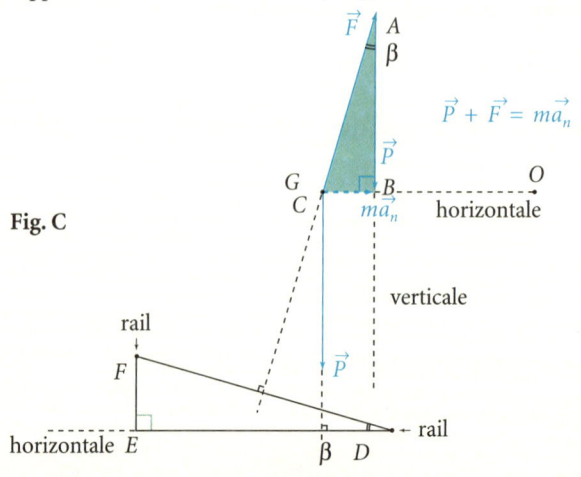

Fig. C

CORRIGÉS

b) La direction de $\vec{F}$ est perpendiculaire au plan de la voie. Les angles $\widehat{BAC}$ et $\widehat{FDE}$ ont leurs côtés perpendiculaires entre eux, leurs mesures sont donc égales (*fig. 18*) :
mes ($\widehat{BAC}$) = mes ($\widehat{FDE}$) = β.
Dans le triangle (*ABC*) rectangle en *B*, on a la relation suivante :
$$\tan \beta = \frac{ma_n}{P} = \frac{ma_n}{mg}.$$

Comme $a_n = \frac{v^2}{R}$, on obtient :

$$\beta = \arctan \left(\frac{v^2}{Rg} \right) \quad (1).$$

c) Dans le triangle (*DEF*) rectangle en *E*, on a la relation :
$\sin \beta = \frac{h}{d}$ (2), ou encore, $h = d \sin \beta$.

d) Application numérique :
• $\beta = 4{,}50°$ ou $\beta = 78{,}6 \times 10^{-3}$ rad.
• $h = 0{,}113$ m.

3. a) Pour ce nouveau cas de figure, la relation (2) devient :
$\sin \beta' = \frac{h'}{d}$; $\beta' = 6{,}38°$.

b) La relation (1) devient alors :
$$\tan \beta' = \frac{v'^2}{Rg}.$$
D'où :
$v' = \sqrt{Rg \tan \beta'}$
$v' = 31{,}4$ m·s^{-1}, ou encore,
$v' = 113$ km·h^{-1}.
Le train roule à la vitesse d'un train classique : ce n'est plus un « TGV » !

LOIS DE LA DYNAMIQUE

4
THÉORÈME DE L'ÉNERGIE CINÉTIQUE

COURS

- Travail d'une force
- Énergie cinétique
- Énergie mécanique et énergie potentielle

MÉTHODE

- Le lance-pierre

EXERCICES

- Agitation moléculaire d'un gaz
- Le Concorde à l'atterrissage
- Essai de freinage
- Renversant !
- Protocole expérimental : mobile sur un plan incliné
- Testez-vous !
- L'épreuve du bac
- Corrigés

4

THÉORÈME DE L'ÉNERGIE CINÉTIQUE

Travail d'une force

Les différentes expressions

Expression du travail d'une force constante

En classe de première, on a établi l'expression (*fig. 1a*) :

$W = F_x(x_2 - x_1)$ $W = F_x \Delta x$	W, travail de la force $\vec{F}$ (J) ; F_x, coordonnée de $\vec{F}$ sur l'axe $(O, \vec{i})$ (N) ; $x_2 - x_1 = \Delta x$, variation de cote suivant x (m).

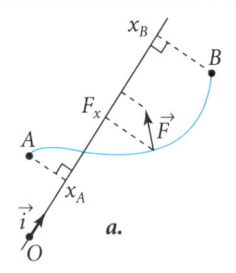

Fig. 1 a.

b. $W_I^{\vec{F}} = W_{II}^{\vec{F}} = W_{III}^{\vec{F}} = \vec{F} \cdot \vec{AB}$

Autres expressions

Le travail d'une force $\vec{F}$ constante dont le point d'application se déplace de A à B est défini par les relations suivantes (*fig. 1b*) :

$W_{AB}^{\vec{F}} = \vec{F} \cdot \vec{AB}$ $W_{AB}^{\vec{F}} = FL \cos \theta$	$W_{AB}^{\vec{F}}$, travail de la force $\vec{F}$ (J) ; F, valeur du vecteur force (N) ; $AB = L$, distance de A à B (m) ; $\theta = (\vec{F}, \vec{AB})$.

Si $0° \leq \theta < 90°$, le travail de la force est moteur.
Si $\theta = 90°$, le travail de la force est nul.
Si $90° < \theta < 180°$, le travail de la force est résistant.

Le travail du poids

Expression

Soit $(O, \vec{i}, \vec{j}, \vec{k})$ un repère terrestre et soit un objet dont le centre d'inertie G se déplace sur des distances petites par rapport au rayon terrestre.
Le travail de son poids $\vec{P}$, lorsque G passe de A à B, est donné par l'expression (*fig. 2*) :

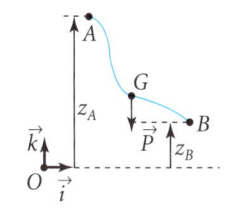

Fig. 2

$$W_{AB}^{\vec{P}} = mg(z_A - z_B)$$

$W_{AB}^{\vec{P}}$, travail du poids de l'objet (J) ;
m, masse de l'objet déplacé (kg) ;
g, valeur de la pesanteur en AB (m) ;
$z_A - z_B$, variation de cote de G(m).

Propriétés

• Dans un référentiel terrestre, le travail du poids d'un objet, dont le centre d'inertie G est déplacé entre deux positions G_1 à G_2, ne dépend pas du chemin suivi pour passer de G_1 à G_2. Ce travail ne dépend que des positions initiale et finale de G.

• Si le centre d'inertie G de l'objet se déplace mais revient à la même cote que celle du point de départ, le travail de son poids est nul.

Énergie cinétique

Énergie cinétique

On rappelle qu'un **solide** est en **mouvement de translation** si, à un instant donné, tous ses points possèdent le même vecteur vitesse $\vec{v}$.

On admettra qu'il est en quasi-translation si les vecteurs vitesse de ses différents points sont pratiquement les mêmes ; par exemple, une automobile roulant sur une route courbe.

Énergie cinétique de translation

Par rapport à un référentiel donné, l'énergie cinétique de translation d'un objet est donnée par la relation suivante :

$$\mathcal{E}_c = \frac{1}{2} m v^2$$

$\mathcal{E}_c$, énergie cinétique de translation (J) ;
m, masse de l'objet (kg) ;
v, vitesse de l'objet (m · s^{-1}).

Théorème de l'énergie cinétique

ENREG. Soit un solide en mouvement de translation par rapport à un référentiel supposé galiléen. La variation d'énergie cinétique de ce solide, entre deux instants t_1 et t_2, est égale à la somme algébrique des travaux des n forces $\vec{F_i}$ qui lui sont appliquées entre ces deux instants :

$$\Delta \mathcal{E}_C = \mathcal{E}_{C_2} - \mathcal{E}_{C_1} = \sum_{i=1}^{n} W_{A_1 A_2}^{\vec{F_i}}.$$

Voir la méthode utilisée pour appliquer ce théorème aux exercices page 91.

Énergie mécanique et énergie potentielle

À propos de l'énergie mécanique

Système mécanique
Un système est qualifié de mécanique si l'on peut définir l'énergie mécanique du système par rapport à un référentiel donné.

Par rapport à un référentiel (R), l'énergie mécanique d'un système est la somme de son énergie cinétique et de son énergie potentielle :

$$\mathcal{E}_m = \mathcal{E}_c + \mathcal{E}_p.$$

Système mécanique conservatif
Un système mécanique est dit conservatif si seules son énergie cinétique et son énergie potentielle subissent des variations au cours de son évolution.

Système mécanique conservatif isolé

L'énergie mécanique d'un système mécanique conservatif isolé est constante :
$$\mathcal{E}_m = \text{cte.}$$

Énergie potentielle de pesanteur

Soit un objet de masse m situé à une altitude z par rapport à la surface du sol terrestre. L'énergie potentielle étant une énergie de position réciproque entre l'objet et la Terre, le système étudié est donc « le solide de la Terre ».
Comme la Terre est quasi immobile lors de toute évolution du solide, on définira l'énergie potentielle de l'objet par rapport au sol situé à l'altitude 0.

L'énergie potentielle de pesanteur du sytème « solide-Terre » s'exprime par la relation :
$$\mathcal{E}_p(z) = mgz + \mathcal{E}_p(0).$$
Si le niveau de référence est tel que $\mathcal{E}_p(0) = 0$, alors l'énergie potentielle de pesanteur s'écrit :
$$\mathcal{E}_p(z) = mgz.$$

Notion de puissance d'une force

- La puissance moyenne d'une force est donnée par l'expression :

$P_{moy} = \dfrac{W^{\vec{F}}_{A_1 A_2}}{\tau}$	P_{moy}, puissance moyenne de la force $\vec{F}$ (J) ; $W^{\vec{F}}_{A_1 A_2}$, travail de la force $\vec{F}$ dans le déplacement $A_1 A_2$ (m) ; $\tau = t_1 - t_2$, durée du travail (s).

- Puissance instantanée d'un travail élémentaire :
$$P = \dfrac{dW}{dt}.$$

- Puissance instantanée d'une force $\vec{F}$:
$$P = \vec{F} \cdot \vec{v}_G.$$

MÉTHODE

Le lance-pierre

Énoncé

On néglige tout frottement dû à la résistance de l'air.
On lance verticalement vers le ciel une bille d'acier avec un lance-pierre.
La bille part du point A situé à la hauteur $h_A = 2{,}0$ m du sol avec une vitesse initiale verticale de valeur $v_A = 25$ m·s^{-1} (*fig. 3*). La masse de la bille est $m = 30$ g.

1. En utilisant le théorème de l'énergie cinétique, calculer à quelle hauteur H la bille va monter.

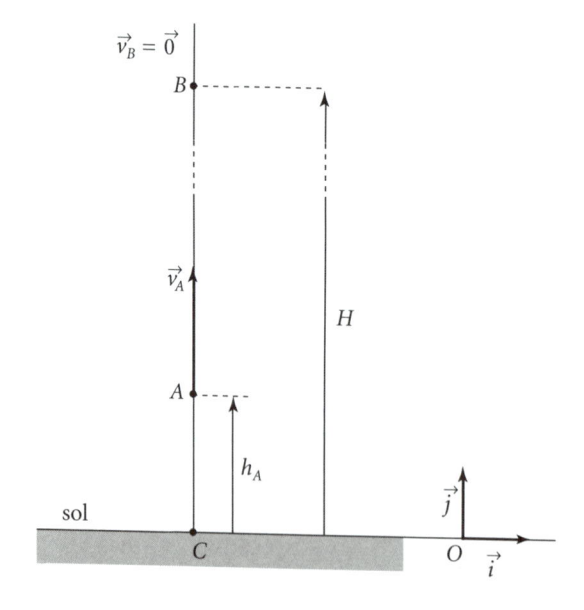

Fig. 3

2. En utilisant le théorème de l'énergie cinétique, dire quelle est la valeur de la vitesse de la bille lorsqu'elle tombe sur le sol. On suppose que le lanceur s'esquive !

3. Maintenant, on admet que l'air exerce sur la bille une force de valeur constante $f = 100$ mN, force qui s'oppose constamment au mouvement de la bille. Répondre aux questions **1.** et **2.** précédentes.

Solution commentée

- Comme pour tout exercice de dynamique, on définit :
- le référentiel par rapport auquel on effectue l'étude, ici c'est le référentiel terrestre ;
- le système à étudier.
- Pour appliquer le théorème de l'énergie cinétique, il faut :
- choisir deux instants entre lesquels sera utilisé le théorème ;
- faire le bilan des forces extérieures agissant sur le système entre ces deux instants.
- Écrire l'expression du théorème et utiliser les désignations des grandeurs données dans le texte de l'exercice.
- Attention ! Pour écrire l'expression du travail du poids, bien noter le sens des vecteurs $\vec{P}$ et $\vec{AB}$ (d'après l'orientation de « l'axe des z » P_z est négatif : $P_z = -mg$.

1. Hauteur maximale atteinte par la bille

Système étudié par rapport au référentiel terrestre supposé galiléen : la bille.
On applique le théorème de l'énergie cinétique entre deux instant t_A et t_B : t_A, départ de la bille à la vitesse v_A ; t_B, arrivée de la bille en B au maximum de la hauteur atteinte (à ce moment-là, $v_B = 0$).

Entre ces deux instants s'exercent sur la bille :
- le poids de celle-ci, $\vec{P}$;
- la force de frottement de la bille dans l'air qui est supposée négligeable, par hypothèse.

$$\mathcal{E}_{c_B} - \mathcal{E}_{c_A} = W^{\vec{P}}_{A \to B} \, ; \, 0 - \frac{1}{2}mv_A^2 = \vec{P} \cdot \vec{AB} \, ;$$

$$-\frac{1}{2}mv_A^2 = -mg(H - h_A). \text{ D'où : } H = \frac{v_A^2}{2g} + h_A \, ; \, H = 33{,}9 \text{ m.}$$

- On peut appliquer le théorème de l'énergie cinétique en considérant deux instants quelconques de l'évolution du système dans le référentiel choisi. Par exemple, l'instant de départ de la bille en A et l'instant de l'arrivée de celle-ci sur le sol. Les conseils du 1. s'appliquent également à la résolution de cette question.

2. Vitesse de la bille arrivant au sol

Le théorème de l'énergie cinétique est maintenant appliqué entre les deux instants t_A et t_C : t_A, départ de la bille du point A ; t_C, arrivée de la bille sur le sol au point C, à la vitesse v_C.
Seul le travail du poids de la bille $\vec{P}$ est effectif, on a donc :

$$\mathcal{E}_{c_C} - \mathcal{E}_{c_A} = W^{\vec{P}}_{A \to C} \, ; \, \frac{1}{2}mv_C^2 - \frac{1}{2}mv_A^2 = \vec{P} \cdot \vec{AC} \, ;$$

$$\frac{m}{2}(v_C^2 - v_A^2) = -mg(h_C - h_A).$$

Or : $h_C = 0$, d'où : $v_C^2 - v_A^2 = 2gh_A$.
$v_C = \sqrt{2gh_A + v_A^2}$; $v_C = 25{,}8$ m·s^{-1}.

II • On applique le théorème de l'énergie cinétique suivant les commentaires exposés en 1. et 2.

• Attention à l'expression algébrique de la force de frottement exercée sur la bille par l'air. Bien noter que cette force a un sens constamment opposé au sens du vecteur vitesse et que ce dernier change de sens au cours du déplacement de la bille entre A et C.

• Bien appliquer la formule du cours donnant l'expression du travail d'une force. Attention aux orientations de « l'axe des z », du déplacement de la bille et de l'orientation de la force de frottement et du poids de la bille.

• On remarquera alors que la distance de déplacement de la force de frottement est égale à la longueur totale du déplacement de la bille entre les deux instants considérés.

3. Étude, compte tenu de la résistance de l'air

Il agit sur la bille une force de frottement de valeur constante qui s'oppose au mouvement de la bille. Le travail de $\vec{f}$ est donc constamment négatif.

• **Hauteur maximale réelle :** H'

$$\mathcal{E}_{c_B} - \mathcal{E}_{c_A} = W^{\vec{P}}_{A \to B} + W^{\vec{f}}_{A \to B} ;$$

$$\frac{1}{2}mv_B^2 - \frac{1}{2}mv_A^2 = \vec{P} \cdot \vec{AB} + \vec{f} \cdot \vec{AB} ;$$

$$0 - \frac{1}{2}mv_A^2 = -mg(H' - h_A) - f(H' - h_A),$$

$$\frac{1}{2}mv_A^2 = (H' - h_A)(mg + f).$$

D'où : $H' = \dfrac{mv_A^2}{2(mg + f)} + h_A$;

$H' = 25{,}8$ m.

• **Vitesse réelle de la bille arrivant au sol :** v'_C

$$\mathcal{E}_{c_C} - \mathcal{E}_{c_A} = W^{\vec{P}}_{A \to C} + W^{\vec{f}}_{A \to C} \quad (1).$$

Le travail de $\vec{P}$ dans le déplacement de A à C est :
$W^{\vec{P}}_{A \to C} = \vec{P} \cdot \vec{AC}.$

Le travail de la force de frottement est :
$W^{\vec{f}}_{A \to C} = W^{\vec{f}}_{A \to B'} + W^{\vec{f}}_{B' \to C} ;$
$W^{\vec{f}}_{A \to C} = -fAB' - fB'C ;$
$W^{\vec{f}}_{A \to C} = -f(AB' + B'C) ;$
$W^{\vec{f}}_{A \to C} = -f(2H' - h_A).$

L'expression (1) devient :

$$\frac{1}{2}mv_C'^2 - \frac{1}{2}mv_A^2 = -mg(0 - h_A) - f(2H' - h_A) ;$$

$$v_C'^2 - v_A^2 = 2gh_A - \frac{2f}{m}(2H' - h_A).$$

$$v_C' = \sqrt{v_A^2 + 2gh_A - \frac{2f}{m}(2H' - h_A)} ;$$

$$v_C' = 18{,}3 \text{ m} \cdot \text{s}^{-1}.$$

Méthode : appliquer le théorème de l'énergie cinétique

1. Choisir un référentiel : pour les études faites au voisinage du sol, c'est le référentiel terrestre qui est utilisé. Il est toujours supposé galiléen.

2. Définir le système : en général, c'est le solide sur lequel porte l'étude et qui se déplace par rapport au référentiel choisi.

3. Considérer deux instants quelconques t_1 et t_2, ou particuliers, t_{final} et $t_{initial}$, auxquels correspondent deux positions A et B du solide.

4. En fonction des données de l'exercice, faire le bilan des forces extérieures agissant sur le système entre ces deux instants.

5. Écrire correctement le théorème de l'énergie cinétique et l'appliquer à l'exercice entre les deux instants choisis.
Bien tenir compte de l'orientation des vecteurs force et des vecteurs déplacement des points d'application de ces forces.
Attention, les travaux des forces extérieures peuvent être positif ou négatif.

6. Enfin, tirer par un calcul algébrique l'expression de la grandeur recherchée.

• C'est le choix judicieux des deux instants t_1 et t_2 qui permet l'utilisation du théorème.

• On remarque que l'énergie cinétique ne dépend pas du signe des deux vitesses considérées, mais uniquement de la valeur de ces vitesses.

EXERCICES

Dans tous les exercices qui suivent, on prendra : $g = 9{,}8$ m·s^{-2}.

Agitation moléculaire d'un gaz ★★

1 — Les molécules constituant un gaz sont animées de très grandes vitesses : on appelle ce phénomène « l'agitation moléculaire du gaz ».

1. Une masse d'hélium $m = 10$ g est contenue dans un récipient dans les conditions normales de température et de pression. On suppose que toutes les molécules de ce gaz monoatomique se déplacent avec une vitesse moyenne $v_m = 1{,}3$ km·s^{-1}. Calculer l'énergie cinétique des molécules constituant ce gaz, dans les conditions énoncées précédemment.

2. On lâche un bloc d'acier de masse $m' = 400$ kg d'une hauteur $h' = 2{,}0$ m au-dessus du sol.

a) Calculer l'énergie cinétique de ce bloc lorsqu'il arrive au sol.

b) Conclusion de ces calculs.

(corrigés p. 97)

Le Concorde à l'atterrissage ★★

2 — Un supersonique Concorde de masse $m = 120$ tonnes se pose sur une piste d'atterrissage à la vitesse $v = 275$ km·h^{-1}. Il s'arrête sur une distance $d = 2{,}20$ km.

1. a) Énoncer le théorème de l'énergie cinétique.

b) En utilisant ce théorème, calculer le travail de l'ensemble des forces de freinage.

2. En supposant que toutes les forces de freinage soient assimilables à une force constante au cours du mouvement, déterminer la valeur de cette force.

En réalité, les forces de freinage, exercées par la résistance de l'air, par inversion de la poussée des réacteurs, par les freins à disques très performants, ne sont pas constantes.

(corrigés p. 98)

Essai de freinage ★★

3 ■ On réalise un essai de freinage sur une piste horizontale rectiligne d'un véhicule de masse $m = 1\,300$ kg. Lors d'un parcours AB, de longueur $l = 68,75$ m, on enregistre en A une vitesse $v_A = 108$ km·h^{-1} et en B une vitesse $v_B = 90,0$ km·h^{-1}.

L'ensemble des forces résistantes est équivalent à une force de freinage unique $\vec{f}$ de valeur f que l'on supposera constante, de sens opposé au vecteur vitesse.

1. a) Définir le travail d'une force $\vec{F}$ constante dans le déplacement AB. On précisera bien les unités utilisées.

b) Énoncer le théorème de l'énergie cinétique.

2. a) Calculer la valeur f de la force de freinage.

b) Calculer la distance L de freinage à partir de A, nécessaire pour obtenir l'arrêt du véhicule en C.

3. La force de freinage est toujours constante et a pour valeur deux fois celle calculée dans le 2. La masse du véhicule et de ses passagers et maintenant $m' = 1\,550$ kg. La vitesse au début du freinage est toujours $v_A = 108$ km·h^{-1} et l'on freine jusqu'à l'arrêt du véhicule. Calculer la nouvelle distance L' de freinage lors de ce nouvel essai. *(D'après bac)*

(corrigés p. 98)

Renversant ! ★★★

4 ■ Dans tout l'exercice et pour simplifier l'étude, on néglige les frottements. Un wagonnet de « montagnes russes » se déplace sur une piste notée $(OABCDEF)$.

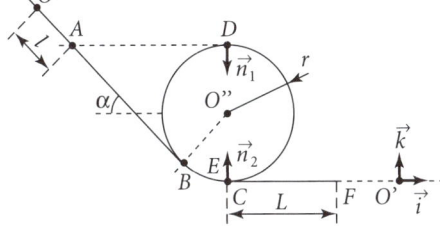

Fig. 4

Le point O est le point de départ ; la partie (OAB) est rectiligne et inclinée d'un angle de mesure $\alpha = 47°$ par rapport au plan horizontal. La partie $(BCDE)$ est considérée comme circulaire, de rayon $r = 11,0$ m ; en réalité, les points C et E sont décalés l'un par rapport à l'autre pour laisser passer le wagonnet après son looping. La partie (EF), rectiligne et horizontale, est constituée d'une piste de freinage.

1. Quelle doit être la vitesse minimale v_1 du wagonnet arrivant en D, pour que l'action des rails sur celui-ci soit nulle ($R_1 = 0$) ?

2. Calculer la longueur l de la partie (OA) pour que le wagonnet puisse arriver en D dans les conditions décrites au **1.**

3. Déterminer la vitesse du wagonnet en E en fonction de r et de g. Calculer sa valeur.

4. Quelle est alors la valeur R_2 de l'action des rails sur le wagonnet à son passage en E ? La masse du wagonnet est $m = 540$ kg.

5. La partie (EF) a pour longueur $L = 12{,}5$ m. Calculer la valeur de la force de freinage qui doit agir sur le wagonnet.

(corrigés p. 100)

Protocole expérimental : mobile sur plan incliné ★★★

5 — On lâche un mobile sur un plan incliné à coussin d'air dont l'angle de plus grande pente a pour valeur $\alpha = 22{,}5°$. On effectue une chronophotographie avec un téléobjectif et l'on éclaire l'expérience avec une lumière stroboscopique de fréquence $N = 50$ Hz.

1. a) Rappeler brièvement le principe de l'obtention d'une chronophotographie.

b) Qu'est-ce qu'une lumière stroboscopique ?

c) Pourquoi utilise-t-on un téléobjectif lors de la prise de vue ?

2. On effectue un tirage grand format du négatif obtenu et l'on note M_i les différentes positions du mobile à partir d'une position notée M_0. On relève les différentes positions du mobile sur une table à digitaliser. On traite les informations reçues à l'aide d'un tableur approprié et l'on obtient en grandeurs réelles les valeurs suivantes :
M_i les différentes positions du mobile à partir d'une position notée M_0 ;
x_i les abscisses des points à partir de M_0 ($x_i = M_0M_i$) ;
v_i les valeurs des vitesses instantanées du mobile aux points M_i.

M_i	M_0	M_1	M_2	M_3	M_4	M_5	M_6
x_i (mm)	0	12,0	25,5	40,5	57,0	75,0	94,5
v_i (m·s^{-1})	–	0,638	0,713	0,788	0,863	0,938	1,013
M_i	M_7	M_8	M_9	M_{10}	M_{11}	M_{12}	
x_i (mm)	115,5	138,0	162,0	187,5	214,5	243,0	
v_i (m·s^{-1})	1,088	1,163	1,238	1,313	1,388	–	

a) Énoncer le théorème de l'énergie cinétique.

b) À l'aide du tableau précédent, vérifier le théorème de l'énergie cinétique entre les positions du mobile notées M_2 et M_{10}.

3. Refaire cette vérification pour deux autres positions quelconques du mobile.

(corrigés p. 101)

Testez-vous !

6 — *Quatre points à chaque exercice juste. Bon courage!*

1. a) Donner les différentes expressions du travail d'une force constante.

b) Un touriste, de masse 70 kg, monte à pied les 300 m qui séparent le parvis de la tour Eiffel de son sommet. Calculer le travail de son poids.

c) La montée a été effectuée en 12 min. Calculer la puissance de ce travail.

2. Un avion de tourisme, de masse 1,50 tonnes, vole à l'altitude de 350 m à la vitesse de 200 km $\cdot$ h^{-1}.

a) Définir un système pour étudier l'énergie potentielle de l'avion par rapport à la Terre.

b) Quelle est l'énergie potentielle du système?

c) Quelle est son énergie mécanique?

3. a) Énoncer le théorème de l'énergie cinétique.

b) D'une hauteur $h = 4{,}0$ m, on lance verticalement et vers le bas une bille d'acier avec une vitesse initiale de 10,0 m $\cdot$ s^{-1}. Calculer la valeur de la vitesse de la bille à son arrivée sur le sol. On néglige les frottements dans l'air.

4. On néglige les frottements dans l'air.

a) D'une hauteur $h = 4{,}0$ m, on lance verticalement et vers le haut une bille d'acier avec une vitesse initiale de 10,0 m $\cdot$ s^{-1}. Calculer la valeur de la vitesse de la bille à son arrivée sur le sol.

b) D'une hauteur de 4,0 m, on lance horizontalement une bille d'acier avec une vitesse initiale de 10,0 m $\cdot$ s^{-1}. Calculer la valeur de la vitesse de la bille à son arrivée sur le sol.

c) La valeur de la vitesse de la bille à son arrivée sur le sol dépend-elle de l'angle de tir?

5. Une automobile de masse $m = 1{,}00$ tonne gravit une côte rectiligne, dont l'angle de plus grande pente a pour valeur $\alpha = 10°$, à la vitesse de $v = 90$ km $\cdot$ h^{-1}. L'ensemble des forces de frottement est équivalent à une force de valeur $f = 500$ N.

a) On coupe le moteur. Quelle est la durée τ nécessaire pour que l'automobile s'arrête?

b) Calculer la valeur F de la force de freinage développée par les freins pour que l'arrêt s'effectue en une distance $l = 50$ m dans les mêmes conditions de montée qu'au a).

(corrigés p. 102)

L'épreuve du bac

- À faire après l'étude des 6 exercices précédents.
- Comme au bac, aucune indication n'est donnée dans le texte.
- Rédiger la solution sans aucun document à portée de main.
- Arrêter la recherche et la rédaction de la solution après environ 52 minutes (durée pouvant être consacrée à cette partie durant l'examen).
- Essayer de noter le travail ainsi fait.

7 — Le curling
(Antilles, Guyane et Amérique centrale - juin 1996 - 5 points)

On peut lire dans une revue sportive la définition suivante :
« **Curling :** jeu écossais qui remonte au XVIe siècle. On y joue sur une patinoire horizontale : il s'agit d'atteindre un but circulaire avec un palet de pierre, muni d'une poignée, que l'on fait glisser sur la glace. Le palet pèse 19,86 kg. Le curling se joue entre équipes de quatre. Quand un joueur tire, deux de ses partenaires peuvent balayer la glace devant le palet pour en faciliter le glissement. Chaque joueur lance deux palets. »

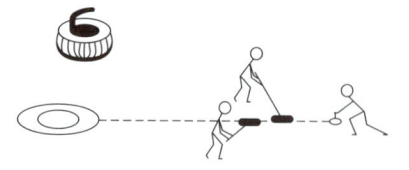

Fig. A

Le mouvement du palet sera étudié dans le référentiel terrestre supposé galiléen.

1. Dans cette question, les forces de frottement sont négligées.
Un joueur pousse le palet pendant $t_L = 3,00$ s avec une force $\vec{F}$ constante, suivant une trajectoire rectiligne, le faisant ainsi passer de l'immobilité à la vitesse de lancement v_L ($v_L = 2,10$ m·s^{-1}).
Ensuite, le palet poursuit seul sa trajectoire sur la glace.

a) Montrer que, pendant la phase de lancement, le mouvement du centre d'inertie est uniformément accéléré. *0,75 pt*

b) Définir puis calculer son accélération pendant la phase de lancement. *0,75 pt*

c) Calculer la valeur de la force que le joueur a exercée sur le palet. *0,75 pt*

d) Quel est le mouvement du centre d'inertie pour $t > 3,00$ s ? *0,75 pt*

2. En réalité, il y a des frottements et le palet lancé avec la vitesse v_L précédente parcourt 38,4 m et atteint le but avec une vitesse nulle.

a) Calculer la valeur de la force de frottement, supposée constante, qui s'exerce sur le palet tout au long du parcours. *1 pt*

b) En déduire la valeur de la force $\vec{F'}$ réellement exercée par le joueur. *1 pt*

(corrigés p. 103)

CORRIGÉS

Agitation moléculaire d'un gaz

1 –

1. L'énergie cinétique de translation e_c d'une molécule monoatomique d'hélium de masse m_{He} est :

$$e_c = \frac{1}{2} m_{He} v_m^2.$$

Soit N le nombre de molécules monoatomiques contenues dans une masse m d'hélium. L'énergie cinétique de ces molécules est donc :

$$\mathcal{E}_c = \frac{N}{2} m_{He} v_m^2 \quad (1).$$

Recherche de N

Le nombre de molécules N est égal à la masse du gaz m divisée par la masse d'une molécule d'hélium :

$$N = \frac{m}{m_{He}}.$$

En portant dans (1), on a :

$$\mathcal{E}_c = \frac{m \, m_{He}}{2 m_{He}} v_m^2 \, ; \, \mathcal{E}_c = \frac{1}{2} m v_m^2 \, ; \, \mathcal{E}_c = 8{,}45 \text{ kJ}.$$

2. a) Énergie cinétique $\mathcal{E}'_c$ du bloc d'acier arrivant au sol

Système étudié : le bloc d'acier.

On applique le théorème de l'énergie cinétique entre les deux instants t_A et t_B : t_A, instant où le bloc est lâché sans vitesse initiale, $v_A = 0$; t_B, instant où le bloc arrive au sol.

Entre ces deux instants, s'exerce sur le bloc d'acier son poids $\vec{P}$ en G.

On a donc :

$$\mathcal{E}_{c_B} - \mathcal{E}_{c_A} = W_{AB}^{\vec{P}} \, ; \, \mathcal{E}'_c - 0 = m'gh.$$
D'où : $\mathcal{E}'_c = m'gh \, ; \, \mathcal{E}'_c = 7{,}84 \text{ kJ}.$

b) Conclusion

L'énergie cinétique, due à l'agitation moléculaire du gaz hélium de masse 10 g, est supérieure à l'énergie cinétique d'un bloc d'acier de masse 400 kg, lâché de 2 m, arrivant au sol !

Le Concorde à l'atterrissage

2 –

1. a) Voir page 86, *Théorème de l'énergie cinétique*.

b) Système étudié : le « Concorde ».
On applique le théorème de l'énergie cinétique entre deux instants t_A et t_B : t_A, l'instant où le supersonique se pose à la vitesse $v_A = 275$ km · h^{-1} ; t_B, l'instant où il s'immobilise en bout de piste, $v_B = 0$.
Entre ces deux instants, il s'exerce sur le supersonique les actions mécaniques suivantes :

- le poids $\vec{P}$ du supersonique ;
- l'action verticale du sol sur les roues $\vec{R}$;
- l'ensemble des forces de frottement, équivalent à une force $\vec{f}$.

$$\mathcal{E}_{c_B} - \mathcal{E}_{c_A} = W^{\vec{P}}_{A \to B} + W^{\vec{R}}_{A \to B} + W^{\vec{f}}_{A \to B} ;$$
$$0 - \frac{1}{2}mv^2 = 0 + 0 + W^{\vec{f}}_{A \to B}.$$

D'où : $W^{\vec{f}}_{A \to B} = -\frac{1}{2}mv^2$; $W^{\vec{f}}_{A \to B} = -350$ MJ.

2. Valeur de la force de freinage agissant sur le supersonique :
$W^{\vec{f}}_{AB} = \vec{f} \cdot \vec{AB} = fd \cos(\vec{f}, \vec{AB})$.
Or, $\cos(\vec{f}, \vec{AB}) = \cos(\pi) = -1$.

D'où : $f = \dfrac{-W^{\vec{f}}_{AB}}{d}$; $f = 159$ kN.

Essai de freinage

3 –

1. a) Le travail d'une force $\vec{F}$ constante, dans un déplacement de A vers B, est donné par l'expression :
$W^{\vec{F}}_{AB} = \vec{F} \cdot \vec{AB}$
ou encore $W^{\vec{F}}_{AB} = FL \cos(\vec{F}, \vec{AB})$, en posant $AB = L$.

$W^{\vec{F}}_{AB}$ s'exprime en joules (J), F en neutrons (N) et L en mètres (m).

CORRIGÉS

b) Énoncé du théorème de l'énergie cinétique
Par rapport à un repère galiléen, la variation de l'énergie cinétique d'un système de masse m, entre deux instants donnés, est égale à la somme algébrique des travaux de toutes les forces extérieures s'exerçant sur le système pendant ces deux instants.

2. a) Système étudié par rapport au référentiel terrestre supposé galiléen : le véhicule.
On applique le théorème de l'énergie cinétique entre deux instants t_A et t_B : t_A, l'instant du début du freinage (v_A) ; t_B, l'instant où le véhicule s'immobilise ($v_B = 0$).
Entre ces deux instants, s'exercent sur le véhicule :

• le poids $\vec{P}$ du véhicule, perpendiculaire au déplacement ;

• l'action de la route sur le véhicule $\vec{R}$, perpendiculaire au déplacement ;

• la force de freinage $\vec{f}$ opposée au déplacement.
On a donc :
$\mathscr{E}_{c_B} - \mathscr{E}_{c_A} = W_{AB}^{\vec{P}} + W_{AB}^{\vec{R}} + W_{AB}^{\vec{f}}$;
$\frac{1}{2}mv_B^2 - \frac{1}{2}mv_A^2 = 0 + 0 + f\,AB \cos(\vec{f}, \vec{AB})$,

$\frac{1}{2}mv_B^2 - \frac{1}{2}mv_A^2 = -fl$ (1).

$f = \frac{m}{2l}(v_A^2 - v_B^2)$; $f = 2{,}6$ kN.

b. À l'arrêt du véhicule, la vitesse finale est nulle. La relation (1) s'écrit donc :
$-\frac{1}{2}mv_A^2 = -fL$ (2).

$L = \frac{mv_A^2}{2f}$, $L = \frac{v_A^2}{v_A^2 - v_B^2}l$; $L = 225$ m.

3. Par un raisonnement identique à celui de la réponse précédente, on arrive à la relation (2). D'où :
$\frac{1}{2}m'v_A^2 = 2fL'$ (ici $f' = 2f$) ; $L' = \frac{m'v_A^2}{4f}$; $L' = 134$ m.

Renversant !

4 — Réponses pour vérifier les résultats trouvés

1. $\sum \vec{f} = m\vec{a}_G$, d'où : $\vec{P} + \vec{R}_1 = m\vec{a}_1$.

En projetant sur l'axe $(D, \vec{n}_1)$, on a :

$mg + 0 = ma_1$ $(R_1 = 0)$; $mg = m\dfrac{v_1^2}{r}$;

D'où : $v_1 = \sqrt{rg}$; $v_1 = 10{,}4$ m·s^{-1}.

2. Par hypothèse : $v_A = v_D = v_1$.

En appliquant le théorème de l'énergie cinétique au wagonnet de O à A, on a :

$\mathscr{E}_{c_A} - \mathscr{E}_{c_O} = W_{OA}^{\vec{R}} + W_{OA}^{\vec{P}}$;

$\dfrac{1}{2}mv_A^2 - 0 = 0 + mg(z_O - z_A)$; $v_1^2 = 2gl \sin \alpha$.

$l = \dfrac{v_1^2}{2g \sin \alpha}$; $l = \dfrac{r}{2 \sin \alpha}$; $l = 7{,}52$ m $\left(l \sin \alpha = \dfrac{r}{2} \right)$.

3. $\dfrac{1}{2}mv_E^2 - \dfrac{1}{2}mv_O^2 = W_{OE}^{\vec{R}} + W_{OE}^{\vec{P}}$.

$\dfrac{1}{2}mv_E^2 - 0 = 0 + mg(z_O - z_E)$; $v_E^2 = 2g(2r + l \sin \alpha)$;

$v_E^2 = 2g\left(2r + \dfrac{r}{2}\right)$; $v_E = \sqrt{5rg}$; $v_E = 23{,}2$ m·s^{-1}.

4. $\sum \vec{f} = m\vec{a}_G$; $\vec{P} + \vec{R}_2 = m\vec{a}_2$.

En projetant sur l'axe $(E, \vec{n}_2)$, on a : $-mg + R_2 = ma_2$.

$R_2 = m\left(\dfrac{v_E^2}{r} + g\right)$; $R_2 = 6\,mg$; $R_2 = 31{,}6$ kN.

5. $\dfrac{1}{2}mv_F^2 - \dfrac{1}{2}mv_E^2 = W_{EF}^{\vec{P}} + W_{EF}^{\vec{R}} + W_{EF}^{\vec{F}}$;

$0 - \dfrac{1}{2}m5rg = 0 + 0 - FL$; $F = \dfrac{5rmg}{2L}$, $F = 11{,}6$ kN.

▌ Pour la rédaction d'une solution complète, voir les exercices précédents.

CORRIGÉS

Protocole expérimental : mobile sur plan incliné

5 –

1. a) On effectue une prise de vue avec un appareil photographique en pose, dans le noir. Lorsque l'expérience débute, on éclaire le dispositif en lumière stroboscopique.

b) Une lumière stroboscopique est constituée de très brefs éclairs de lumière, de durée $\frac{1}{20\,000}$ième à $\frac{1}{50\,000}$ième de seconde et de fréquence N.

Dans l'expérience effectuée, $N = 50$ Hz.

c) Au cours de la prise de vue, on utilise un téléobjectif pour diminuer les effets de perspective et les erreurs de parallaxe lors de la mesure des distances sur le document photographique.

2. a) Voir page 86, *Théorème de l'énergie cinétique*.

b) Système étudié par rapport au référentiel terrestre supposé galiléen : le mobile.

Forces agissant sur le mobile :

• son poids $\vec{P}$;

• l'action de l'air pulsé par le banc sur le mobile $\vec{R}$; $\vec{R}$ est normal au banc.
En appliquant le théorème de l'énergie cinétique au mobile, entre les positions notées M_2 et M_{10}, on obtient :

$$\mathcal{E}_{c_{10}} - \mathcal{E}_{c_2} = W_{2 \to 10}^{\vec{P}} + W_{2 \to 10}^{\vec{R}} \;;\; \frac{1}{2}mv_{10}^2 - \frac{1}{2}mv_2^2 = mgh_{2 \to 10} + 0.$$

Or : $h_{2 \to 10} = (x_{10} - x_2) \sin \alpha$ *(fig. 7)*.
D'où : $v_{10}^2 - v_2^2 = 2g(x_{10} - x_2) \sin \alpha$ (1).
$1{,}313^2 - 0{,}713^2 = 2 \times 9{,}8 \times (0{,}1875 - 0{,}0255) \sin 22{,}5°$.
On trouve : $1{,}22$ m$^2 \cdot$ s$^{-2} \approx 1{,}22$ m$^2 \cdot$ s^{-2}.

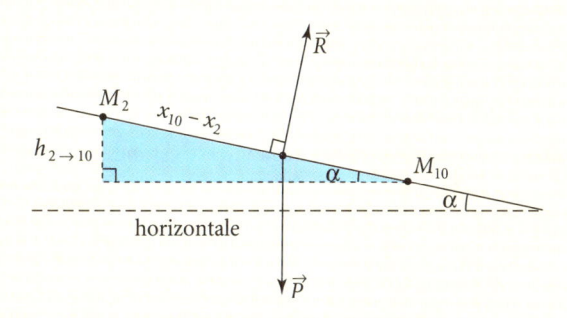

Fig. 5

3. En vérifiant le théorème de l'énergie cinétique entre les points M_1 et M_{11}, on obtient, d'après la relation (1) :
$v_{11}^2 - v_1^2 = 2g(x_{11} - x_1) \sin \alpha$.
En faisant les calculs, on trouve bien :
$1{,}522 \text{ m}^2 \cdot \text{s}^{-2} \approx 1{,}5 \text{ m}^2 \cdot \text{s}^{-2}$.

Testez-vous !

6 — Réponses pour vérifier les résultats trouvés

1. a) Voir page 84, *Travail d'une force*
b) $W_{AB}^{\vec{P}} = \vec{P} \cdot \vec{AB} = mgh$; $W_{AB}^{\vec{P}} = 206$ kJ.

c) $P = \dfrac{W_{AB}^{\vec{P}}}{}$; $P = 266$ W.

2. a) Le système étudié est le système « Terre-avion ».
b) $\mathcal{E}_p = mgz + \mathcal{E}_p(0)$.
En posant $\mathcal{E}_p(0) = 0$, on a : $\mathcal{E}_p = mgz$; $\mathcal{E}_p = 5{,}15$ MJ.
c) Par rapport au référentiel « Terre », l'énergie mécanique du système « Terre-avion » est :
$\mathcal{E}_m = \mathcal{E}_p + \mathcal{E}_c$; $\mathcal{E}_m = mgz + \dfrac{1}{2}mv^2$; $\mathcal{E}_m = 7{,}46$ MJ.

3. a) Voir page 86, *Théorème de l'énergie cinétique*
b) $\dfrac{1}{2}mv_1^2 - \dfrac{1}{2}mv_0^2 = mg(z_0 - z_1) = mgh$ (1).

$v_1 = \sqrt{2gh + v_0^2}$; $v_1 = 13{,}4 \text{ m} \cdot \text{s}^{-1}$.

4. a) On a toujours : $\dfrac{1}{2}mv_1^2 - \dfrac{1}{2}mv_0^2 = 2g(z_0 - z_1) = mgh$;

$v_1 = \sqrt{2gh + v_0^2}$; $v_1 = 13{,}4 \text{ m} \cdot \text{s}^{-1}$.

b) On a toujours l'expression (1) et $v_1 = 13{,}4 \text{ m} \cdot \text{s}^{-1}$.

c) L'expression donnant la valeur de la vitesse est indépendante de la valeur de l'angle de tir α. La vitesse de la bille est donc toujours la même, quel que soit l'angle de tir.

5. a) Système étudié par rapport au référentiel terrestre supposé galiléen : l'automobile.

CORRIGÉS

Sur l'automobile agissent : son poids $\vec{P}$; l'action du sol sur l'automobile $\vec{R}$; la force $\vec{f}$.
$\Sigma \vec{f} = m\vec{a_G}$; $\vec{P} + \vec{R} + \vec{f} = m\vec{a_G}$;
$- mg \sin \alpha + 0 - f = m\vec{a_G}$.

$a_G = - g \sin \alpha - \dfrac{f}{m}$; $a_G = $ cte.

Le mouvement est donc uniformément décéléré.
L'équation horaire de la vitesse est alors :
$\begin{cases} v = a_G t + v_0 \\ v_0 = 90 \text{ km} \cdot \text{h}^{-1} \\ \text{si } t = \tau, \text{ alors } v = 0. \end{cases}$

$0 = - \left(g \sin \alpha + \dfrac{f}{m} \right) \tau + v_0$;

$\tau = \dfrac{v_0}{g \sin \alpha + \dfrac{f}{m}}$; $\tau = 11{,}4$ s.

b) $\mathcal{E}_{c_f} - \mathcal{E}_{c_i} = W_{AB}^{\vec{P}} + W_{AB}^{\vec{R}} + W_{AB}^{\vec{f}} + W_{AB}^{\vec{F}}$.

$0 - \dfrac{1}{2} m v_0^2 = - mgl \sin \alpha + 0 - fl - Fl$.

D'où : $F = \dfrac{m v_0^2}{2l} - mg \sin \alpha - f$; $F = 4{,}05$ kN.

L'épreuve du bac

7 –

1. a) • Système étudié par rapport au référentiel terrestre supposé galiléen : le palet.
• Bilan des forces agissant sur le système (*fig. A*) :
– le poids du palet $\vec{P}$;
– la force de lancement exercée par le joueur $\vec{F}$;
– la réaction de la glace sur le palet $\vec{R}$.

Fig. B

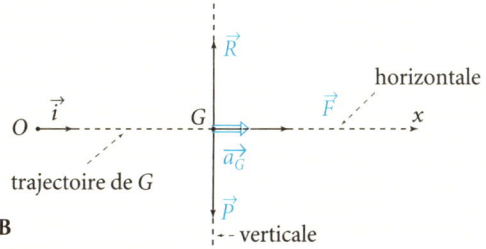

La direction de $\vec{R}$ est normale au plan horizontal de la surface de glissement car les frottements sont considérés, par hypothèse, comme négligeables.

• D'après la deuxième loi de Newton (théorème du centre d'inertie), on a :
$\Sigma \vec{F} = m \cdot \vec{a}_G$
$\vec{P} + \vec{F} + \vec{R} = m \cdot \vec{a}_G$ (1).
Comme les frottements sont négligeables : $\vec{P} + \vec{R} = \vec{0}$.
L'expression (1) devient :
$\vec{F} = m \cdot \vec{a}_G$ (2).
Par hypothèse, $\vec{F} = \overrightarrow{\text{cte}}$ et m = cte, donc le mouvement de G est rectiligne uniformément accéléré dans l'intervalle $[0\,;\,t_L]$.

b) • L'équation horaire de la vitesse de G s'écrit :
$v = a_G(x)\,t + v_O$.
Par hypothèse, lorsque $t = 0$: $v = v_O = 0$.
L'équation précédente devient :
$v = a_G(x)t$, avec $t \in [0\,;\,t_L]$.

• Lorsque $t = t_L = 3{,}00$ s, on a : $v = v_L = 2{,}10$ m · s^{-1}.

D'où l'expression de $a_G(x)$: $a_G(x) = \dfrac{v_L}{t_L}$; $a_G(x) = 0{,}700$ m · s^{-2}.

c) D'après la relation (2), la valeur de $\vec{F}$ est :
$F = m a_G(x)$; $F = 13{,}9$ N.

d) Dans ce nouveau mouvement ($t > 3{,}00$ s), le palet est considéré comme pseudo-isolé :
$\vec{R} + \vec{P} = \vec{O}$.
À l'instant initial de ce nouveau mouvement, la vitesse de G est différente de 0 et égale à v_L. Le mouvement de G est rectiligne et uniforme (principe de l'inertie).

2. a) • Système étudié par rapport au référentiel terrestre supposé galiléen : le palet.

• On applique le théorème de l'énergie cinétique au palet entre la date $t_L = 3{,}00$ s, début de ce nouveau mouvement et la date t_A correspondant à l'arrêt du palet sur la piste.

• Les forces agissant sur le palet entre ces deux instants sont (*fig. B*) :
– le poids du palet $\vec{P}$;
– la réaction normale de la glace sur le palet $\vec{R}$;
– la force de frottement $\vec{f}$.

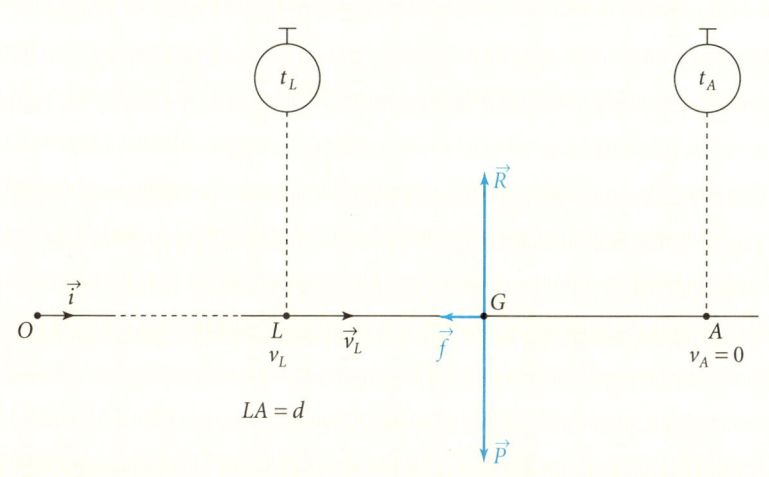

Fig. C

$\Delta \mathcal{E}_c = \sum W_{A_1 A_2}^{\vec{F_i}}$

$\mathcal{E}_{c_A} - \mathcal{E}_{c_L} = W_{LA}^{\vec{P}} + W_{LA}^{\vec{R}} + W_{LA}^{\vec{f}}$

$0 - \frac{1}{2} m v_L^2 = \vec{P} \cdot \vec{LA} + \vec{R} \cdot \vec{LA} + \vec{f} \cdot \vec{LA}$.

Comme $\vec{P} \perp \vec{LA}$ et $\vec{R} \perp \vec{LA}$, leur produit vectoriel est nul. D'où :

$-\frac{1}{2} m v_L^2 = 0 + 0 - fd$.

$f = \dfrac{v_L^2}{2d}$; $f \approx 57$ MN.

b) L'accélération du mouvement reste la même.
Compte tenu de l'existence de la force de frottement f et de la nouvelle valeur F' de la force de propulsion, la relation (2) du **1. c)** s'écrit maintenant :
$\vec{F'} + \vec{f} = m \cdot \vec{a}_G$.
En projetant cette relation sur l'axe $(O ; \vec{i})$, on obtient :
$F' - f = m a_G(x)$
$F' = m a_G(x) + f$; $F' = 13,96$ N.

5
MOUVEMENTS DE CHUTE SATELLITES ET PLANÈTES

COURS

- Chute libre
- Mouvement des planètes et des satellites

MÉTHODE

- Lancer d'un ballon de basket

EXERCICES

- Lancer d'une bille
- Le lac souterrain
- Golf sur la Lune !
- Interdiction de jeter des objets par la fenêtre
- Les planètes internes
- Satellites artificiels terrestres
- Les plus gros satellites d'Uranus
- Testez-vous !
- L'épreuve du bac
- Corrigés

5. MOUVEMENTS DE CHUTE SATELLITES ET PLANÈTES

▶ Chute libre

Un solide est dit en chute libre s'il n'est soumis qu'à son poids. Dans ce cas : $\vec{P} = m\vec{a}$, ou encore, $m\vec{a} = m\vec{g}$. D'où : $\vec{a} = \vec{g}$.

Pour des hauteurs de chute supérieures à un mètre, la résistance de l'air n'est plus négligeable, elle peut même être égale au poids de l'objet.
Exemple : un parachutiste en descente.

Chute libre rectiligne

Chute sans vitesse initiale
Par rapport au repère $(O, \vec{k})$ lié au référentiel terrestre ($\vec{k}$ étant vertical et dirigé vers le haut), soit A un point situé à l'altitude z_0 (fig. 1a). Les équations régissant le mouvement du solide lâché en A sont (origine temporelle : l'instant du lâcher) :

$a_z = -g$; $v_z = -gt$; $z = -\dfrac{1}{2}gt^2 + z_0$.

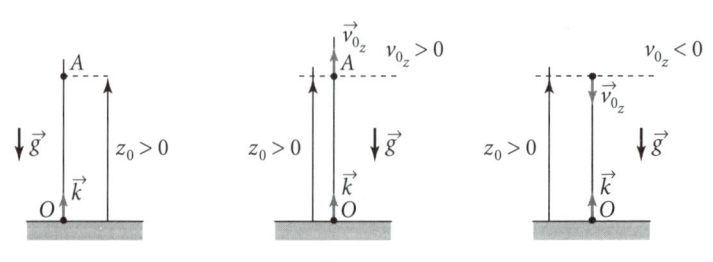

Fig. 1   a.   b.   c.

Chute avec vitesse initiale

En plus des conditions précédentes, si on communique au solide une vitesse initiale, soit vers le haut ($v_0 > 0$, *fig. 1b*) soit vers le bas ($v_0 < 0$, *fig. 1c*), les équations régissant le mouvement du solide sont :

$a_z = -g$
$v_z = -gt + v_0$
$z = -\dfrac{1}{2}gt^2 + v_0 t + z_0$

En éliminant le paramètre t entre les deux dernières équations, on obtient :
$v^2 - v_0^2 = 2a_z(z - z_0)$ ou $v^2 - v_0^2 = -2g(z - z_0)$.

Chute libre parabolique

Les équations

Repère d'espace lié au référentiel terrestre : $(O, \vec{i}, \vec{k})$.
Repère de temps ($t_0 = 0$) : l'instant du lancer.
Soit un mobile lancé du point O avec un vecteur vitesse initiale $\vec{v_0}$ dont la direction fait, avec le plan horizontal, un angle aigu de mesure α (*fig. 2*). En posant $\overrightarrow{OM} = \vec{r}$, on obtient les équations paramétriques suivantes :

$\vec{a} \;\Big|\; \begin{array}{l} a_x = 0 \\ a_z = -g. \end{array}$

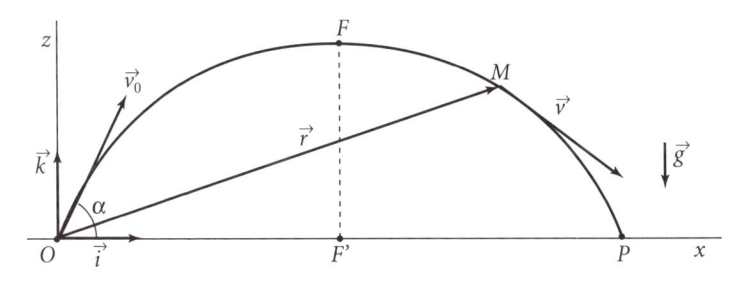

$\vec{v} \;\Big|\; \begin{array}{l} v_x = v_0 \cos\alpha \\ v_z = -gt + v_0 \sin\alpha. \end{array}$

$\vec{r} \;\Big|\; \begin{array}{l} x = v_0 (\cos\alpha)t \\ z = -\dfrac{1}{2}gt^2 + v_0(\sin\alpha)t. \end{array}$

Fig. 2

Équation cartésienne de la trajectoire

En éliminant le paramètre temps dans les deux dernières équations, on obtient :
$$z = -\frac{g}{2v_0^2 \cos^2 \alpha} x^2 + v_0 (\tan \alpha) x, \text{ avec } x \in [0\,;x_p].$$

C'est l'équation d'une branche de parabole située dans un plan vertical passant par O. On appelle « flèche » du tir la longueur FF' et « portée » du tir la longueur OP (*fig. 2*).

Mouvement des planètes et des satellites

Étude du mouvement

Les référentiels utilisés

• **Le référentiel héliocentrique.** Pour étudier le mouvement des planètes, on utilise le référentiel héliocentrique.

• **Le référentiel « planétocentrique ».** Pour étudier le mouvement des satellites naturels ou artificiels d'une planète, on utilise un référentiel constitué par le centre de la planète considérée et trois directions d'étoiles très éloignées.

Les trajectoires

Dans ce qui suit, on étudiera le mouvement des planètes et des satellites dans l'approximation du mouvement circulaire : leurs trajectoires sont donc des cercles de rayon r.

En première approximation, le centre du cercle trajectoire des planètes est le centre du Soleil. Pour les satellites planétaires, c'est le centre de la planète considérée.

Toutes les planètes du système solaire tournent dans le même sens, plus ou moins incliné par rapport au plan de l'écliptique (plan de l'orbite terrestre).

Le mouvement

Dans le cas de l'approximation du mouvement circulaire des planètes (ou des satellites), on montre que la valeur de la vitesse des planètes (ou des satellites) est constante par rapport au référentiel considéré (voir les exercices 5 et 6 de ce chapitre).

Les relations régissant le mouvement

Le vecteur accélération
La planète (ou le satellite considéré) est soumise au vecteur accélération $\vec{a}_G$ égal au champ gravitationnel créé par l'astre central (*fig. 3*) :

$\vec{a}_G = -\mathcal{G}\dfrac{M}{r^2}\vec{u}$	$\mathcal{G}$, constante de gravitation ($\text{N}\cdot\text{m}^2\cdot\text{kg}^{-2}$) ; M, masse de l'astre central ; r, rayon de l'orbite de la planète (ou du satellite).

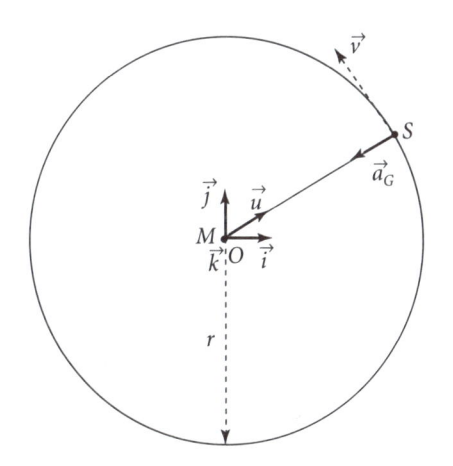

Fig. 3

La vitesse orbitale

$v = \sqrt{\mathcal{G}\dfrac{M}{r}}$	v, vitesse orbitale ($\text{m}\cdot\text{s}^{-1}$) ; $\mathcal{G}$, constante de gravitation ($\text{N}\cdot\text{m}^2\cdot\text{kg}^{-2}$) ; M, masse de l'astre central (kg) ; r, rayon de l'orbite (m).

La période de révolution

$\dfrac{T^2}{r^3} = \dfrac{4\pi^2}{M\mathcal{G}}$	T, période de révolution (s) ; M, masse de l'astre central (kg) ; r, rayon de l'orbite (m) ; $\mathcal{G}$, constante de gravitation ($\text{N}\cdot\text{m}^2\cdot\text{kg}^{-2}$).

MÉTHODE

Lancer d'un ballon de basket

Énoncé

On étudie la trajectoire du centre d'inertie G d'un ballon de basket lancé vers le cercle du panier adverse par un joueur attaquant. On ne tiendra compte ni de la résistance de l'air ni de la rotation éventuelle du ballon.

Le lancer est effectué vers le haut ; on lâche le ballon lorsque son centre d'inertie est en A (*fig. 6*, la figure n'est pas à l'échelle). Sa vitesse initiale est représentée par le vecteur vitesse $\vec{v_0}$ situé dans un plan vertical $(O, \vec{i}, \vec{k})$ et faisant un angle aigu avec l'axe horizontal de mesure $\alpha = 40{,}0°$.

On utilisera les valeurs numériques des différentes grandeurs fournies sur la figure.

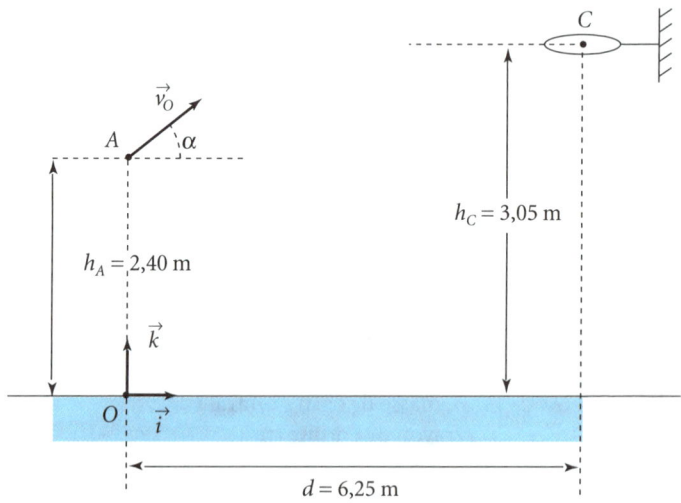

Fig. 4

Sur la figure : $h_A = 2{,}40$ m ; $h_C = 3{,}05$ m ; $d = 6{,}25$ m.

1. a) Établir les équations paramétriques (équations horaires) du mouvement du centre d'inertie G du ballon.

b) En déduire l'équation cartésienne de la trajectoire de G.

2. Calculer la valeur v_0 de la vitesse initiale du ballon pour que G passe exactement au centre C du cercle « panier ».   *(D'après bac)*

| COURS | MÉTHODE | EXERCICES |

Solution commentée

a) • Comme pour toute solution d'un exercice de dynamique, on rappelle qu'il faut :
– définir le référentiel d'étude ainsi que le solide qui constitue le système étudié ;
– faire le bilan des forces agissant sur le système ;
– appliquer les lois de la dynamique ; en général, c'est le théorème du centre d'inertie (deuxième loi de Newton) qui est le plus souvent utilisé.
• Pour établir les équations horaires de la trajectoire, il faut définir pour le mouvement étudié :
– son origine temporelle ;
– son origine spatiale.
• Par intégration successive, on écrira les coordonnées en fonction du temps :
– du vecteur accélération ;
– du vecteur vitesse ;
– du vecteur position.
• Les valeurs des constantes d'intégration seront obtenues en considérant les conditions initiales du mouvement (voir les hypothèses du texte).

b) L'équation du mouvement de G s'obtient toujours en éliminant le paramètre « temps » contenu dans les équations des coordonnées de position de G.

1. Système étudié par rapport au repère terrestre supposé galiléen : le ballon.
La seule force agissant sur le ballon est son poids $\vec{P}$.
D'après la relation de la dynamique appliquée au système, on a :
$\Sigma \vec{f} = m \vec{a}_G$; $\vec{P} = m \vec{a}_G$;
$m \vec{g} = m \vec{a}_G$; $\vec{a}_G = \vec{g}$.
D'après l'étude faite en cours, la trajectoire est contenue dans un plan vertical.

a) Soit $(O, \vec{i}, \vec{k})$ le repère d'espace utilisé ; le repère temporel est choisi tel que $t = 0$ à l'instant du lancer. Les vecteurs accélération, vitesse et position ont pour coordonnées :

$$\vec{a}_{(t)} = \begin{vmatrix} a_x = 0 \\ a_y = -g. \end{vmatrix}$$

$$\vec{v}_{(t)} \begin{vmatrix} v_x = A \\ v_y = -gt + B \end{vmatrix} \; ; \; \text{or,} \; \vec{v}_{(0)} \begin{vmatrix} v_x(0) = v_0 \cos \alpha \\ v_y(0) = 0 + v_0 \sin \alpha. \end{vmatrix}$$

D'où : $A = v_0 \cos \alpha$ et $B = v_0 \sin \alpha$.

$$\vec{v}_{(t)} \begin{vmatrix} v_x = v_0 \cos \alpha \\ v_y = -gt + v_0 \sin \alpha \end{vmatrix}$$

$$\vec{r}_{(t)} \begin{vmatrix} x = v_0 (\cos \alpha) t + C ; \\ z = -\frac{1}{2} g t^2 + v_0 (\sin \alpha) t + D \end{vmatrix} \; ; \; \text{or } \vec{r}_{(0)} \begin{vmatrix} x(0) = 0 \\ z(0) = h_A. \end{vmatrix}$$

D'où : $C = 0$ et $D = h_A$.

$$\vec{r}_{(t)} \begin{vmatrix} x = v_0 (\cos \alpha) t \\ z = -\frac{1}{2} g t^2 + v_0 (\sin \alpha) t + h_A. \end{vmatrix}$$

b) En éliminant le paramètre temps t, on a :

$$t = \frac{x}{v_0 (\cos \alpha)} \text{ et } z = \frac{g}{2 v_0^2 \cos^2 \alpha} x^2 + (\tan \alpha) x + h_A \quad (1),$$

avec $x \in [0 ; x_C]$.

L'équation est celle d'une parabole ; la trajectoire de G est donc une portion de parabole située entre A et C.

• Pour calculer la grandeur demandée, il faut considérer un point particulier du mouvement autre que la position origine : ici la trajectoire de G passe par hypothèse par le centre C du « panier » de basket.

• Comme la valeur v_0 de la vitesse initiale de G est nécessairement positive, on ne retient que la racine positive de l'extraction des racines carrées.

2. Par hypothèse, G passe par C, de coordonnées ($x_C = d$ et $z_C = h_C$). En portant ces conditions dans (1), on a :

$$h_C = \frac{-g d^2}{2 v_0^2 \cos^2 \alpha} + d \tan \alpha + h_A ;$$

$$2 v_0^2 \cos^2 \alpha = \frac{g d^2}{d \tan \alpha + h_A - h_C} ;$$

$$v_0 = \frac{d}{\cos \alpha} \sqrt{\frac{g}{2(d \tan \alpha + h_A - h_C)}} \; ; \; v_0 = 8{,}43 \text{ m} \cdot \text{s}^{-1}.$$

EXERCICES

Pour tous les exercices qui suivent, on utilisera, si cela est nécessaire, les valeurs suivantes :
– la constante de gravitation, $\mathcal{G} = 6{,}67 \times 10^{-11}$ N·m²·kg^{-2} ;
– la valeur de la pesanteur à la surface de la Terre, $g = 9{,}8$ m·s^{-2}.

Lancer d'une bille

1 — On néglige dans tout l'exercice les frottements de l'air sur la bille.

1. On lance une bille verticalement vers le haut avec une vitesse initiale $v_0 = 16{,}5$ m·s^{-1}. Elle revient à son point de départ.

a) Calculer la durée τ_1 du mouvement.

b) À quelle hauteur h_1 la bille est-elle montée ?

2. On lance une bille verticalement vers le bas avec une vitesse initiale $v_0 = 13{,}3$ m·s^{-1}. Le sol est situé à une distance $D = 19{,}0$ m plus bas.

a) Calculer la durée τ_2 du mouvement.

b) En utilisant les équations de chute des corps, calculer la valeur v_2 de la vitesse d'arrivée au sol de la bille.

3. En réalité, il existe des frottements dus à l'air. Que dire des valeurs réelles de τ_1, h_1, τ_2 et v_2 ?

(corrigés p. 122)

Le lac souterrain ★ ★ ★

2 — Cyril visite des grottes situées dans un plateau calcaire. Près d'un gouffre, le guide indique la présence d'un lac souterrain situé à une profondeur de plus de 200 m que l'on ne peut pas voir. Pour se rendre compte de la profondeur, le guide prend une pierre, demande le silence et la laisse tomber, sans vitesse initiale, du bord du gouffre. Cyril portant un chronomètre à son poignet, le déclenche à l'instant du lâcher de la pierre et l'arrête lorsqu'il entend le bruit de la pierre entrant dans l'eau. Il trouve 4,8 s et se propose de vérifier les dires du guide.

1. Dans un premier temps, Cyril néglige la résistance de l'air et la durée de remontée du son. Quelle profondeur p_1 trouve-t-il ?

2. Dans un deuxième temps, il néglige la résistance de l'air mais tient compte de la durée de remontée du son : $c = 340$ m·s^{-1}. Quelle profondeur p_2 trouve-t-il ?

3. Que dire de la profondeur réelle du lac souterrain ? *(corrigés p. 123)*

Golf sur la Lune ! ★ ★ ★

3 — Dans certaines conditions, on admet qu'un astronaute puisse frapper une balle de golf comme sur Terre, malgré son équipement !
À partir du sol de la Lune, une balle de golf est lancée dans un plan vertical avec une vitesse initiale de 250 km·h^{-1}. La valeur de l'angle aigu que fait la direction du vecteur vitesse avec le plan horizontal est α = 35°. On donne la valeur de la pesanteur sur la Lune : $g_L = 1{,}67$ m·s^{-2}. On suppose le sol lunaire horizontal.

1. Déterminer l'équation cartésienne de la trajectoire de la balle. On précisera bien le repère temporel et le repère spatial utilisés.

2. a) Quelle est la portée de ce lancer ?

b) À quelle hauteur maximale la balle monte-t-elle (flèche du lancer) ?

3. On effectue le même lancer sur la surface terrestre, dans les mêmes conditions initiales.

a) En supposant négligeable la résistance de l'air, donner la valeur de la portée et de la flèche du lancer.

b) En réalité, la balle tombe en un point P' situé à une distance de 221 m du point de lancement. Est-ce compréhensible ? Pourquoi ? *(corrigés p. 124)*

Interdiction de jeter des objets par la fenêtre ★ ★ ★

4 — Données pour tout l'exercice : $g = 9{,}8$ m·s^{-2} ; $v = 108$ km·h^{-1} ; $m = 500$ g ; $F = 4{,}0$ N ; $h = 2{,}00$ m.

1. Un train roule à la vitesse constante $\vec{v}$ sur une voie horizontale et rectiligne. Un voyageur lâche par la fenêtre, d'un point situé à la hauteur h au-dessus du sol, un objet quasi ponctuel de masse m. Donner les caractéristiques du vecteur vitesse de l'objet par rapport au référentiel terrestre à l'instant du lâcher.

2. On veut étudier le mouvement de l'objet lors de sa chute. Celui-ci a été lâché à la date $t = 0$, au point D, d'altitude h au-dessus du sol. On représente, en première approximation, l'action de l'air sur l'objet, par force $\vec{F}$ constante, colinéaire à la vitesse du train et de sens contraire à celui-ci. On étudie le mouvement dans le repère $(O, \vec{i}, \vec{k})$ de la figure.

a) Établir les équations horaires $x(t)$ et $z(t)$ du mouvement de l'objet.

b) Faire une application numérique.

3. L'objet touche le sol en I ; on pose $D = OI$. Calculer D.   *(D'après bac)*

(corrigés p. 125)

Les planètes internes ★ ★

5 — On appelle planètes internes, les planètes gravitant entre le Soleil et la ceinture d'astéroïdes. On consigne dans le tableau suivant les caractéristiques orbitales de ces planètes par rapport au référentiel héliocentrique :

- la période de révolution sidérale, T ;
- la distance moyenne au Soleil, r.

Planète	Mercure	Vénus	Terre	Mars
T (j)	87,97	224,7	365,3	687,0
r (10^9 m)	57,9	108,2	149,6	227,9

1. En utilisant les valeurs données dans le tableau ci-dessus, vérifier que le rapport $\dfrac{T^2}{r^3}$ est constant.

2. a) On suppose que les planètes ont une trajectoire circulaire dont le centre est le Soleil. Montrer que la vitesse de chaque planète est constante dans le référentiel héliocentrique.

b) Établir la relation suivante :

$$\frac{T^2}{r^3} = \frac{4M^2}{M_S \mathcal{G}}$$

avec M_S la masse du Soleil et $\mathcal{G}$ la constante de gravitation.

c) En déduire la valeur de la masse du Soleil.   *(corrigés p. 126)*

Satellites artificiels terrestres ★ ★

6 — Données numériques :
- rayon terrestre moyen, $R_T = 6{,}38 \times 10^6$ m ;
- valeur du champ de gravitation au niveau du sol, $G(0) = 9{,}8$ N·kg^{-1}.

1. On suppose que la Terre a une distribution de masse à symétrie sphérique de centre O.

a) Établir l'expression du champ gravitationnel $G(z)$ créé par la Terre à une altitude z à partir de la loi de la gravitation.

b) En déduire l'expression littérale de la masse de la Terre M_T en fonction de $G(0)$, R_T et $\mathcal{G}$ constante de gravitation.

c) Calculer numériquement M_T (historiquement, c'est ainsi que l'on a déterminé la masse de la Terre).

2. On admet qu'un satellite de la Terre, assimilé à un point matériel de masse m, est soumis uniquement à la force gravitationnelle $\vec{F}$ exercée par la Terre et décrit, dans le référentiel géocentrique, une trajectoire circulaire de centre O.

a) Montrer que le mouvement du satellite est uniforme.

b) Exprimer la vitesse v et la période T du satellite en fonction de M_T, $\mathcal{G}$, R_T et z.

c) On pose $r = R_T + z$. Montrer que le rapport $\dfrac{T^2}{r^3}$ est égal à une constante que l'on exprimera en fonction de M_T et de $\mathcal{G}$.

3. Le tableau ci-dessous rassemble les valeurs des périodes de révolution T et des altitudes z des orbites de quelques satellites artificiels de la Terre.

Base de lancement	Kourou	Baïko-nour	Chine	États-Unis
Satellite	Intelsat-V	Cosmos-1970	Feng-Yun 1	USA-35
T	23 h 56 min	11 h 14 min	102,8 min	12,0 h
z (km)	$3{,}58 \times 10^4$	$1{,}91 \times 10^4$	$9{,}00 \times 10^2$	$2{,}02 \times 10^4$

a) Vérifier que le rapport $\dfrac{T^2}{r^3}$ est constant.

b) En déduire la masse M_T de la Terre.

c) Quelle est la caractéristique du satellite Intelsat-V ?   *(corrigés p. 128)*

Les plus gros satellites d'Uranus ★ ★ ★

7 — On connaît actuellement quinze satellites gravitant autour de la planète Uranus.
On désigne par T la période de révolution sidérale des satellites et par r la distance moyenne au centre de la planète.
Les cinq plus gros ont les caractéristiques orbitales suivantes :

Satellite	Obéron	Titania	Umbriel	Ariel	Miranda
T (j)	13,46	8,706	4,144	2,520	1,414
r (10^3 km)	582,6	435,8	266,0	191,2	129,8

1. a) Pour chaque satellite, calculer T^2 et r^3.

b) On pose $T^2 = Y$ et $r^3 = X$. Tracer la représentation graphique de $Y = f(X)$. Que conclure sur la disposition des points tracés ?

2. a) Calculer le coefficient directeur du segment de droite passant au plus près des points tracés.

b) En déduire la masse d'Uranus.

(corrigés p. 131)

Testez-vous !

8 — *Quatre points à chaque exercice juste. Bon courage !*

1. On néglige la résistance de l'air. On effectuera les calculs numériques après avoir donné l'expression littérale.

a) Par rapport au repère terrestre $(O, \vec{i}, \vec{k})$, déterminer les équations paramétriques par rapport au temps d'une boule de pétanque, lancée d'un point O avec une vitesse initiale de valeur $v_0 = 15,0$ m·s^{-1}. La direction du vecteur vitesse avec le plan horizontal fait un angle aigu de valeur $\alpha = 15°$.
Le point O est situé à une hauteur $h = 1,00$ m du sol. Le vecteur unitaire $\vec{i}$ est horizontal et le vecteur unitaire $\vec{k}$ est vertical.

b) Déterminer l'équation cartésienne de la trajectoire du mobile.

c) La boule tombe sur le sol en P. Quelle est l'abscisse du point P ?

2. On néglige la résistance de l'air.

a) En utilisant le calcul précédent, retrouver l'expression de la portée et de la flèche d'un tir effectué à partir d'une surface horizontale.

b) On donne la vitesse initiale du projectile $v_0 = 10{,}0$ m·s^{-1}, la valeur de l'angle du tir par rapport au plan horizontal est $\alpha = 35°$. Calculer la portée et la flèche de ce tir.

3. Un skieur descend une portion rectiligne *AB* de piste dont la longueur est $l = 58$ m. On suppose que le skieur part sans vitesse initiale et que l'angle de plus grande pente de *AB* a pour valeur $\alpha = 40°$. On néglige tout frottement.

a) Calculer la durée τ mise par le skieur pour parcourir *AB*.

b) En réalité, le chronométrage de cette portion de descente donne $\tau' = 5{,}2$ s. Calculer la valeur F de la force équivalente à l'ensemble de tous les frottements s'exerçant sur le système étudié. La masse du skieur et de son équipement est $m = 80$ kg.

4. La planète Mars possède deux satellites : Deimos et Phobos. On admet que leur trajectoire est circulaire. Deimos a une période de révolution de 30 h 18 min et gravite à 23 460 km du centre de Mars. Phobos a une période de révolution de 7 h 39 min. Avec ces données, calculer :

a) le rayon de l'orbite de Phobos ;

b) la masse de Mars.

5. Télécom 2B est un satellite de télécommunication lancé par Ariane le 11 avril 1992.

a) Quelle est la principale caractéristique d'un satellite de télécommunication ?

b) Calculer l'altitude de positionnement d'un tel satellite. On donne le rayon terrestre $R = 6\,380$ km, la période de révolution de la Terre dans le référentiel géocentrique $T = 23$ h 56 min 4 s et la masse de la Terre $M_T = 5{,}974 \times 10^{24}$ kg.

(corrigés p. 132)

L'épreuve du bac

9 –

- À faire après l'étude des 8 exercices précédents.
- Comme pour le bac, aucune indication n'est donnée dans le texte.
- Rédiger la solution sans aucun document à portée de main.
- Arrêter la recherche et la rédaction de la solution après 58 minutes environ (durée durant cette partie pouvant être consacrée à l'examen).
- Essayer de noter le travail ainsi fait.

Lancer du « poids »
(Sportifs de haut niveau - octobre 1995 - 5,5 points)

Lors d'une manifestation d'athlétisme, un lanceur effectue un lancer du « poids » de masse $m = 7{,}257$ kg. On assimilera ce « poids » à un point matériel confondu avec son centre d'inertie G et on négligera les forces de frottement pendant tout son mouvement.

Après la phase de lancement, la trajectoire de son mouvement est contenue dans un plan vertical $(O, \vec{i}, \vec{j})$.

Au début de la préparation du lancer, l'athlète tient initialement le « poids » au repos à une hauteur $h = 0{,}75$ m par rapport au sol. Il effectue son mouvement de lancer jusqu'à l'instant initiale t_0 où le poids quitte sa main en un point H situé à $H = 2{,}00$ m par rapport au sol, avec une vitesse $\vec{v_0}$ dans le plan $(O, \vec{i}, \vec{j})$ inclinée d'un angle α par rapport à l'horizontale (voir le schéma ci-après).

On prendra à l'instant $t_0 = 0$ s la valeur de la vitesse $v_0 = 14{,}0$ m·s^{-1} et $g = 9{,}81$ m·s^{-2}.

1. Quelle est l'énergie cinétique que le « poids » possède au moment où il quitte la main du lanceur ? *1 pt*

2. En appliquant le théorème de l'énergie cinétique, calculer la valeur du travail communiqué au « poids » par le lanceur pendant toute la phase d'élan. *1 pt*

3. Établir les équations horaires du mouvement du « poids » après qu'il ait quitté la main du lanceur. En déduire l'équation littérale de sa trajectoire dans le repère $(O, \vec{i}, \vec{j})$. *2 pts*

4. Lors d'un essai, le lancer a été effectué sous un angle $\alpha = 46{,}0°$.

a) Quelle altitude maximale le « poids » a-t-il atteint ? *1 pt*

b) Les juges ayant mesuré un jet tel que $OI = 21{,}54$ m, vérifier que cette longueur est compatible avec les données de l'exercice. *0,5 pt*

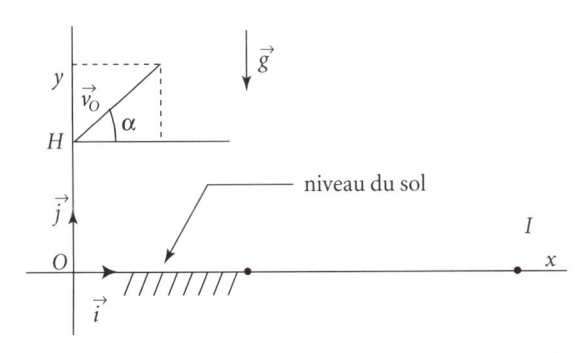

Fig. A

(corrigés p. 133)

CORRIGÉS

Lancer d'une bille

1 –

1. a) Origine des espaces : O, le point de lancement.
Origine des temps : l'instant du départ en O de la bille.
Repère terrestre utilisé : $(O, \vec{k})$ supposé galiléen.
Les équations horaires du mouvement de la bille le long de la trajectoire verticale de la bille sont :

$a_z = -g$; $v_z = -gt + v_0$; $z = -\frac{1}{2}gt^2 + v_0 t$.

a) Lorsque la bille retombe sur le sol : $z = 0$.
D'où : $0 = -\frac{1}{2}g\tau^2 + v_0\tau$; $\tau\left(-\frac{g}{2}\tau + v_0\right) = 0$.

$\tau_1 = \frac{2v_0}{g}$ et $\tau_0 = 0$ (instant du lancer).

La durée du mouvement est alors :

$\tau_1 = \frac{2v_0}{g}$; $\tau_1 = 3{,}4$ s.

b) La montée s'effectue pendant une durée égale à $\frac{\tau_1}{2}$. D'où :

$z = h_1$ et $t = \frac{t_1}{2}$.

L'équation horaire des abscisses s'écrit donc :

$h_1 = -\frac{1}{2}g\left(\frac{v_0}{g}\right)^2 + v_0\frac{v_0}{g}$; $h_1 = \frac{v_0^2}{2g}$; $h_1 = 13{,}9$ m.

2. On lance maintenant une bille vers le bas à partir du point A, tel que : $OA = D$.

a) Les équations horaires s'écrivent maintenant :

$a_z = -g$; $v_z = -gt - v_0$; $z = -\frac{1}{2}gt^2 - v_0 t + D$.

on a : $z = 0$ et $t = \tau$.

D'où : $\frac{1}{2}g\tau^2 + v_0\tau - D = 0$; $\tau = \frac{-v_0 \pm \sqrt{v_0^2 + 2Dg}}{g}$.

$\tau_2 = 1{,}03$ s et $\tau_3 < 0$ (non solution).

b) $v(0) = -g\tau_2 - v_0$; $v(0) = -23{,}4$ m·s^{-1}.
Soit $v_2 = 23{,}4$ m·s^{-1}.

3. En réalité et compte tenu de la résistance de l'air, les valeurs réelles de τ_1, h_1, τ_2 et v_2 sont inférieures aux valeurs théoriques calculées.

Le lac souterrain

2 –

1. Première estimation de la profondeur du lac
La pierre étant supposée être en chute libre, on a :

$x = \dfrac{1}{2}gt^2$, avec $p_1 = x$ et $t = 4{,}8$ s.

$p_1 = \dfrac{1}{2}gt^2$; $p_1 = 112{,}9$ m, arrondi à $p_1 = 113$ m.

2. Deuxième estimation de la profondeur du lac
Soit τ_1 la durée de chute de la pierre et τ_2 la durée de remontée du son.
On a donc :
$\tau = \tau_1 + \tau_2$.

D'où : $p = \dfrac{1}{2}g\tau_2^2 = g(\tau - \tau_1)^2 = g\left(\tau - \dfrac{p}{c}\right)^2$.

Soit : $\dfrac{g}{2c^2}p^2 - \left(\dfrac{g\tau}{c} + 1\right)p + \dfrac{g\tau^2}{2} = 0$.

Le discriminant est : $\Delta = \dfrac{2g\tau}{c} + 1$.

Comme p doit être inférieur à p_1, on ne retient qu'une seule solution :

$p_2 = \left(\dfrac{g\tau}{c} + 1 - \sqrt{\dfrac{2g\tau}{c} + 1}\right)\dfrac{c^2}{g}$; $p_2 = 99{,}5$ m, arrondi à $p_2 = 100$ m.

3. Compte tenu de la force s'exerçant sur la pierre, due à la résistance de l'air et opposée au vecteur vitesse, la chute est moins rapide que prévue : la profondeur du lac souterrain est donc inférieure à 100 m. La profondeur annoncée par le guide est donc exagérée !

Golf sur la Lune !

3 –

1. Pour plus de détails, voir la partie « Méthode », page 112.
Origine spatiale : le point O, endroit où la balle est frappée et s'élance avec la vitesse initiale $\vec{v_0}$ définie dans le texte.
Origine temporelle : l'instant de départ de la balle.

Le repère utilisé est le repère $(O, \vec{i}, \vec{k})$ situé dans le plan vertical de la trajectoire et lié au référentiel « Lune » supposé galiléen. On obtient :

$$z = \frac{g_L}{2v_0^2 \cos^2 \alpha} x^2 + (\tan \alpha) + 0 \quad (1), \text{ avec } x \in [0 ; x_P] ; \text{ ici } z_0 = 0.$$

2. a) La portée du lancer est telle que $z = 0$.
D'après (1), on a :
$$0 = x\left(-\frac{g_L}{2v_0^2 \cos^2 \alpha} x + \tan \alpha\right) \quad (2).$$

L'équation (2) admet deux solutions :

• $x = 0$ correspond au point de lancer ;

• la portée x_P est donnée par l'équation $\dfrac{-g_L}{2v_0^2 \cos^2 \alpha} x_p + \tan \alpha = 0$.

D'où : $x_p = \dfrac{2v_0^2 \sin \alpha \cos \alpha}{g_L}$;

ou encore, $x_p = \dfrac{v_0^2 \sin 2\alpha}{g_L}$; $x_p = 2{,}71$ km.

b) La hauteur maximale est atteinte au point F, point le plus élevé de la trajectoire. En F, la fonction $z = f(x)$ change de sens de variation, donc sa dérivée s'annule :
$z'_x = v_z = -gt_S + v_0 \sin \alpha = 0$.

D'où : $t_S = \dfrac{v_0 \sin \alpha}{g_L}$.

En portant t_s dans l'équation (1), on obtient :
$$z_F = -\frac{1}{2} \frac{v_0^2 \sin^2 \alpha}{g_L} + \frac{v_0^2 \sin^2 \alpha}{g_L} ; z_F = \frac{v_0^2 \sin^2 \alpha}{2g_L} ; z_F = 475 \text{ m}.$$

3. a) Le lancer étant effectué sur la Terre, on a :
$x_p = \dfrac{v_0^2 \sin 2\alpha}{g}$; $x_p = 462$ m ; $z_F = \dfrac{v_0^2 \sin^2 \alpha}{2g}$; $z_F = 81$ m.

b) La résistance de l'air agissant sur la balle est loin d'être négligeable et réduit considérablement la portée du tir.

Interdiction de jeter des objets par la fenêtre

4 –

1. À l'instant du lâcher, l'objet est immobile par rapport au référentiel « train ». En revanche, la vitesse de l'objet par rapport au référentiel terrestre est égale à celle du train.
Soit $\vec{v}$ cette vitesse ; sa valeur est :
$v = 108$ km $\cdot h^{-1}$ ou $v = 30$ m $\cdot s^{-1}$.

2. a) Système étudié par rapport a référentiel « Terre » supposé galiléen : l'objet de masse m.
Les forces agissant sur l'objet :
– le poids de l'objet $\vec{P} = m\vec{g}$;
– la force $\vec{F}$ exercée par l'air sur l'objet ($\vec{F}$ est colinéaire à $\vec{v}$ mais de sens opposé). Par hypothèse, cette force a une valeur constante pendant toute la durée de la chute.
On utilise le repère d'espace $(O, \vec{i}, \vec{k})$, avec $\vec{i}$ horizontal et $\vec{k}$ vertical ; le repère de temps : $t = 0$ à l'instant du lâcher.
D'après la relation de la dynamique, on a :
$\Sigma \vec{f} = m\vec{a}_G$; $\vec{P} + \vec{F} = m\vec{a}_G$.
En projetant cette relation sur les axes $(O, \vec{i})$ et $(O, \vec{k})$, on obtient successivement :

$$\begin{cases} 0 - F = ma_x \\ -mg + 0 = ma_z. \end{cases} \quad \text{D'où}: \vec{a}(t) \begin{cases} a_x = -\dfrac{F}{m} \\ a_z = -g. \end{cases}$$

Par intégration, on obtient les coordonnées du vecteur vitesse $\vec{v}$:

$$\vec{v}(t) \begin{cases} v_x = -\dfrac{F}{m}t + A \\ v_z = -gt + B \end{cases} ; \text{ or, } \vec{v}(0) \begin{cases} v_x(0) = V \\ v_z(0) = 0. \end{cases}$$

D'où : $A = v$ et $B = 0$.

$$\vec{v}(t) \begin{cases} v_x = -\dfrac{F}{m}t + v \\ v_z = -gt. \end{cases}$$

Par intégration, on obtient les coordonnées du vecteur position $\vec{r}$:

$$\vec{r}(t)\begin{cases} x = -\dfrac{F}{2m}t^2 + vt + C \\ z = -\dfrac{1}{2}gt^2 + D \end{cases} ; \text{ or, } \vec{r}(0)\begin{cases} x(0) = 0 \\ z(0) = h. \end{cases} \vec{r}(t)\begin{cases} x = -\dfrac{F}{2m}t^2 + vt \\ z = -\dfrac{1}{2}gt^2 + h \end{cases} \quad (1).$$

b) $\vec{r}(t)\begin{cases} x = -4t^2 + 30t \\ z = -4,9t^2 + 2. \end{cases}$

3. L'objet touche le sol au point I à la date $t = \tau$, telle que :

$\vec{r_I}\begin{cases} x_I = D \\ z_I = z(\tau) = 0. \end{cases}$

D'où les équations suivantes, compte tenu de (1) :

$$\begin{cases} -\dfrac{F}{2m}\tau^2 + v\tau = D & (2) \\ -\dfrac{1}{2}g\tau^2 + h = 0 & (3). \end{cases}$$

De (3), on obtient : $\tau = \sqrt{\dfrac{2h}{g}}$.

En portant dans (2), on a : $x_I = D = -\dfrac{F}{mg}h + v\sqrt{\dfrac{2h}{g}}$; $D = 18,3$ m.

Les planètes internes

5 –

1. Le calcul de $\dfrac{T^2}{r^3}$ pour les différentes planètes étudiées conduit aux résultats suivants :

Planète	Mercure	Vénus	Terre	Mars
$\dfrac{T_2}{r_3}$ (10^{-27} j$^2 \cdot$ m^{-3})	$3,987 \times 10^{-2}$	$3,986 \times 10^{-2}$	$3,986 \times 10^{-2}$	$3,987 \times 10^{-2}$

Soit K la valeur moyenne de ces différents résultats :
$$\left(\frac{T^2}{r^3}\right)_{moy} = K = 3{,}9865 \times 10^{-29} \text{ j}^2 \cdot \text{m}^{-3} = 2{,}976 \times 10^{-19} \text{ s}^2 \cdot \text{m}^{-3}.$$

2. a) • Système étudié par rapport au référentiel héliocentrique supposé galiléen : la planète (P).

• Bilan des forces agissant sur la planète (P) : la force de gravitation exercée par le Soleil sur la planète $\vec{F}$.

Cette force a pour direction la droite (SP) et pour sens de P vers S. Son expression vectorielle est donc :
$$\vec{F} = \mathcal{G}\frac{M_s m_p}{r^2}\vec{n} \quad (1),$$

avec m_p la masse de la planète et $\vec{n}$ un vecteur unitaire dirigé de P vers le Soleil S.

• D'après la deuxième loi de Newton, on a :
$\Sigma \vec{F} = m \cdot \vec{a}$, ou encore,
$\vec{F} = m_p \vec{a}$.

Soient $\vec{t}$ et $\vec{n}$ deux vecteurs unitaires respectivement tangent et perpendiculaire à la trajectoire de la planète en P. D'après (1), la relation précédente s'écrit :
$$\mathcal{G}\frac{M_s m_p}{r^2}\vec{n} = m_p (\vec{a_t} + \vec{a_n}) \quad (2).$$

On constate que la valeur algébrique de l'accélération tangentielle est nulle. Par définition, on a :
$$a_t = \frac{dv}{dt} = 0.$$

D'où : $v = $ cte.

Les planètes ont un mouvement circulaire uniforme.

b) D'après (2), on a :
$$\mathcal{G}\frac{M_s m_p}{r^2}\vec{n} = m_p \vec{a_n}.$$

Comme $a_n = \dfrac{v^2}{r}$, on obtient :
$$\mathcal{G}\frac{M_s}{r^2} = \frac{v^2}{r}; \text{ ou encore,}$$

$$\mathcal{G}\frac{M_s}{r} = v^2 \quad (3).$$

Le mouvement de (P) étant circulaire uniforme, on a :
$$v = \frac{\mathscr{C}}{T} = \frac{2\pi r}{T}.$$

La relation (3) devient :
$$\mathscr{G} = \frac{M_S}{r} = \frac{4\pi^2 r^2}{T^2}.$$

D'où :
$$\frac{T^2}{r^3} = \frac{4\pi^2}{\mathscr{G} M_S}.$$

c) D'après la valeur de $\dfrac{T^2}{r^3} = K$ trouvée dans le **1.**, on a :

$$K = \frac{4\pi^2}{\mathscr{G} M_S}.$$

D'où :
$$M_S = \frac{4\pi^2}{\mathscr{G} K} \;;\; M_S = 1{,}99 \times 10^{30} \text{ kg}.$$

Satellites artificiels terrestres

6 –

1. a) D'après la loi de la gravitation, la force gravitationnelle qu'exerce la Terre sur un objet de masse m, situé en un point P, à l'altitude z, a pour valeur :
$$F(z) = \mathscr{G} \frac{M_T m}{(R_T + z)^2}.$$

Par définition du champ de gravitation en un point, on a également :
$F(z) = G(z) m$.

D'où : $G(z) = \mathscr{G} \dfrac{M_T}{(R_T + z)^2}.$

b) À l'altitude 0, on a :

$$G(0) = \mathscr{G} \frac{M_T}{R_T^2} \;;\; M_T = \frac{G(0)\, R_T^2}{\mathscr{G}}.$$

c) $M_T = 6{,}0 \times 10^{24}$ kg.

2. a) Système étudié par rapport au référentiel géocentrique supposé galiléen : le satellite de masse m.

Force agissant sur le système : le poids $\vec{P}(z)$ du satellite à l'altitude z. La direction de $\vec{P}(z)$ passant par le centre de la Terre est donc radiale.

En appliquant au système, le théorème de l'énergie cinétique entre deux points P_1 et P_2 de l'orbite, on a :

$$\mathscr{E}_{c_2} - \mathscr{E}_{c_1} = W_{P_1 \to P_2}^{\vec{P}}.$$

Or la vitesse du satellite $\vec{v}$ est constamment perpendiculaire à la force $\vec{P}(z)$ agissant sur le satellite. La puissance de $\vec{P}(z)$ est donc nulle. Le travail de $\vec{P}(z)$ dans le déplacement de P_1 à P_2 l'est également. D'où :

$$\mathscr{E}_{c_2} - \mathscr{E}_{c_1} = 0 \text{ ou } \frac{1}{2}mv_1^2 = \frac{1}{2}mv_2^2 ; v_1 = v_2.$$

La vitesse du satellite est donc constante. Le mouvement est circulaire uniforme.

b) • D'après la relation de la dynamique (deuxième loi de Newton) appliquée au satellite dans le référentiel héliocentrique, on a (*fig. 7*) :

$\Sigma F = m \cdot \vec{a}$

$\vec{P}(2) = m(\vec{a_t} + \vec{a_n})$ (1).

$\vec{a_t}$ et $\vec{a_n}$ étant les accélérations tangentielles et normales du satellite pour la position S de celui-ci :

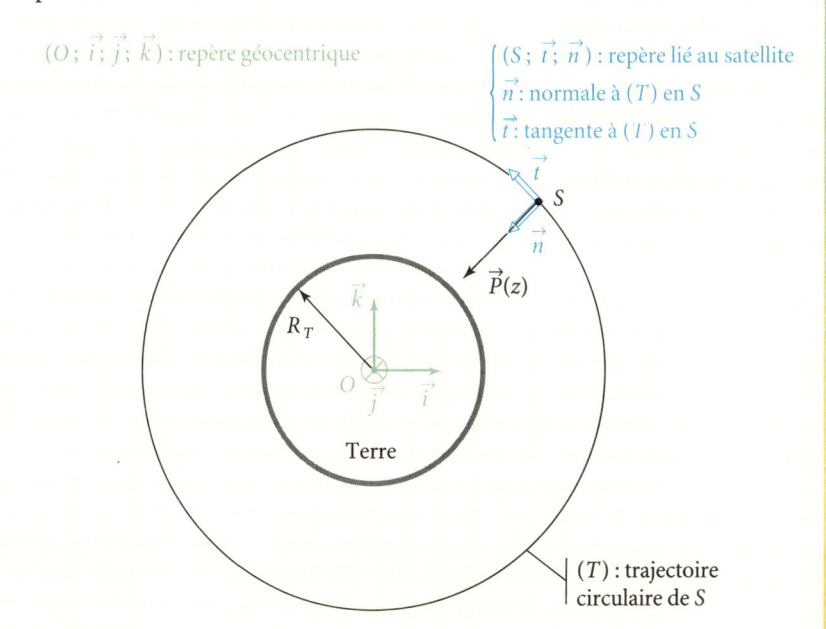

$(O ; \vec{i} ; \vec{j} ; \vec{k})$: repère géocentrique

$\begin{cases} (S ; \vec{t} ; \vec{n}) : \text{repère lié au satellite} \\ \vec{n} : \text{normale à } (T) \text{ en } S \\ \vec{t} : \text{tangente à } (T) \text{ en } S \end{cases}$

$\vec{P}(z)$

R_T

Terre

(T) : trajectoire circulaire de S

Fig. 5

Comme la vitesse du satellite est constante :
$$v = \text{cte } \frac{dv}{dt} = 0 \text{ et } a_T = \frac{dv}{dt} = 0.$$

La relation (1) devient :
$$m\vec{G}(z) = m\vec{a}_n$$
$$G(z) = \frac{v^2}{R_T + z}.$$

Or $G(z) = \mathcal{G}\dfrac{M_T}{(R_T + z)^2}$, d'où :

$$\mathcal{G}\frac{M_T}{(R_T + z)^2} = \frac{v^2}{R_T + z}.$$

$$v = \sqrt{\mathcal{G}\frac{M_T}{R_T + z}}.$$

• Comme le mouvement est circulaire uniforme, on a :

$\mathcal{C} = vT$, ou encore, $2\pi(R_T + z) = \sqrt{\mathcal{G}\dfrac{M_T}{R_T + z}}\, T.$
On obtient donc :

$$T = \sqrt{\frac{4\pi^2(R_T + z)^3}{\mathcal{G}M_T}} \quad (1).$$

c) D'après la relation (1) et en posant $(R_T + z) = r$, on a :

$$\frac{T^2}{r^3} = \frac{4\pi^2}{\mathcal{G}M_T} = \text{cte} \quad (2).$$

3. a)

Satellite	Intelsat-V	Cosmos-1970	Feng-Yun 1	USA-35
$\dfrac{T^2}{r^3}$ (10^{-14} s² · m⁻³)	9,88	9,86	9,78	9,91

Les valeurs obtenues sont très voisines, la valeur moyenne est :

$$\left(\frac{T^2}{r^3}\right)_{moy} = 9{,}86 \times 10^{-14}\,\text{s}^2 \cdot \text{m}^{-3} = K.$$

b) La masse de la Terre est donnée par l'expression (2) :

$M_T = \dfrac{4\pi^2}{K\mathcal{G}}$; $M_T = 6{,}0 \times 10^{24}$ kg.

CORRIGÉS

c) Dans le référentiel géocentrique, le satellite Intelsat-V possède la même vitesse angulaire de rotation que la Terre. Il est donc fixe par rapport au référentiel terrestre : un tel satellite est appelé géostationnaire ; il est utilisé en télécommunication.

Les plus gros satellites d'Uranus

7 –

1. a) Les calculs de T^2 et r^3 conduisent au tableau suivant :

Satellite	Obéron	Titania	Umbriel	Ariel	Miranda
T^2 (j^2)	181,2	75,79	17,17	6,35	2,00
r^3 (10^{24} m^3)	198	82,8	18,8	7,0	2,2

b)

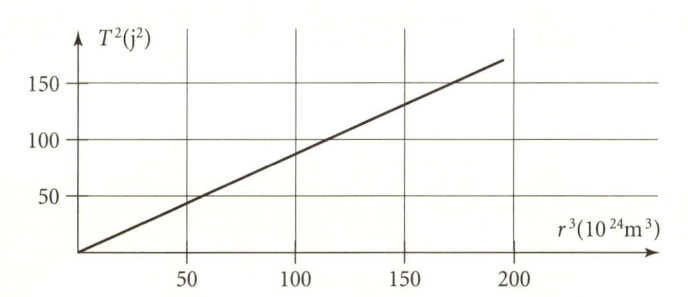

Fig. 6

Conclusion : les points sont pratiquement alignés et passent par l'origine O. La fonction $T^2 = f(r^3)$ est une fonction linéaire de la forme : $T^2 = Ar^3$ (1).

2. a) Détermination du coefficient directeur de la droite représentant la fonction linéaire : $T^2 = Ar^3$:

$A = \dfrac{181{,}2 \times 24^2 \times 3600^2}{198 \times 10^{24}}$, en s$^2 \cdot$ m^{-3} ; $A = 6{,}83 \times 10^{-15}$ s$^2 \cdot$ m^{-3}.

b) On montre (voir exercice 8) que :

$\dfrac{T^2}{r^3} = \dfrac{4\pi^2}{\mathcal{G}M_U}$.

D'après (1), on peut donc écrire :

$A = \dfrac{4\pi^2}{\mathcal{G}M_U}$.

D'où : $M_U = \dfrac{4\pi^2}{\mathcal{G}A}$; $M_U = 8{,}67 \times 10^{25}$ kg.

La masse actuellement connue d'Uranus est de $8,6625 \times 10^{25}$ kg.
La précision de la détermination de la masse d'Uranus dans cet exercice est donc de :

$$\frac{\Delta M_U}{M_U} = \frac{0,01 \times 10^{25}}{8,6625 \times 10^{25}} \; ; \; \frac{\Delta M_U}{M_U} = 0,12\,\%.$$

Testez-vous !

8 –

Réponses pour vérifier les résultats obtenus.

1. a) $\begin{cases} x = v_0(\cos \alpha)t \\ z = -\dfrac{1}{2}gt^2 + v_0(\sin \alpha)t + h. \end{cases}$

b) $z = -\dfrac{g}{2v_0^2 \cos^2 \alpha} x^2 + (\tan \alpha)x + h.$

c) Si $z = 0$, alors $x = x_1$.

D'où : $-\dfrac{g}{2v_0^2 \cos^2 \alpha} x_1^2 + (\tan \alpha)x_1 + h = 0.$

$x_1 > 0$; $-0,02334\, x_1^2 + 0,26795\, x_1 + 1,00 = 0$; $x_1 = 14,5$ m.

2. a) Soit x_P la portée du tir et f sa flèche :

$x_P = \dfrac{v_0^2 \sin 2\alpha}{g}$ et $f = \dfrac{v_0^2 \sin^2 \alpha}{2g}.$

b) $x_P = 9,6$ m et $f = 1,68$ m.

3. a) Soit $(A, \vec{u})$ un repère terrestre porté par (AB) :

$\begin{cases} a = g \sin \alpha \\ v = g(\cos \alpha)t \\ x = \dfrac{g(\sin \alpha)}{2} t^2. \end{cases}$

$\tau = \sqrt{\dfrac{2l}{g \sin \alpha}}$; $\tau = 4,3$ s.

b) $\vec{P} + \vec{F} + \vec{R} = m\vec{a'}.$

$mg \sin \alpha - F + 0 = ma'$; $a' = g \sin \alpha - \dfrac{F}{m}$;

CORRIGÉS

$$l = \frac{1}{2}\left(g \sin \alpha - \frac{F}{m}\right)\tau'^2.$$

$$F = m\left(g \sin \alpha - \frac{2l}{\tau'^2}\right); \quad F = 161 \text{ N}.$$

4. a) $\dfrac{T_p^2}{r_p^3} = \dfrac{T_D^2}{r_D^3}; \quad r_p = r_D \sqrt[3]{\left(\dfrac{T_p}{T_D}\right)^2}.$

30 h 18 min = 30,30 h

7 h 39 min = 7,65 h.

$r_p = 9{,}37 \times 10^3$ km

(rayon connu 9 380 km ; soit $\dfrac{\Delta r_p}{r_p} \approx 0{,}11 \text{ \%}$).

b) $\dfrac{T_D^2}{r_D^3} = \dfrac{4\pi^2}{\mathcal{G} M_M}; \quad M_M = \dfrac{4\pi^2 r_D^3}{\mathcal{G} T_D^2}; \quad M_M = 6{,}423 \times 10^{23} \text{ kg}.$

(Valeur connue : $6{,}419 \times 10^{23}$ kg ; soit $\dfrac{\Delta M_M}{M_M} \approx 0{,}06 \text{ \%}$.)

5. a) Un satellite de télécommunication est fixe par rapport au référentiel terrestre.

b) $\dfrac{T^2}{r^3} = \dfrac{4\pi^2}{\mathcal{G} M_T}$ ou $\dfrac{T^2}{(R_T + z)^3} = \dfrac{4\pi^2}{\mathcal{G} M_T}.$

D'où : $z = \left(\dfrac{T^2 \mathcal{G} M_T}{4\pi^2}\right)^{\frac{1}{3}} - R_T; \quad z = 35{,}78 \times 10^3$ km.

L'épreuve du bac

9 —

1. Système étudié par rapport au référentiel terrestre supposé galiléen : le « poids ».

Par définition, l'énergie cinétique du poids est donnée par l'expression :

$$\mathcal{E}_c = \frac{1}{2} m v_0^2.$$

Au moment où celui-ci quitte la main du lanceur, sa vitesse est v_0. D'où :

$$\mathcal{E}_{c_1} = \frac{1}{2} m v_0^2 ; \quad \mathcal{E}_{c_1} = 711 \text{ J}.$$

2. • Système étudié : le « poids ». On considère deux instants t^* et t_0 qui correspondent respectivement à la position initiale de repos et à la position du lâcher. Les valeurs de la vitesse du poids sont alors respectivement $v^* = 0$ et v_0.

• Bilan des travaux des forces extérieures agissant sur le système :
– le travail du poids $\vec{P}$ du « poids métallique » pour le déplacement de A^* à O, il est noté $W_{A^*O}^{\vec{P}}$;
– le travail développé par le lanceur et communiqué au poids pour le déplacement de A^* à O, il est noté W_{lanceur}.

• Le théorème de l'énergie cinétique appliqué au « poids » entre les deux instants $t^* = 0$ et t_0 donne :

$$\mathcal{E}_{c_B} - \mathcal{E}_{c_A} = \Sigma W_{AB}^{\vec{Fi}}.$$

$$\frac{1}{2} m v_0^2 - 0 = W_{A^*O}^{\vec{P}} + W_{\text{lanceur}} ;$$

$$\frac{1}{2} m v_0^2 = mg(h - H) + W_{\text{lanceur}}.$$

D'où :
$$W_{\text{lanceur}} = \frac{1}{2} m v_0^2 + mg(H - h) ;$$

$$W_{\text{lanceur}} = 8{,}0 \times 10^2 \text{ J}.$$

3. • Après avoir quitté la main du lanceur, le « poids » n'est plus soumis qu'à son poids. D'après le théorème du centre d'inertie (deuxième loi de Newton), on a :
$\Sigma \vec{F} = m \cdot \vec{a}$,
$\vec{P} = m \cdot \vec{a}$, ou encore,
$m \cdot \vec{g} = m \cdot \vec{a}$
D'où : $\vec{a} = \vec{g}$.

Les coordonnées du vecteur accélération sont :
$\vec{a} \begin{vmatrix} a_x = 0 \\ a_y = -g. \end{vmatrix}$

Par intégration et d'après les conditions initiales du mouvement :
$\vec{v} \begin{vmatrix} v_x = v_{0x} \\ v_y = -gt + v_{0y} \end{vmatrix}$

$\vec{v} \begin{vmatrix} v_x = v_0 \cos \alpha \\ v_y = -gt + v_0 \sin \alpha. \end{vmatrix}$

Par intégration et d'après les conditions initiales du mouvement, le vecteur position du mobile $\vec{r} = \overrightarrow{OM}$ a pour coordonnées :

$$\vec{r} \begin{vmatrix} x = v_0 \cos \alpha \, t + x_0 \\ y = -\dfrac{1}{2} g t^2 + v_0 (\sin \alpha) t + y_0. \end{vmatrix}$$

Comme $x_0 = 0$, on obtient :

$$\vec{r} \begin{vmatrix} x = v_0 \cos \alpha \, t \\ y = -\dfrac{1}{2} g t^2 + v_0 (\sin \alpha) t + y_0 \quad (1). \end{vmatrix}$$

Après avoir éliminé le paramètre temps t, l'équation littérale de la trajectoire du mobile est :

$$t = \dfrac{x}{v_0 \cos \alpha}$$

et $\quad y = -\dfrac{g}{2 v_0^2 \cos^2 \alpha} x^2 + (\tan \alpha) x + y_0 \quad (2)$.

4. a) L'altitude est maximale lorsque la composante verticale de la vitesse v_y s'annule.
La date à laquelle s'effectue ce fait est :

$$0 = -g t + v_0 \sin \alpha, \text{ ou encore, } t = \dfrac{v_0 \sin \alpha}{g}.$$

En portant cette valeur dans l'expression (1), on obtient :

$$y_{\max} = -\dfrac{1}{2} g \left(\dfrac{v_0 \sin \alpha}{g} \right)^2 + \dfrac{v_0^2 \sin \alpha^2}{g} + y_0$$

$$y_{\max} = \dfrac{(v_0 \sin \alpha)^2}{2g} + y_0$$

$$y_{\max} = 5{,}92 \text{ m}.$$

b) • Si on considère l'équation de la trajectoire du « poids » dans le repère $(O; \vec{i}, \vec{j})$, celui-ci touchera le sol à une abscisse x_m telle que $y = 0$.
En valeur numérique, l'équation (2) s'écrit :

$$-5{,}186 \times 10^{-2} x^2 + 1{,}036 \, x + 0{,}75 = 0.$$

Cette équation du second degré possède deux racines de signes contraires. Seule la racine positive a une signification physique. D'où :

$$x_m = 20{,}7 \text{ m}.$$

• Ce résultat est compatible avec la mesure effectuée.

6
PARTICULE DANS UN CHAMP ÉLECTRIQUE

COURS

- Force électrique
- Trajectoire de la particule
- Conservation de l'énergie

MÉTHODE

- Modèle d'un oscillographe électronique

EXERCICES

- La microgouttelette
- Particule α
- Trajectoire d'une particule
- Canon à électrons
- Testez-vous !
- L'épreuve du bac
- Corrigés

6
PARTICULE DANS UN CHAMP ÉLECTRIQUE

Force électrique

Champ électrique uniforme

• Deux plaques métalliques rectangulaires (A) et (B), placées parallèlement l'une en face de l'autre, sont séparées par une distance d.
Ces plaques sont reliées à un générateur délivrant une tension U_{AB} (fig. 1).
Dans l'espace compris entre ces deux plaques, il règne un champ électrique uniforme $\vec{E}$ dont les caractéristiques sont :

$\vec{E}$	direction : perpendiculaire aux plaques ; sens : de (A) de signe + vers (B) de signe – ; valeur : E.

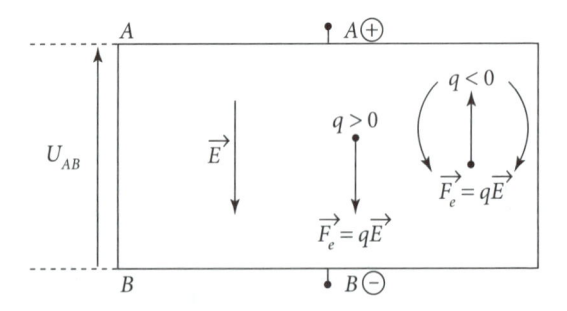

Fig. 1

• L'expression de E est donnée par la relation suivante :

$E = \dfrac{U_{AB}}{d}$	U_{AB} tension entre les deux plaques (V) ; d distance entre les deux plaques (m) ; E valeur du champ électrique (V·m^{-1}).

Expression de la force électrique

Toute particule, électron, proton, ion,…, placée dans un champ électrique est soumise à une force électrique $\vec{F_e}$ ayant pour expression (*fig. 1*) :

$\vec{F_e} = q\vec{E}$	$\vec{E}$ vecteur champ électrique (V·m^{-1}) ; q charge électrique de la particule (C) ; $\vec{F_e}$ vecteur force électrique (N).

Trajectoire de la particule

Soit une particule de masse m projetée avec un vecteur vitesse v_0 dans un champ électrique uniforme $\vec{E}$.

Accélération de la particule

- Système étudié par rapport au référentiel terrestre supposé galiléen : la particule.

- Forces agissant sur la particule :
— la force électrique $\vec{F_e}$;
— son poids $\vec{P}$.
En général, dans les applications les plus courantes, la valeur du poids de la particule est archi-négligeable par rapport à la valeur de la force électrique : de l'ordre de plusieurs millions de milliards de fois ! Le poids sera donc négligé.

Attention ! Une goutte de liquide chargée n'est pas une particule et la valeur de son poids n'est plus négligeable par rapport à F !

- La relation de la dynamique appliquée à la particule donne :
$$\vec{F_e} = m\vec{a}, \text{ ou encore, } q\vec{F_e} = m\vec{a}, \text{ d'où}$$
$$\vec{a} = \frac{q}{m}\vec{E} \quad (1).$$

Le vecteur accélération d'une particule chargée, en mouvement dans un espace champ électrique uniforme est constant.

Équation horaire

- Soit le repère d'espace $(O; \vec{i}; \vec{j}; \vec{k})$. À l'instant $t = 0$, la particule de charge q positive entre dans le champ électrique en O. À cet instant, le vecteur vitesse v_0 fait un angle de mesure θ avec les armature (A) et (B) (*fig. 2*).

Le vecteur $\vec{v_0}$ est situé dans le plan $(O; \vec{i}; \vec{j})$. Les coordonnées de $\vec{v_0}$ sont : $v_0 \times v_0 \cos\theta ; v_0 \sin\theta ; 0$.
Les coordonnées de $\vec{E}$ sont : $\vec{E}(0; -E; 0)$.

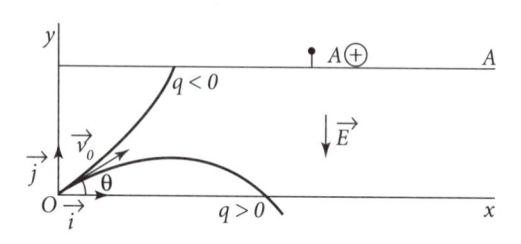

Fig. 2

- D'après (1), les coordonnées du vecteur accélération $\vec{a}$ de la particule sont donc :

$$\vec{a}\left(0; -\frac{q}{m}E; 0\right).$$

- Par intégration, les coordonnées du vecteur vitesse $\vec{v}$ de la particule à l'instant t sont :

$$\vec{v}\left(C_1; -\frac{q}{m}E + C_2; C_3\right)$$

avec C_1, C_2 et C_3 des constantes d'intégration.

Les conditions initiales sur le vecteur vitesse $\vec{v_0}$ à l'instant $t = 0$ entraînent :

$$C_1 = v_0 \cos\theta ; \quad C_2 = v_0 \sin\theta ; \quad C_3 = 0.$$

- Par intégration, les coordonnées du vecteur position de la particule à l'instant t sont :

$$x = (v_0 \cos\theta)t + C'_1$$

$$y = -\frac{qE}{2m}t^2 + (v_0 \sin\theta)t = C'_2$$

$$z = C'_3$$

avec C'_1, C'_2 et C'_3 des constantes d'intégration.

Les conditions initiales du mouvement, entrée en O à l'instant $t = 0$ entraînent :

$$C'_1 = 0 ; \quad C'_2 = 0 ; \quad C'_3 = 0.$$

Les trois égalités suivantes sont encore appelées « équations horaires » de la particule.

Équation de la trajectoire

• D'après les équations horaires précédentes, le mouvement de la particule a lieu dans le plan $(O;\vec{i};\vec{j})$. L'élimination du paramètre temps donne :

$$y = -\frac{qE}{2mv_0^2 \cos^2 \theta} x^2 + (\tan \theta)x$$

avec $x \in [0;L]$, L étant la longueur des plaques suivant l'axe Ox.
C'est l'équation d'une portion de parabole.

• Si $q > 0$, la concavité de la parabole est orientée vers le sens négatif de l'axe Oy (sens de $\vec{E}$).
Si $q < 0$, elle est orientée vers le sens positif de Oy.

Conservation de l'énergie

Travail de la force électrique

• Dans un champ électrique $\vec{E}$ uniforme, une particule de charge q subit une force constante :

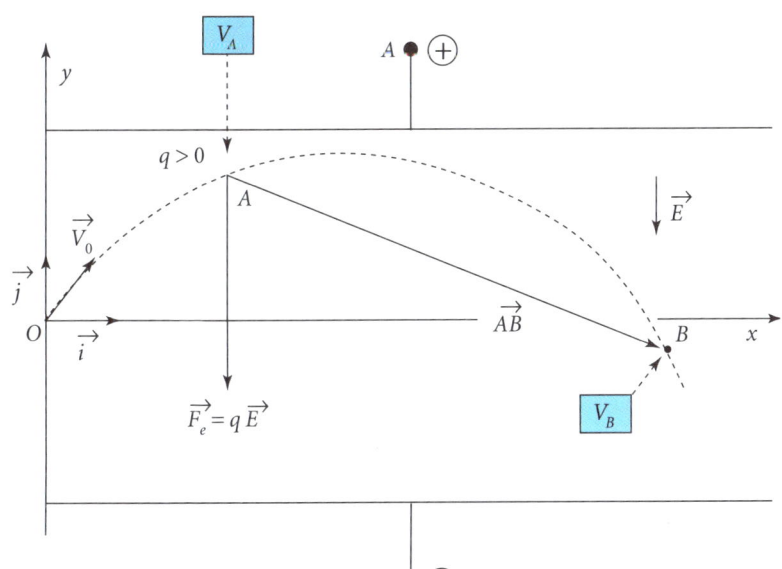

$$\vec{F_e} = q\vec{E}.$$

Fig. 3

Soit une particule de charge q placée dans un espace dans lequel règne un champ électrique $\vec{E}$. Cette particule passe d'un point A au point B situés dans cet espace. Si V_A et V_B désignent le potentiel aux points A et B, le travail reçu par cette particule est donné par l'expression (fig. 3) :

$$W_{AB}(\vec{F_e}) = q(V_A - V_B).$$

• Par définition d'une tension entre deux points, on a : $U_{AB} = V_A - V_B$. L'expression précédente devient :

$W_{AB}(\vec{F}) = qU_{AB}$	$W_{AB}(\vec{F})$ travail reçu par la particule (J) ; q charge électrique de la particule (C) ; U_{AB} tension électrique entre A et B (V).

Énergie mécanique de la particule et conservation

• L'énergie potentielle électrique d'une particule de charge q, placée en un point A où règne un potentiel électrique V_A, est donnée par l'expression :

$$\mathcal{E}_{pe}(A) = qV_A.$$

• La relation générale de la conservation de l'énergie mécanique donne pour une particule de charge q et de masse m :

$$\mathcal{E}_m(A) = \mathcal{E}_c(A) + \mathcal{E}_{pe}(A)$$

ou encore,

$\mathcal{E}_m(A) = \mathcal{E}_c(A) + qV_A$	$\mathcal{E}_m(A)$ énergie mécanique (J) ; $\mathcal{E}_c(A)$ énergie cinétique (J) ; q charge de la particule (C) ; V_A potentiel électrique au point A (V).

• Pour une particule, l'énergie potentielle de pesanteur $\mathcal{E}_{pp}$ est archi-négligeable devant l'énergie potentielle électrique $\mathcal{E}_{pe}$.
La conservation de l'énergie mécanique de la particule s'écrit :

$$\mathcal{E}_m = \mathcal{E}_c + \mathcal{E}_{pe} = \text{cte}.$$

MÉTHODE

Modèle d'un oscillographe électronique

Énoncé

On se propose d'étudier le modèle très simplifié d'un oscillographe électronique, dans lequel il règne un vide quasi absolu ; on se limitera à l'étude de la déviation verticale.

1. La cathode (C) d'un oscillographe électronique émet des électrons dont la vitesse à la sortie du métal est négligeable. Les électrons arrivent ensuite sur l'anode (P) et la traversent par l'ouverture O_1 (*fig. 4*).
On établit une différence de potentiel $U_0 = V_P - V_C$.

a) Calculer la valeur v_0 de la vitesse des électrons à leur passage en O_1.

On donne :
- $U_0 = 127$ kV ;
- la charge de l'électron : $q_e^- = -e$, avec $e = 1{,}60 \times 10^{-19}$ C ;
- la masse de l'électron $m = 9{,}1 \times 10^{-31}$ kg.

b) Quelle est la nature de leur mouvement au-delà de (P) ?

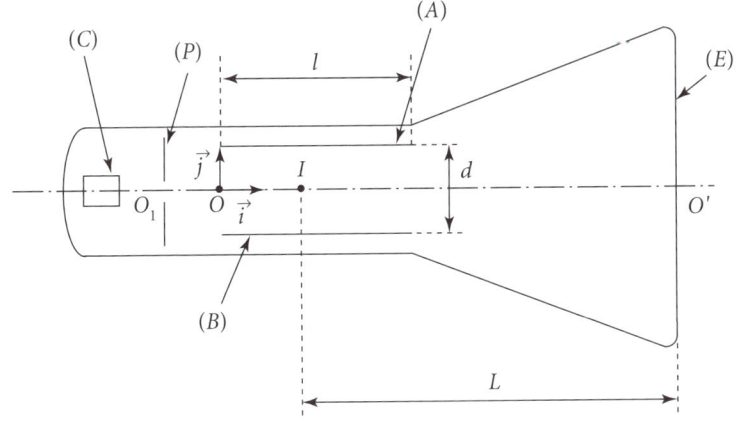

Fig. 4

2. Les électrons pénètrent en O entre les armatures horizontales (A) et (B) d'un condensateur ; les armatures, de longueur l, sont distantes de d. On établit entre les armatures une tension $U = V_A - V_B$.

Étudier le mouvement des électrons entre les deux plaques (A) et (B) par rapport au repère $(O, \vec{i}, \vec{j})$.

On donne : $U = +110$ V ; $d = 3,00$ cm ; $l = 8,00$ cm.

3. Le faisceau d'électrons arrive ensuite sur un écran recouvert d'un produit luminescent. Cet écran (E) est situé à la distance L du centre de symétrie I des plaques (A) et (B).

On utilisera, sans démonstration, la propriété suivante : la tangente à la trajectoire des électrons à la sortie des plaques passe par le point I.

Calculer le déplacement Y du spot sur l'écran.
On donne : $L = 18,0$ cm.

Solution commentée

a) La valeur de la vitesse initiale est connue et on peut exprimer le travail reçu par l'électron. On applique donc le théorème de l'énergie cinétique sur la particule lorsque celle-ci passe de la cathode à l'anode.
Bien préciser le référentiel d'étude ainsi que les forces agissant sur l'électron.

b) Compte tenu que le poids des électrons est archi-négligeable, on peut appliquer le principe de l'inertie à l'électron.

1. a) Pour calculer la vitesse de l'électron en P, on applique le théorème de l'énergie cinétique entre l'instant t_1 où il est émis de C et l'instant t_2 où il passe en P.

- Système étudié : l'électron.
- Repère utilisé : le repère terrestre $(O, \vec{i}, \vec{j})$ (fig. 5).
- Action agissant sur l'électron entre t_1 et t_2 :
  – le poids de l'électron, $\vec{P} = m \cdot \vec{g}$;
  – la force électrique, $\vec{f} = q \cdot \vec{E}$.

Au cours de ce type d'étude, le poids est, par rapport à la force électrique, des millions à des milliards de fois plus faible. On négligera donc le poids de l'électron par rapport à la force électrique.

Le théorème de l'énergie cinétique, appliqué entre les instants de passage en C et P, s'écrit donc :

$$\mathcal{E}_{CP} - \mathcal{E}_{CC} = W^{\vec{f}}_{C \to P}$$

$$\frac{1}{2} m v_0^2 - 0 = -e(V_C - V_P),$$

$$\frac{1}{2} m v_0^2 = e U_0. \quad \text{D'où :} \quad v_0 = \sqrt{\frac{2 e U_0}{m}} \quad (1).$$

$v_0 = 2,1 \times 10^7$ m·s^{-1}.

b) Après le passage de l'électron par l'ouverture O_1, on peut admettre que celui-ci est pseudo-isolé. D'après le principe de l'inertie, le mouvement de l'électron est donc rectiligne et uniforme.
Il pénètre dans le condensateur (A, B) en O avec une vitesse $\vec{v_0}$ dont la direction et le sens sont ceux de l'axe (Ox).

Rechercher, dans un premier temps, les coordonnées du vecteur accélération de la particule en appliquant la relation de la dynamique.
Dans un deuxième temps, rechercher les coordonnées du vecteur vitesse et du vecteur position de la particule par intégrations successives des coordonnées.
Ne pas oublier les constantes d'intégration. Leurs valeurs seront trouvées avec les conditions initiales du mouvement : vitesse initiale et position initiale.

2. Entre les armatures du condensateur (A, B), il existe un champ électrique uniforme $\vec{E}$ dirigé de A vers B, dont les coordonnées sont :

$\vec{E}\left(E_x = 0\,;\, E_y = -\dfrac{U}{d}\right)$, avec $U = V_A - V_B$.

Système étudié et repère utilisé : l'électron par rapport à un repère $(O, \vec{i}, \vec{j})$ (fig. 1).

• Lorsque l'électron est situé entre les armatures, celui-ci est soumis à la force électrique $\vec{F} = q \cdot \vec{E}$.

D'après la relation de la dynamique :
$\vec{F} = m \cdot \vec{a}$; d'où : $m \cdot \vec{a} = q \cdot \vec{E}$.
Le vecteur accélération $\vec{a}$ a pour expression :

$\vec{a} = \dfrac{q}{m} \cdot \vec{E}$, ou encore $\vec{a} = -\dfrac{e}{m} \cdot \vec{E}$.

Les coordonnées du vecteur accélération $\vec{a}$ sont donc :

$$\vec{a}\left(a_x = 0\,;\, a_y = +\dfrac{eU}{md}\right).$$

• Par intégration, et en tenant compte des coordonnées de la vitesse $\vec{v_0}$ de l'électron à son passage par l'origine O, les coordonnées du vecteur vitesse $\vec{v}$ sont :

$\vec{v}\left(v_x = v_0\,;\, v_y = \dfrac{eU}{md}\,t + 0\right)$.

De même, les coordonnées du vecteur position $\vec{OM}$ de l'électron sont :

$\vec{OM}\left(x = v_0 t + 0\,;\, y = \dfrac{eU}{2md}\,t^2 + 0\right)$.

En exprimant t en fonction de x, et en reportant dans y, l'équation de la trajectoire des électrons s'écrit :

$y = \dfrac{eU}{2mdv_0^2}\,x^2$.

D'après la relation (1), $v_0^2 = \dfrac{2eU_0}{m}$.

On a donc :

$y = \dfrac{U}{4U_0 d} x^2$, avec $x \in [0\,;l]$ (2).

La trajectoire décrite par les électrons dans le condensateur est une portion de parabole (OA) (fig. 5).

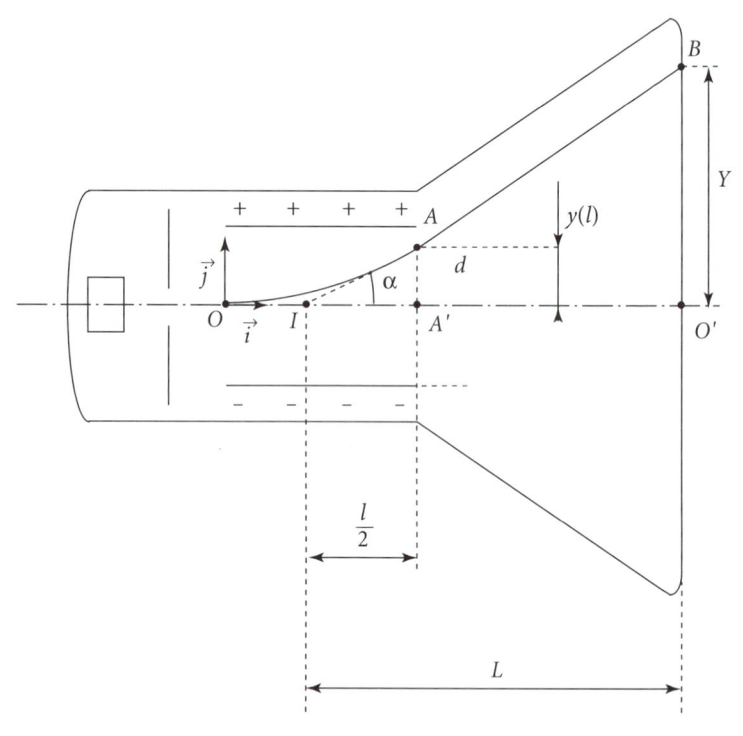

Fig. 5

2 Pour trouver une relation entre les différentes grandeurs considérées, étudier les triangles rectangles (I, A', A) et (I, O', B). Exprimer ensuite la tangente de l'angle (BIO') en fonction des côtés des triangles rectangles.

3. Les électrons peuvent être considérés comme isolés à la sortie des plaques du condensateur ; leur mouvement est donc rectiligne et uniforme. La trajectoire des électrons est une droite tangente à la parabole au point de sortie A (fig. 5).

Soit α la mesure de l'angle aigu que forme cette droite avec l'axe (OO'). En considérant les triangles (I, A', A) et (I, O', B) on a :

$$\tan \alpha = \frac{Y}{L} = \frac{2y(l)}{l}.$$

Or, d'après la relation (2), $y(l) = \dfrac{U}{4U_0 d} l^2$ d'où :

$$Y = \frac{lL}{2U_0 d} U, \text{ avec } \frac{lL}{2U_0 d} = \text{cte}.$$

La déviation Y est proportionnelle à U.
Application numérique : $Y = 2,1$ cm.

Méthode : établir les équations du mouvement

• Choix des axes du repère d'espace
– Choisir un repère d'espace de telle façon que le mouvement de la particule soit contenu dans le plan défini par deux axes, par exemple : $(O; \vec{i})$ et $(O; \vec{j})$.
– Choisir la direction des axes de telle façon qu'un maximum de coordonnées du vecteur accélération soient nulles. Pour ceci, prendre un axe parallèle et un axe perpendiculaire à la direction du vecteur champ électrique $\vec{E}$. Souvent, le choix est fait de cette façon dans le texte de l'exercice.

• Obtention des équations horaires
– Après avoir recherché l'expression du vecteur accélération par l'application de la relation de la dynamique, exprimer la valeur des coordonnées du vecteur accélération.
– Par intégration, exprimer les coordonnées du vecteur vitesse à l'instant t. Chaque coordonnée du vecteur vitesse possède une constante d'intégration. Ces trois constantes sont déterminées par les coordonnées connues du vecteur vitesse à l'instant $t = 0$. Voir l'exercice précédent.
– Procéder de la même façon pour obtenir les coordonnées du vecteur position.

• Obtention de l'équation de la trajectoire
Il suffit d'éliminer le paramètre temps t dans les deux équations $x = f(t)$ et $y = g(t)$. On obtient l'équation de la trajectoire dans le champ électrique :

$$y = y(x)$$

avec $x \in [0; L]$, L étant la longueur des plaques suivant l'axe Ox.

EXERCICES

La micro gouttelette

1 — Une micro gouttelette d'huile électrisée, de masse $m_1 = 3{,}2 \times 10^{-13}$ kg, est en équilibre entre les plaques horizontales (AA') et (BB') d'un condensateur plan chargé. La charge de la micro gouttelette est équivalente à celle de 100 électrons. Le champ électrique $\vec{E}$ entre les plaques est uniforme.
On donne : $g = 9{,}80$ m·s^{-2} et $e = 1{,}60 \times 10^{-19}$ C.

1. Quelle doit être la polarité des plaques ? Faire un croquis en précisant : les forces appliquées à la goutte, la plaque chargée positivement et le sens de $\vec{E}$.

2. Calculer la valeur E du champ électrostatique existant entre les deux plaques.

(corrigés p. 155)

Particule α

2 — Des particules α sont des noyaux d'hélium émis par une source radioactive placée dans le vide. Pour mesurer leur vitesse d'éjection, on augmente la tension entre deux plaques métalliques (A) et (B) de telle façon que toutes ces particules rebroussent chemin avant de toucher la plaque (B). Un trou est aménagé dans la plaque (A) pour laisser passer les particules α émises (*fig. 6*).

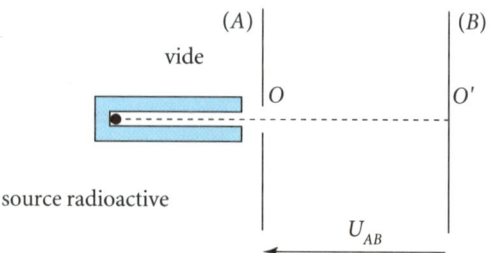

Fig. 6

1. Quelles sont la charge et la masse d'une particule α ?
On donne :
$e = 1{,}60 \times 10^{-19}$ C ; $M_{He} = 4{,}0 \times 10^{-3}$ kg·mol^{-1} ; $N_A = 6{,}02 \times 10^{23}$ mol^{-1}.

2. a) Pour arrêter en O' toutes les particules α, quel doit être le signe de la tension U_{AB} ?

b) On réalise une mesure de U_{AB} et l'on obtient :
$|U_{AB}| = 4{,}1$ MV.
Quelle est la vitesse maximale d'éjection des particules α par la source ?

(corrigés p. 155)

Trajectoire d'une particule

3 — Deux plaques métalliques (AA') et (BB'), parallèles entre elles et de forme rectangulaire, sont placées comme l'indique la figure 7. On désigne par (OO') l'axe de symétrie de l'ensemble.

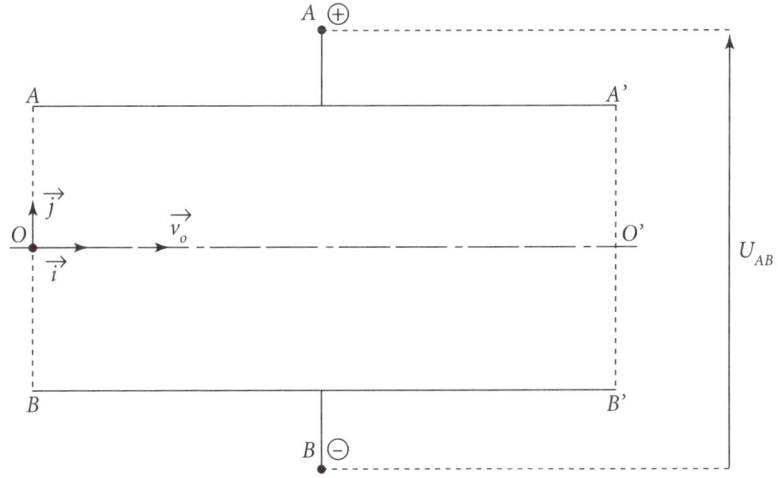

Fig. 7

Une particule, de charge q et de masse m, pénètre entre ces deux plaques en O, avec une vitesse $\vec{v_0}$. Le sens et la direction de $\vec{v_0}$ est de O vers O'. On donne : $v_0 = 1{,}17 \times 10^7$ m·s^{-1}. On suppose que la particule sort toujours de l'espace compris entre les deux plaques du côté $A'B'$.
Dans tout l'exercice, on néglige l'influence du poids $\vec{P}$ de la particule étudiée.

1. La tension entre les deux plaques U_{AB} est nulle.

a) Quelle est la trajectoire de la particule ?

b) Quelle est la valeur de sa vitesse v_S à sa sortie en S ; S étant situé entre A' et B'.

2. La tension entre les deux plaques U_{AB} est positive et la particule chargée est un électron. Le vecteur vitesse $\vec{v_0}$ en O est identique à celui du **1.**

a) Tracer sur une figure l'allure de la trajectoire. On justifiera le tracé par deux ou trois phrases maximales.

b) Rechercher la relation qui existe entre les différentes grandeurs suivantes : m ; e ; v_0 ; v_S ; $W_{OS}^{\vec{F}}$. On donne :
- masse de l'électron, $m = 9{,}1 \times 10^{-31}$ kg ;
- charge de l'électron, $q_e^- = -e = -1{,}60 \times 10^{-19}$ C ;
- travail de la force électrique dans le déplacement OS, $W_{OS}^{\vec{F}}$.

c) Calculer la valeur v_S de la vitesse de sortie en S de l'électron. On donne :
- $v_0 = 1{,}17 \times 10^7$ m·s^{-1} ;
- la distance séparant les deux plaques, $d = 92$ mm ;
- la distance OS, $OS = s = 41$ mm ;
- la tension U_{AB}, $U_{AB} = 187$ V.

(corrigés p. 156)

Canon à électrons

4 — Un canon à électrons est un dispositif permettant d'obtenir les faisceaux d'électrons utilisés dans les téléviseurs, les microscopes électroniques ou les oscilloscopes. Ce dispositif est représenté à la figure 8. Dans tout l'exercice, on néglige l'influence de la pesanteur.

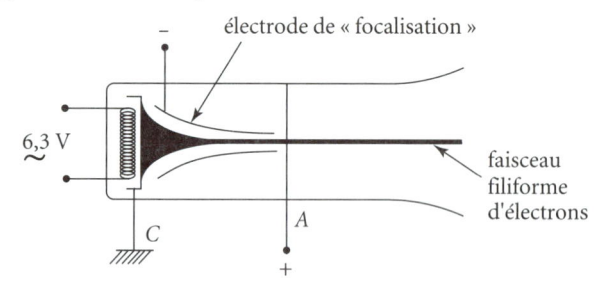

Fig. 8

On donne :
- charge élémentaire, $e = 1{,}60 \times 10^{-19}$ C ;
- masse d'un électron, $m = 9{,}1 \times 10^{-31}$ kg ;
- $V_A - V_C = U = 1{,}70$ kV.

1. En utilisant la conservation de l'énergie mécanique de l'électron entre la cathode et l'anode, calculer la valeur v_A de la vitesse de l'électron à la sortie de l'anode. On suppose négligeable l'influence du poids de l'électron et la valeur v_C de la vitesse de l'électron lors de son émission de la cathode.

2. Poursuivant leur parcours en ligne droite, les électrons arrivent entre deux plaques métalliques rectangulaires (*fig. 9*). Les électrons entrent dans le champ électrique avec une vitesse de valeur v_0, telle que : $v_0 = v_A$.

Le potentiel au point O est $V_0 = 142$ V et le potentiel au point S est $V_S = 217$ V. Calculer la valeur v_S de la vitesse au point S.

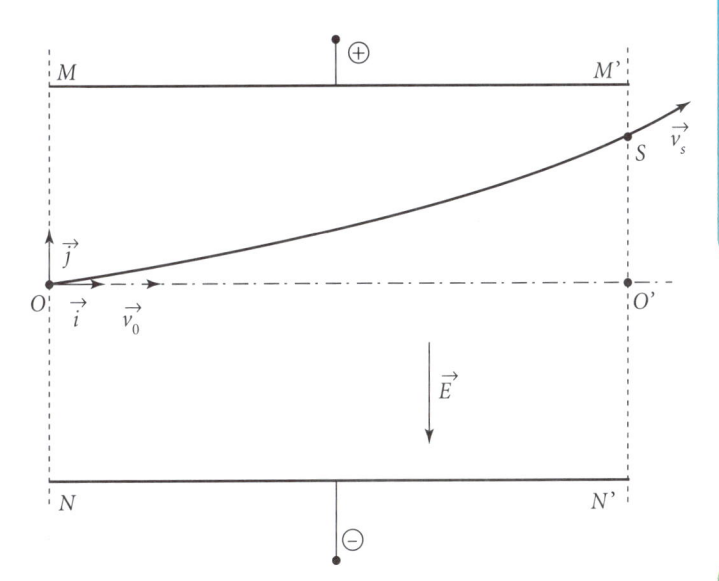

Fig. 9

(corrigés p. 159)

Testez-vous !

5 — *Quatre points à chaque exercice juste. Bon courage !*

1. Un proton est placé dans un champs électrique uniforme $\vec{E_1}$ de valeur $E_1 = 5{,}0 \times 10^4$ V·m^{-1}. La masse d'un proton est $m_p = 1{,}67 \times 10^{-27}$ kg. On donne la valeur de la charge élémentaire :

$$e = 1{,}60 \times 10^{-19} \text{ C} ; g = 9{,}8 \text{ m·s}^{-2}.$$

a) Montrer que le poids du proton est négligeable devant la force électrique qui s'exerce sur lui.

b) Calculer la valeur a_1 de l'accélération du proton.

2. Le proton pénètre dans un champ électrique $\vec{E_2}$ créé par deux plaques métalliques comme le montre la figure ci-après :

$OA = OB$
$OA' = OB'$
OO' axe de symétrie.

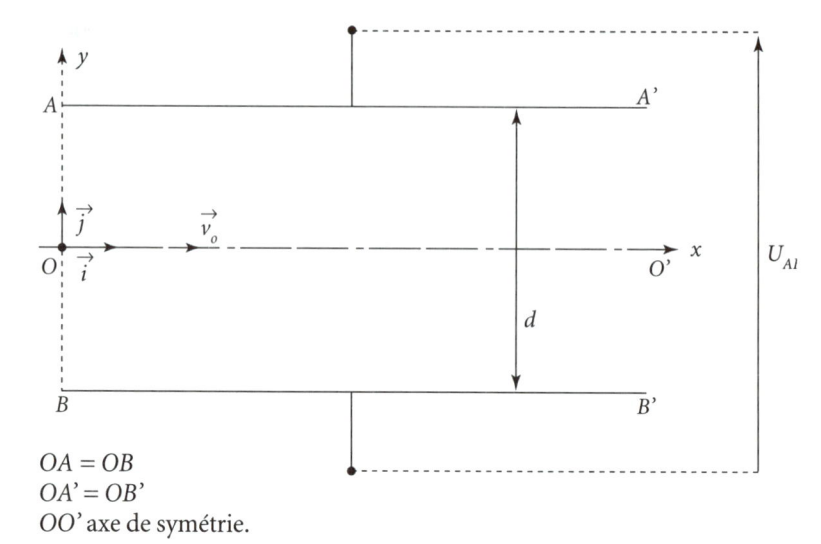

Fig. 10

La vitesse $\vec{v_0}$ du proton en O, point d'entrée dans le champ électrique, a même direction et même sens que OO'. Sa valeur est : $v_0 = 1{,}00 \times 10^7$ m·s^{-1}.
On donne : $U_{AB} = 500$ V et $d = 170$ mm.

a) Déterminer les caractéristiques du champ électrique $\vec{E_2}$.

b) Donner l'expression des coordonnées du vecteur accélération $\vec{a_2}$ du proton dans le champ électrique $\vec{E_2}$.

On admet que la trajectoire du proton est contenue dans le plan $(O; \vec{i}; \vec{j})$.

3. Donner l'expression des coordonnées du vecteur vitesse $\vec{v}$ et du vecteur position $\vec{r}$ du proton dans le champ électrique $\vec{E_2}$.

On pose : $OO' = D = 200$ mm.

4. a) Déterminer l'équation de la trajectoire du proton.

b) Déterminer les coordonnées du point S, point où sort le proton de l'espace champ électrique $\vec{E_2}$. Le point S est situé sur le segment $A'B'$.

5. En l'absence d'orage, le champ électrique atmosphérique moyen est vertical et dirigé vers le haut. Sa valeur est $E = 0{,}10$ kV·m^{-1}.
Une gouttelette d'eau d'un brouillard, de masse $m = 8{,}0$ µg et de charge q, est immobile par rapport au référentiel terrestre.

a) Déterminer la valeur et le signe de q.

b) La gouttelette est maintenant au milieu d'un orage. La valeur du champ magnétique est de l'ordre de 1 MV·m^{-1}.
Comparer le poids de la gouttelette et la force électrique qui agissent sur elle. Que font les milliards de milliards de gouttelettes du brouillard constituant le nuage ?

(corrigés p. 160)

L'épreuve du bac

6 –

- À faire après l'étude des 5 exercices précédents.
- Comme pour le bac, on ne donne aucune indication dans le texte.
- Rédiger la solution sans aucun document à portée de main.
- Arrêter la recherche et la rédaction de la solution après 42 minutes environ (durée pouvant être consacrée à cette partie durant l'examen).
- Essayer de noter le travail ainsi fait.

Étude d'un faisceau d'ions de l'hydrogène
(France métropolitaine - septembre 1998 - 4 points)

Document : Aglaé, l'accélérateur de particules du laboratoire de recherche des musées de France (extrait)

Présentation

L'accélérateur d'ions baptisé Aglaé, installé en décembre 1987 au laboratoire des musées de France est un accélérateur électrostatique tandem de 2 mégavolts (2 MV).

Les faisceaux d'ions monoatomiques produits permettent, après interaction avec un échantillon provenant d'objets d'art, l'analyse rapide et non destructive des éléments chimiques constituant sa région superficielle.

Description - Fonctionnement de l'accélérateur d'ions

Dans l'accélérateur, des ions de charge $(-e)$ sont soumis tout d'abord à une tension accélératrice $U = |U_{AB}| = 2{,}0$ MV.

Puis, entre les points B et C, par une technique d' « épluchage », non détaillée ici, la charge des ions est modifiée et devient $q = (+ne)$, sans variation de l'énergie des ions (n est un entier naturel non nul, inférieur ou égal au numéro atomique).

Ces ions sont alors à nouveau soumis à une tension accélératrice :

$|U_{CD}| = |U_{AB}| = 2{,}0$ MV.

L'intérêt de ce dispositif est d'obtenir des faisceaux très énergétiques à l'aide d'une machine relativement modeste.

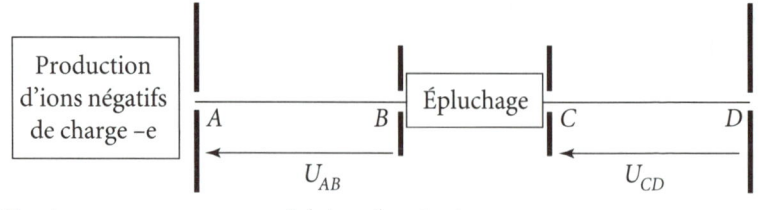

Fig. A   Schéma de principe

Données
- $1\text{ eV} = 1{,}60 \times 10^{-19}$ J
- masse de l'atome d'hydrogène : $m = 1{,}67 \times 10^{-27}$ kg
- charge élémentaire : $e = 1{,}60 \times 10^{-19}$ C.

La valeur v_A de la vitesse des ions à leur passage en A est négligeable devant la valeur v_B de la vitesse à leur passage en B.
Le poids d'un ion est négligeable par rapport à la force électrique.

1. Durant le trajet AB, les ions hydrure H⁻ subissent une forte accélération. Reproduire le schéma de principe et représenter le vecteur champ électrique $\vec{E}$ entre A et B. Justifier.   `0,5 pt`

2. Quel est le signe de la tension U_{AB} ? Justifier.   `0,5 pt`

3. Établir, en fonction de U, l'expression de l'énergie cinétique acquise par un ion hydrure H⁻ lors de son arrivée en B.
Calculer sa valeur en MeV.   `0,75 pt`

4. En déduire la valeur v_B de la vitesse acquise par un ion hydrure en B.   `0,75 pt`

5. Dans le cas de l'ion hydrure, de numéro atomique $Z = 1$, quel a été l'effet de « l'épluchage » et quelle est la nouvelle valeur de la charge q de l'ion hydrogène passant en C ?   `0,75 pt`

6. Quel est le signe de la tension U_{CD} ? Calculer, en MeV, l'énergie cinétique d'un ion hydrogène à la sortie de l'accélérateur au point D si on admet que l'énergie des particules n'a pas été affectée entre B et C par « l'épluchage ».   `0,75 pt`

(corrigés p. 162)

CORRIGÉS

La micro gouttelette

1 –

1. Sens du champ électrique

Système étudié : la goutte d'huile (G).
Forces appliquées à (G) :
- le poids $\vec{P}$;
- la force électrique $\vec{F_e}$.

Par hypothèse, le système est immobile par rapport au repère terrestre $(O, \vec{i}, \vec{j})$. On a donc : $\vec{P} + \vec{F_e} = \vec{0}$.

D'où : $\vec{F_e} = -\vec{P}$ (1)   (*fig. 15*).

La force électrique est également exprimée par la relation suivante :
$\vec{F_e} = q \cdot \vec{E}$.

Or $q < 0$, donc $\vec{E}$ est de sens contraire à $\vec{F_e}$.

En conséquence, $\vec{E}$ est vertical et de même sens que le poids $\vec{P}$.

En conséquence, la plaque (AA') est chargée positivement, la plaque (BB') négativement.

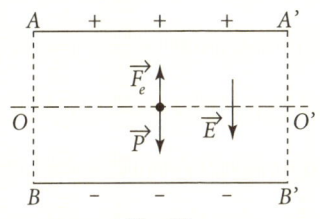

Fig. 11

2. Valeur de

D'après la relation (1), $F_e = P$, ou encore :
$|q| E = mg$, avec $|q| = 100e$.

On a donc : $E = \dfrac{mg}{100\,e}$.

$$E = 196 \text{ kV} \cdot \text{m}^{-1}.$$

Particule α

2 –

1. Le numéro atomique de l'hélium est $Z = 2$.

Le noyau d'hélium contient donc 2 protons. Sa charge est donc :
$q(\text{He}^{2+}) = 2e$; $q(\text{He}^{2+}) = 3{,}2 \times 10^{-19}$ C.

• La masse du noyau d'hélium est très proche de la masse de son atome. Par définition du nombre d'Avogadro, on a :
$$N_A = \frac{M_{He}}{m_{He}}.$$

D'où : $m_{He} = \dfrac{M_{He}}{N_A} \approx m(He^{2+})$.

$m(He^{2+}) = 6,6 \times 10^{-27}$ kg.

2. a) Pour arrêter toutes les particules α passant par O, il faut que la force électique $\vec{F_e}$ agissant sur ces particules soit dirigé de (B) vers (A). Comme la charge de la particule est positive, le vecteur champ électrique $\vec{E}$ a le même sens que $\vec{F_e}$ ($\vec{F_e} = q \cdot \vec{E}$). Le sens de $\vec{E}$ est de (B) vers (A). La plaque (A) est chargée négativement, la plaque (B) positivement. On a donc :
$V_A - V_B < 0$ et $U_{AB} < 0$; $U_{AB} = -4,1$ MV.

b) Recherche de la vitesse maximale des particules α.
Système étudié par rapport au référentiel terrestre supposé galiléen : la particule α.
La force électrique agissant sur cette particule est :
$$\vec{F_e} = q \cdot \vec{E}.$$
Le théorème de l'énergie cinétique appliqué à la particule α entre les positions O et O' donne :

$E_c(O') - E_c(O) = W_{OO'}^{\vec{F_e}}$,

$0 - \dfrac{1}{2} m v_0^2 = q(He^{2+})(V_O - V_{O'})$

$\dfrac{1}{2} m v_0^2 = -2e(V_A - V_B)$. Comme $V_A - V_B = U_{AB}$, on a :

$v_0 = \sqrt{\dfrac{-2e\, U_{AB}}{m}}$

$v_0 = \sqrt{\dfrac{-2 \times 1,6 \times 10^{-19} \times (-4,0 \times 10^6)}{6,6 \times 10^{-27}}}$

$v_0 = 1,4 \times 10^7$ m·s^{-1}.

Trajectoire d'une particule

3 —

1. a) Système étudié par rapport au référentiel terrestre supposé galiléen : la particule.

CORRIGÉS

La tension U_{AB} étant nulle, il n'y a pas de champ électrique entre les plaques donc pas de force électrique non plus.

Comme, par hypothèse, on néglige l'influence du poids de la particule étudiée, celle-ci est considérée comme pseudo-isolée.

D'après le principe de l'inertie, son mouvement est rectiligne et uniforme.

La trajectoire de la particule est une droite de même direction et de même sens que $\vec{v_0}$: c'est la droite (OO') (fig. 16).

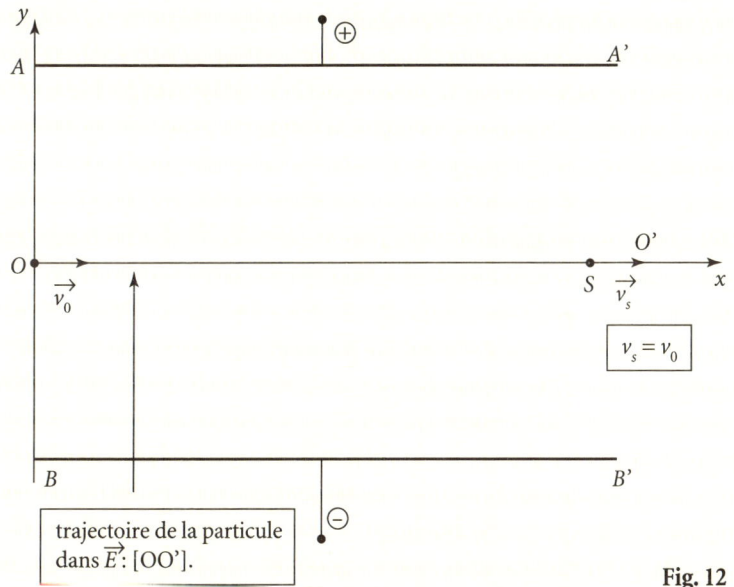

Fig. 12

b) La vitesse de la particule reste constante et sa valeur est constamment v_0.
D'où : $v_S = v_0 = 1,7 \times 10^7 \text{ m} \cdot \text{s}^{-1}$.

Le point S est confondu avec le point O'.

2. a) • La tension U_{AB} étant positive, le champ électrique $\vec{E}$ régnant entre les deux plaques a :
– pour direction, la perpendiculaire aux plaques ;
– pour sens, de la plaque (AA') positive à la plaque (BB') négative.

• Comme la charge d'une électrode est négative, la force électrique $\vec{F}$ a pour expression :
$\vec{F} = q\vec{E}$, ou encore, $\vec{F} = -e\vec{E}$.

La direction de $\vec{F}$ est perpendiculaire aux plaques (AA') et (BB') et son sens est le (BB') vers (AA').

• D'après le cours, la trajectoire est une portion de parabole dont la concavité est dirigée vers la plaque (AA') positive (fig. 17).

Fig. 13

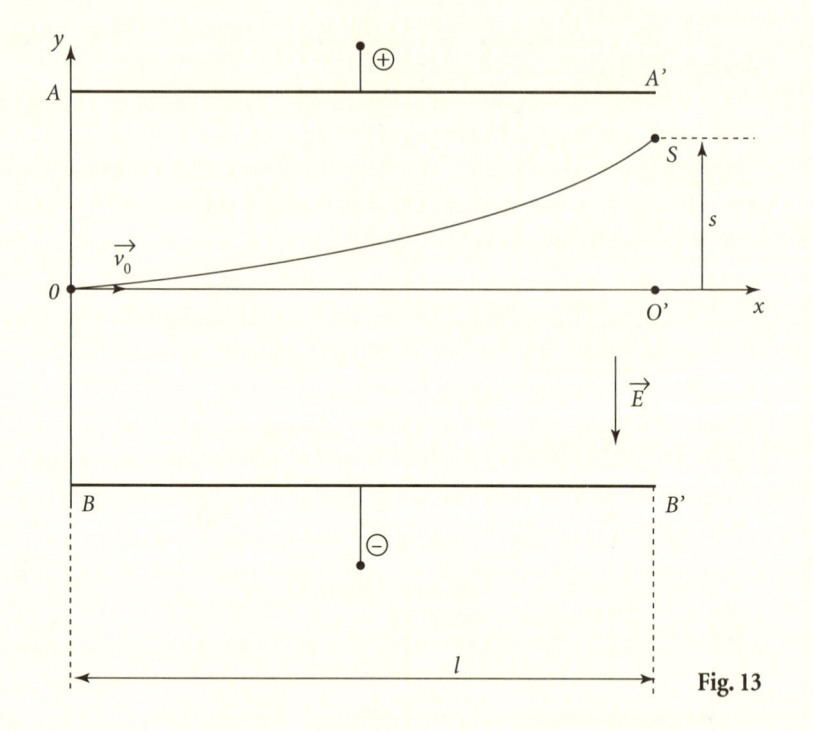

b) Système étudié par rapport au référentiel terrestre supposé galiléen : l'électron.

Forces agissant sur l'électron :
– la force électrique $\vec{F} = q \cdot \vec{E}$;
– le poids de l'électron $\vec{P}$ (négligeable).

Le théorème de l'énergie cinétique, appliqué à l'électron de O à S, s'écrit :

$\mathcal{E}_c(S) - \mathcal{E}_c(O) = W_{OS}^{\vec{F}}$.

$\frac{1}{2}mv_S^2 - \frac{1}{2}mv_0^2 = W_{OS}^{\vec{F}}$ (1).

c) Le travail de la force électrique $\vec{F}$ s'écrit :
$W_{OS}^{\vec{F}} = \vec{F} \cdot \vec{OS}$.

Dans le repère $(O, \vec{i}, \vec{j})$, les coordonnées des vecteurs $\vec{F}$ et $\vec{OS}$ sont :

$$\vec{F} \begin{vmatrix} F_x = 0 \\ F_y = qE = e\dfrac{U_{AB}}{d} \end{vmatrix} \quad \vec{OS} \begin{vmatrix} x = \ell \\ y = OS = s \end{vmatrix}$$

ℓ étant la longueur des plaques suivant $(O, \vec{i})$.

CORRIGÉS

D'où :
$$W^{\vec{F}}_{OS} = 0 \times \ell + \frac{eU_{AB}}{d} s$$
$$W^{\vec{F}}_{OS} = \frac{eU_{AB}s}{d}.$$

En portant cette expression dans (1), on obtient :
$$\frac{1}{2}mv_S^2 - \frac{1}{2}mv_0^2 = \frac{eU_{AB}s}{d}$$
$$v_S^2 = \frac{2eU_{AB}s}{md} + v_0^2$$
$$v_S = \sqrt{\frac{2e\,U_{AB}s}{md} + v_0^2}$$
$$v_S = \sqrt{\frac{2 \times 1,6 \times 10^{-19} \times 187 \times 41 \times 10^{-3}}{9,1 \times 10^{-31} \times 92 \times 10^{-3}} + (1,17 \times 10^7)^2}$$
$$v_S = 1,3 \times 10^7 \text{ m} \cdot \text{s}^{-1}.$$

Canon à électrons

4 –

1. L'énergie mécanique d'une particule de charge q, placée en un point au potentiel V, est donnée par l'expression :
$$\mathcal{E}_m = \mathcal{E}_c + qV,$$
avec $\mathcal{E}_c$ énergie cinétique de la particule.
Lorsque la particule chargée passe de A en C et d'après la conservation de l'énergie mécanique de la particule, on a :
$$\mathcal{E}_c(A) + qV_A = \mathcal{E}_c(C) + qV_C$$
$$\mathcal{E}_c(A) - \mathcal{E}_c(C) = -q(V_A - V_C) \quad (1).$$
Par hypothèse : $v_C = 0$ donc $\mathcal{E}_c(C) = \frac{1}{2}mv_C^2 = 0.$
L'expression (1) devient :
$$\mathcal{E}_c(A) = -(-e)(V_A - V_C)$$
$$\frac{1}{2}mv_A^2 = e(V_A - V_C).$$

D'où : $v_A = \sqrt{\dfrac{2e(V_A - V_C)}{m}} \quad (1)$
$$v_A = 2,4 \times 10^7 \text{ m} \cdot \text{s}^{-1}.$$

2. Lorsqu'un électron du faisceau passe de O à S, la conservation de l'énergie mécanique de l'électron évoluant dans le champ électrique s'écrit :

$\mathscr{E}_m(O) = \mathscr{E}_m(S)$

$\mathscr{E}_c(O) + (-e)V_O = \mathscr{E}_c(S) + (-e)V_S$

$\dfrac{1}{2}mv_0^2 - eV_O = \dfrac{1}{2}mv_S^2 - eV_S$

$\dfrac{1}{2}mv_S^2 = \dfrac{1}{2}mv_0^2 + e(V_S - V_O)$

$v_S^2 = \dfrac{2e(V_S - V_O)}{m} + v_0^2.$

Comme $v_0 = v_A$ et d'après la relation (1), l'expression précédente s'écrit :

$v_S^2 = \dfrac{2e}{m}(V_S - V_O) + \dfrac{2e}{m}(V_A - V_C)$

$v_S = \sqrt{\dfrac{2e}{m}[(V_S - V_O) + (V_A - V_C)]}$

$v_S = 2{,}5 \times 10^7 \text{ m} \cdot \text{s}^{-1}.$

Testez-vous !

5 –

Réponses pour vérifier les résultats trouvés.

1. a) $\dfrac{P}{F} = \dfrac{mg}{eE_1}$; $\dfrac{P}{F} = 2 \times 10^{-12}$!

P est archi-négligeable par rapport à F.

b) $\vec{F} = m\vec{a}$; $q\vec{E_1} = m\vec{a}$

$\vec{a_1} = \dfrac{e}{m}\vec{E_1}.$

Le vecteur accélération $\vec{a_1}$ a même direction et même sens que le vecteur $\vec{E_1}$. Sa valeur est :

$a_1 = \dfrac{e}{m}E_1$; $a_1 = 4{,}8 \times 10^{12}$ m · s^{-2}.

2. a) $\vec{E_2}$ | direction : perpendiculaire à (AA') ou à (BB')
| sens : de (AA') vers (BB')
| valeur : $E_2 = \dfrac{U_{AB}}{d}$; $E_2 = 2{,}9$ kV · m^{-1}.

b) $\vec{a_2} = \dfrac{e}{m}\vec{E_2}$, avec $E_2 = \dfrac{U_{AB}}{d}$.

$\vec{a_2} \begin{vmatrix} a_{2x} = 0 \\ a_{2y} = -\dfrac{eU_{AB}}{md} \end{vmatrix}$

$\vec{a_2} \begin{vmatrix} a_{2x} = 0 \\ a_{2y} = -5{,}2 \times 10^{14}\ \text{m}\cdot\text{s}^{-2} \end{vmatrix}$.

3. $\vec{v} \begin{vmatrix} v_x = C_1 \\ v_y = -\dfrac{eU_{AB}}{md}t^2 + C_2 \end{vmatrix}$; $\quad \vec{v} \begin{vmatrix} v_x = v_0 \\ v_y = -\dfrac{eU_{AB}}{md}t \end{vmatrix}$

$\vec{r} = \overrightarrow{OM} \begin{vmatrix} x = v_0 t + C_3 \\ y = -\dfrac{eU_{AB}}{2md}t^2 + C_4 \end{vmatrix}$; $\quad \vec{r} \begin{vmatrix} x = v_0 t \\ y = -\dfrac{eU_{AB}}{2md}t^2 \end{vmatrix}$

4. a) $t = \dfrac{x}{v_0}$

$y = \dfrac{-eU_{AB}}{2md\,v_0^2}x^2$; avec $x \in [O\,;D]$.

b) Les coordonnées du point S sont :
$x_S = D$ et $y_S = y(D)$.
$S\left(x_S = D\,;\ y_S = -\dfrac{eU_{AB}}{2md v_0^2}D^2\right)$
$S(x_S = 0{,}200\ \text{m}\,;\ y_S = -0{,}103\ \text{m})$.

5. a) La gouttelette est immobile par rapport au référentiel terrestre. On a donc : $\vec{P} + \vec{F} = \vec{0}$ (1).

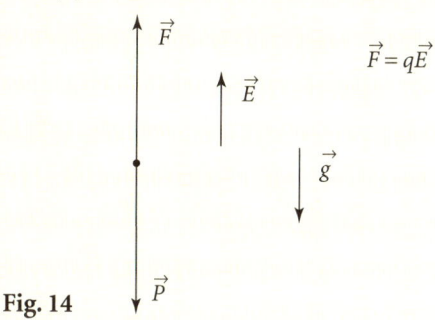

Fig. 14

$\vec{F} = q\vec{E}$

Comme $\vec{F}$ et $\vec{E}$ ont même sens, la charge q de la particule est positive.
D'après la relation (1), on a :
$mg = qE$
$q = \dfrac{mg}{E}$; $q = +7{,}8 \times 10^{-10}$ C.

b) La valeur du champ électrique est maintenant 1 000 fois plus grande. La force électrique agissant sur les microgouttelettes d'eau est donc 1 000 fois plus importante.
Il existe donc un fort courant ascendant de l'ensemble de l'eau contenue dans les milliards de milliards de gouttelettes d'eau du brouillard.

L'épreuve du bac

6 –

1. L'ion hydrure H^-, placé dans l'espace champ électrique subit l'action de la force électrique :
$\vec{F} = -e\vec{E}$.
On néglige le poids de l'ion.
Pour obtenir une accélération, le sens de $\vec{F}$ doit être le sens de A vers B (fig. A). Comme la charge de l'ion est négative : $q = -e$, le sens de $\vec{E}$ est de B vers A.

Fig. B

2. Un champ électrique a pour sens celui des potentiels croissants, d'après le 1., on a :
$V_B > V_A$.
D'où :
$$V_A - V_B = U_{AB} < 0.$$

3. Système étudié par rapport au référentiel terrestre supposé galiléen : l'ion hydrure H^-.
Forces agissant sur cet ion : la force électrique $\vec{F} = -e\vec{E}$.
Le poids de cet ion est négligeable.
Le théorème de l'énergie cinétique, appliqué à l'ion H^- entre les points A et B, donne :
$\mathscr{E}_c(B) - \mathscr{E}_c(A) = W_{AB}^{\vec{F}}$
Comme v_A est négligeable devant v_B, on a :
$\mathscr{E}_c(B) = -e(V_A - V_B) = -eU_{AB}$.
compte tenu des données du texte :
$\mathscr{E}_c(B) = eU \quad (U_{AB} = -U)$.

Application numérique :

• Dans le Système International :
$\mathcal{E}_c(B) = 3{,}2 \times 10^{-13}$ J.

• En MeV :
On a les égalités suivantes :
1 eV $= 1{,}60 \times 10^{-19}$ J et 1 MeV $= 10^6$ eV.
D'où :
$\mathcal{E}_c(B) = 2{,}0$ MeV.

4. Par définition :

$\mathcal{E}_c(B) = \dfrac{1}{2} m V_B^2$.

D'où : $v_B = \sqrt{\dfrac{2\mathcal{E}_c(B)}{m}}$, ou encore,

$v_B = \sqrt{\dfrac{2eU}{m}}$

$v_B = 2{,}0 \times 10^7$ m·s^{-1}.

5. Par hypothèse, la technique de « l'épluchage » permet d'obtenir, à partir d'un ion ZX^-, un ion ZX^{n+} avec $1 \leq n \leq Z$.
Comme $Z = 1$ pour l'hydrogène, la seule possibilité est $n = 1$.
Partant de l'ion H$^-$ on obtient donc l'ion H$^+$.

6. • Un raisonnement semblable à celui pratiqué dans les questions **1.** et **2.** permet de dire que :
$$U_{CD} \text{ doit être positif.}$$
On a donc :
$$U_{CD} = + U.$$

• La technique de « l'épluchage » ne modifie en rien l'énergie cinétique de l'ion H$^-$ se transformant en ion H$^+$:
$\mathcal{E}'_c(C) = \mathcal{E}_c(B) = eU$.
Le théorème de l'énergie cinétique appliqué à l'ion H$^+$ entre les points C et D donne :
$\mathcal{E}'_c(D) - \mathcal{E}'_c(C) = W_{CD}^{\vec{F}}$
$\mathcal{E}'_c(D) - eU = eU_{CD}$ avec $U_{CD} = U$
$\mathcal{E}'_c(D) = 2eU$
$\mathcal{E}'_c(D) = 4{,}0$ MeV.

7

PARTICULES CHARGÉES DANS UN CHAMP MAGNÉTIQUE

COURS

- La force magnétique
- Conservation de l'énergie cinétique
- Trajectoire de la particule

MÉTHODE

- Déviation magnétique

EXERCICES

- Trajectoire d'un électron
- Filtre de vitesse. Spectrographe de masse
- Déviation par des champs magnétiques
- Séparation isotopique du thallium
- Testez-vous !
- L'épreuve du bac
- Corrigés

7 PARTICULES CHARGÉES DANS UN CHAMP MAGNÉTIQUE

La force magnétique

Définition

Un champ magnétique exerce une action mécanique sur une particule chargée en mouvement. La force magnétique subie par une particule de charge q et ayant un vecteur vitesse $\vec{v}$, est donnée par l'expression suivante (*fig. 2*) :

| $\vec{F}_m = q\vec{v} \wedge \vec{B}$ | Direction : perpendiculaire au plan défini par $(\vec{v}, \vec{B})$;
Sens : tel que le trièdre $(q\vec{v}, \vec{B}, \vec{F}_m)$ soit direct ;
Valeur : $F_m = |qvB \sin(\vec{v}, \vec{B})|$. |

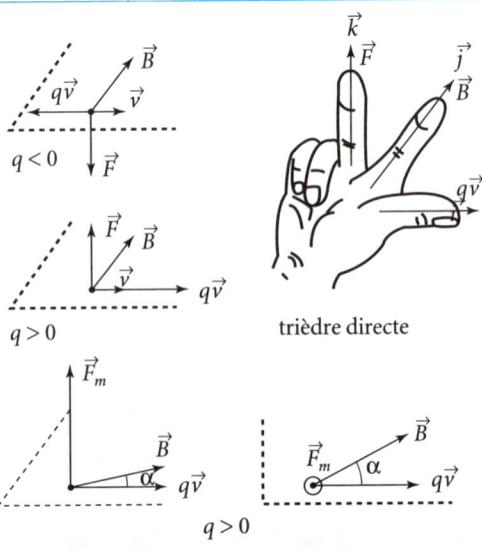

Fig. 1

Valeur de la force magnétique

$F_m = \|qvB \sin(\overrightarrow{qv}, \vec{B})\|$	F_m valeur de la force magnétique (N) ; q charge de la particule (C) ; v valeur de la vitesse de la particule (m·s^{-1}) ; B valeur du champ magnétique où se trouve la particule (T).

- En posant α la valeur de l'angle défini par $(\overrightarrow{qv}, \vec{B})$, on remarque :
1. si $\alpha = 0$ alors $F_m = 0$.
2. si $\alpha = \pi$ alors $F_m = |q| vB$.

À propos de la force de Lorentz

La force de Lorentz $\vec{F_L}$ est la somme vectorielle de la force électrique et de la force magnétique qui s'exerce sur une particule chargée :
$$\vec{F_L} = \vec{F_e} + \vec{F_m}.$$
La force $\vec{F_m}$ est encore appelée « force magnétique de Lorentz ».

Conservation de l'énergie cinétique

Puissance mécanique reçue par la particule

La puissance mécanique de la force magnétique reçue par la particule est :
$$P = \vec{F_m} \cdot \vec{v}$$

À chaque instant, la force magnétique $\vec{F_m}$ est perpendiculaire au vecteur vitesse $\vec{v}$, la puissance mécanique que la particule reçoit est donc nulle.
$$P = 0.$$
La valeur de la vitesse de la particule reste constante ainsi que son énergie cinétique.

Conséquences

- Le mouvement d'une particule chargée dans un champ magnétique est uniforme.
- Un champ magnétique :
– peut modifier la direction du vecteur vitesse de la particule ;
– ne peut pas modifier la valeur de la vitesse de la particule.

- Si la particule est immobile par rapport au champ magnétique, elle reste immobile.

Trajectoire de la particule

Accélération de la particule

On se bornera à l'étude d'un vecteur initial $\vec{v_0}$ perpendiculaire au vecteur champ magnétique $\vec{B}$ uniforme. Soit une particule de masse m et de charge q entrant dans le champ magnétique avec un vecteur vitesse $\vec{v_0}$.
Système étudié par rapport au référentiel terrestre supposé galiléen : la particule.
Le poids étant négligeable, la relation de la dynamique donne :

$$\vec{F_m} = m \cdot \vec{a}$$
$$q\vec{v} \wedge \vec{B} = m \cdot \vec{a}$$
$$\vec{a} = \frac{q}{m} \vec{v} \wedge \vec{B} \quad (1).$$

La trajectoire est plane

Soit un repère $(O, \vec{k})$, d'axe (Oz) colinéaire à $\vec{B}$ et d'origine O. Ce point est l'endroit où la particule est introduite dans le champ magnétique à l'instant $t = 0$, origine des temps (*fig. 3*).
La force $\vec{F_m}$, orthogonale à $\vec{B}$ possède une coordonnée suivant l'axe (Oz) nulle. D'après la relation (1), il en est de même du vecteur accélération $\vec{a}$.
D'où : $\quad a_z = 0.$

La coordonnée du vecteur vitesse suivant l'axe (Oz) est une primitive de $a_z = 0$. Comme le vecteur vitesse initial est orthogonal à l'axe (Oz) :
$$v_z = \text{cte} = 0.$$
La coordonnée z de la particule est une primitive de la coordonnée de vitesse suivant l'axe (Oz). Cette coordonnée est nulle à l'instant $t = 0$ compte tenu du choix du point O : $\quad z = \text{cte} = 0.$

La trajectoire de la particule est située dans le plan perpendiculaire à la direction de $\vec{B}$ et passant par le point O.

La trajectoire est un cercle

La force magnétique $\vec{F_m}$ reste orthogonale à $\vec{v}$ au cours du mouvement.
Elle est donc toujours colinéaire au vecteur unitaire normal $\vec{n}$ de la base de Frenet, orientée vers la concavité de la trajectoire (*fig. 3*).

Comme $v_z = 0$, $\vec{v}$ reste orthogonal à $\vec{B}$ au cours du mouvement. La valeur de la force magnétique s'écrit alors :
$$F_m = |qvB \sin(\vec{v}, \vec{B})| = |q|vB \sin\frac{\pi}{2}.$$
$$F_m = |q|vB.$$
Dans la base de Frenet, la relation de la dynamique s'écrit :
$$|q|vB\vec{n} = m\left(\frac{v^2}{R}\vec{n} + \frac{dv}{dt}\vec{\tau}\right).$$
R désigne le rayon de courbure de la trajectoire.

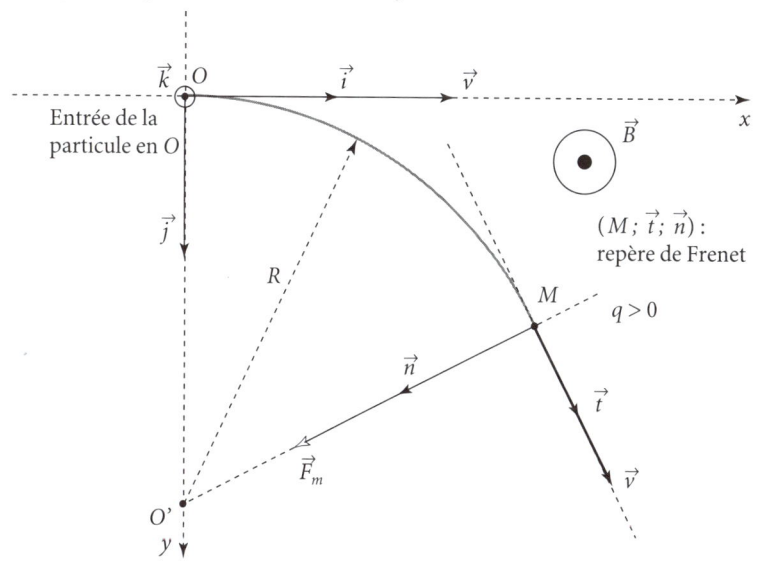

Fig. 2

Conclusion

1. $\dfrac{dv}{dt} = 0$, par intégration : $v = \text{cte} = v_0$

2. L'égalité des coordonnées normales à la trajectoire implique :
$$R = \frac{mv_0}{|q|B} = \text{cte}.$$

Le mouvement de la particule est circulaire uniforme.

MÉTHODE

Déviation magnétique

Énoncé

Un faisceau d'électrons homocinétiques (même vitesse) est envoyé avec une vitesse horizontale $\vec{v_0}$ dans un espace champ magnétique uniforme $\vec{B}$ (fig. 4). À la distance L du point O, on place un écran perpendiculaire à $\vec{v_0}$. On appelle l la longueur de l'espace champ magnétique.

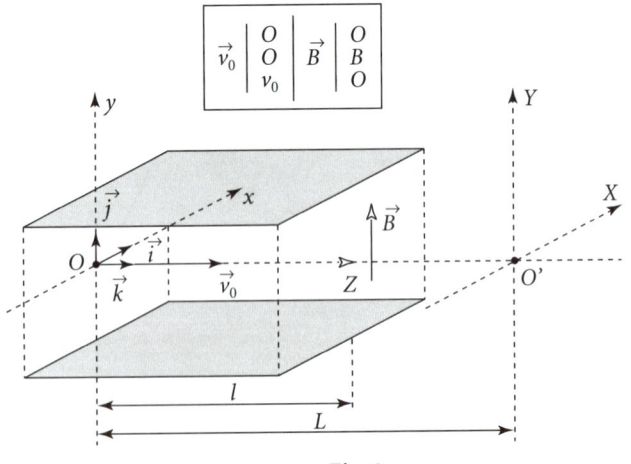

$$\vec{v_0} \begin{vmatrix} O \\ O \\ v_0 \end{vmatrix} \quad \vec{B} \begin{vmatrix} O \\ B \\ O \end{vmatrix}$$

Fig. 3

1. Sans calcul, dire dans quelle région de l'écran se trouve le point d'impact des électrons.

2. a) Donner l'expression de l'accélération $\vec{a}$ subie par l'électron lorsqu'il se déplace dans le champ magnétique $\vec{B}$.

b) En déduire la valeur de la vitesse de l'électron.

c) Quelle est la forme de la trajectoire dans le plan $(O; \vec{i}; \vec{k})$?

3. a) Exprimer la longueur de la déviation du spot sur l'écran en fonction de B, v_0, l, L, e et m. On suppose que l'angle de déviation est petit. On précise que :
e désigne la charge élémentaire ;
m la masse d'un électron.

b) Application numérique

$B = 1,00$ mT
$L = 0,38$ m
$v_0 = 1,7 \times 10^7$ m·s^{-1}

$l = 4,0$ cm
$e = 1,60 \times 10^{-19}$ C
$m = 9,1 \times 10^{-31}$ kg.

Solution commentée

Attention ! Si la charge q est positive, les vecteurs $\vec{v}_0$ et $q\vec{v}_0$ ont même sens. Si la charge q est négative, les vecteurs $\vec{v}_0$ et $q\vec{v}_0$ sont de sens contraires.

1. Par hypothèse, le vecteur champ magnétique $\vec{B}$ a même direction et même sens que l'axe Oy.

Le vecteur $\vec{v}_0$ a même direction et même sens que l'axe Oz. Comme la charge d'un électron est négative, le vecteur $q\vec{v}_0$ est de sens contraire à $\vec{v}_0$ donc à l'axe Oz (*fig. 6*).

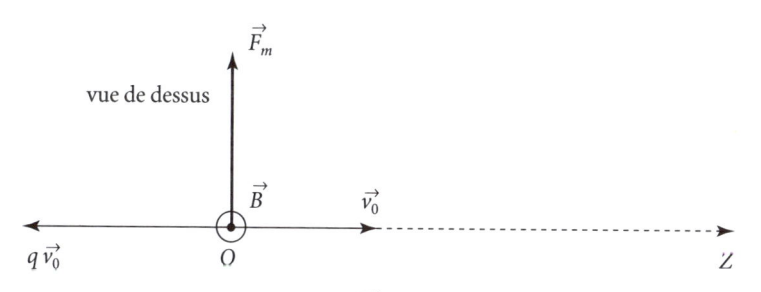

Fig. 6

D'après la relation de définition de la force magnétique $\vec{F}_m$ s'exerçant sur une particule chargée, les vecteurs $(q\vec{v}_0, \vec{B}, \vec{F}_m)$ forment un trièdre direct. La direction et le sens de $\vec{F}_m$ sont identiques à ceux de l'axe Ox (voir la figure 6).

La trajectoire des électrons est contenue dans un plan perpendiculaire à $\vec{B}$ et passant par O : c'est le plan $(O, \vec{i}, \vec{k})$. La déviation, compte tenu de l'orientation de la force magnétique $\vec{F}_m$, s'effectue suivant l'axe Ox sur l'écran. Le point d'impact des électrons sur l'écran se situe sur la portion positive Ox de cet axe.

Les trois questions posées dans ce deuxième point sont des compétences exigibles au baccalauréat. Il faut absolument savoir les rédiger.

2. a) La trajectoire de l'électron s'effectue dans le plan $(O, \vec{i}, \vec{k})$.
Le système étudié par rapport au référentiel terrestre galiléen est un électron.

Le poids de l'électron est considéré comme négligeable devant la force magnétique $\vec{F_m}$ agissant sur l'électron.

Si $\vec{v}$ désigne le vecteur vitesse de l'électron à un instant quelconque de sa traversée dans le champ magnétique $\vec{B}$, la force magnétique $\vec{F_m}$ exercée sur l'électron est :
$$\vec{F_m} = -e\vec{v} \wedge \vec{B}.$$

Le vecteur accélération $\vec{a}$ agissant sur l'électron est donné par l'expression suivante :

$m\vec{a} = -e\vec{v} \wedge \vec{B}$ d'où : $\vec{a} = -\dfrac{e}{m}\vec{v} \wedge \vec{B}$ (3).

b) Le vecteur $\vec{a}$ est, à chaque instant, perpendiculaire au vecteur $\vec{v}$: l'accélération est donc normale à la trajectoire. On a donc :

• $a_T = 0 = \dfrac{dv}{dt}$ soit $v = $ cte $= v_0$;

la vitesse étant constante, le mouvement est uniforme.

c) $a_n = a = \dfrac{ev}{m} B \sin(\vec{v}, \vec{B})$.

Or, $\vec{v}$ et $\vec{B}$ sont toujours orthogonales, d'après la relation de définition de $\vec{F_m}$.

$\sin(\vec{v}, \vec{B}) = \sin\dfrac{\pi}{2} = 1$, d'où : $a_N = \dfrac{ev_0 B}{m}$.

D'autre part, si R désigne le rayon de la trajectoire à un instant quelconque, on a :

$a_n = \dfrac{v^2}{R}$; d'où $\dfrac{v_0^2}{R} = \dfrac{ev_0 B}{m}$;

$R = \dfrac{mv_0}{eB}$ (4).

Le rayon est donc constant ; la trajectoire de l'électron est un cercle de rayon R et de centre Ω.

▌ Faire une figure assez grande, afin de mettre en évidence des triangles semblables comportant les distances JO' et $O'N$ ainsi que les distances l et R.

Compte tenu de l'angle de déviation très faible, les approximations sur les mesures des angles seront justifiées.

3. a) • Soit S le point de sortie de l'électron du champ magnétique. Après cette sortie, l'électron est considéré comme pseudo-isolé. D'après le principe de l'inertie, son mouvement est rectiligne et uniforme. La trajectoire de l'électron est la tangente au cercle en S ; soit N le point d'impact sur l'écran (fig. 7).

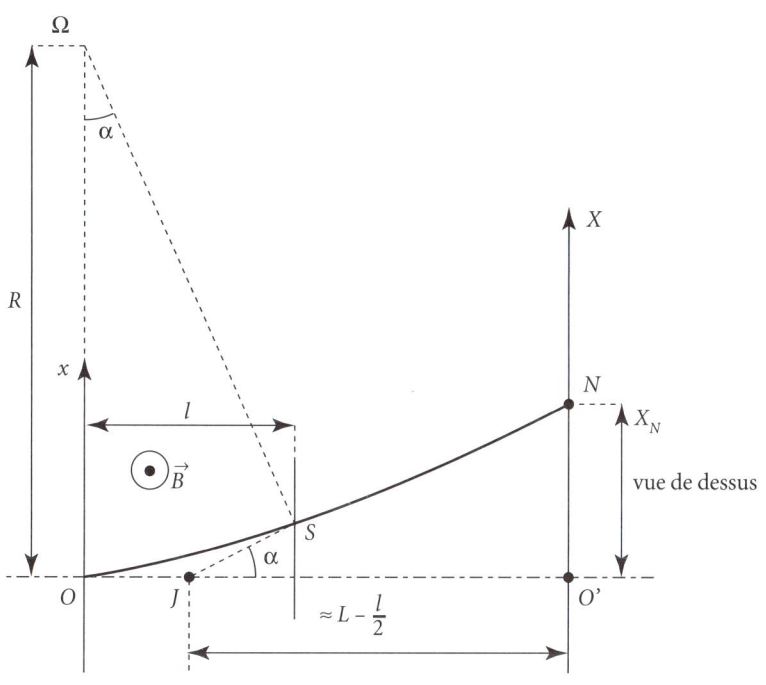

Fig. 7

- Soit α la mesure de l'angle de déviation du faisceau d'électrons ; par hypothèse α est considéré comme petit. En conséquence, J, point d'intersection de (SN) avec l'axe (Oz), est pratiquement situé à la distance $\dfrac{l}{2}$ de O.

D'après la figure 7, on remarque alors que :
$(\Omega O) \perp (OO')$ et $(JN) \perp (\Omega S)$.

D'où : mes $(\widehat{O\Omega S})$ = mes $(\widehat{O'JN})$ = α,
(angles à côtés perpendiculaires).

On a donc, avec $\alpha \approx \sin \alpha$: $\alpha \approx \dfrac{X_N}{L - \dfrac{l}{2}}$ et $\alpha \approx \dfrac{l}{R}$

d'où $X_N = \dfrac{(2L - l)l}{2R}$.

En portant (4) dans l'expression précédente, on obtient :

$X_N = \dfrac{(2L - l)leB}{2mv_0}$ et $Y_N = 0$.

b) $X_N = 15$ cm ; $Y_N = 0$.

Méthode : représenter les vecteurs d'un produit vectoriel

• **Une convention de représentation des vecteurs**
Un vecteur peut se représenter par une flèche (fig. 4).
Si la flèche est vue de face de telle façon qu'elle se dirige vers un observateur, celui-ci la voit suivant la figure 4a.
Si la flèche est vue de l'arrière de telle façon qu'elle s'éloigne d'un observateur, celui-ci la voit suivant la figure 4b.

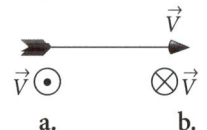

Fig. 4   a.   b.

• **Représentation d'un vecteur perpendiculaire à un plan**
Un vecteur possède une direction perpendiculaire à un plan de représentation.

1. Si sa direction est telle qu'il « sort » de la feuille, alors il se représente par la figure 5a.

2. Si sa direction est telle qu'il « entre » dans la feuille, alors il se représente par la figure 5b.

• **Représentation des vecteurs pour la relation : $\vec{F}_m = q\vec{v} \wedge \vec{B}$**

– Tracer le vecteur vitesse initiale $\vec{v}_0$ dans le plan de la feuille.
– Tracer le vecteur $q \cdot \vec{v}_0$, q étant la charge de la particule (fig. 5) :
- si $q > 0$, alors $\vec{v}_0$ et $q \cdot \vec{v}_0$ ont même direction et même sens ;
- si $q < 0$, alors $\vec{v}_0$ et $q \cdot \vec{v}_0$ ont même direction mais un sens contraire.

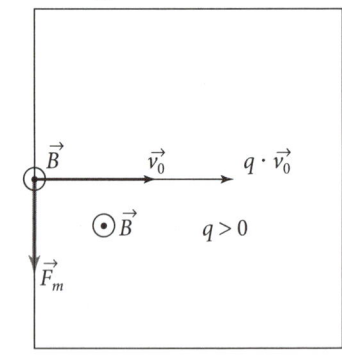

Fig. 5

– Tracer le vecteur champ magnétique $\vec{B}$.
En général, $\vec{B}$ et $\vec{v}_0$ sont orthogonaux entre eux (voir le programme).
Le vecteur champ magnétique est donc représenté soit par la figure 4a, soit par la figure 4b.
Bien lire l'énoncé de l'exercice pour connaître la direction du vecteur $\vec{B}$.
– Tracer le vecteur force magnétique $\vec{F}_m$ agissant sur la particule.
Sa direction est perpendiculaire au plan $(q\vec{v}_0 ; \vec{B})$ donc contenue dans le plan de la feuille.
Son sens est tel que le trièdre $(q\vec{v}_0 ; \vec{B} ; \vec{F}_m)$ soit direct.

COURS MÉTHODE EXERCICES

EXERCICES

Sauf indications contraires, dans tous les exercices proposés, le mouvement des particules s'effectue dans le vide. Pour résoudre ces exercices, on utilisera, si nécessaire, les données numériques suivantes :
- charge élémentaire, $e = 1{,}60 \times 10^{-19}$ C ;
- masse de l'électron, $9{,}1 \times 10^{-31}$ kg ;
- masse du proton, $1{,}67 \times 10^{-27}$ kg ;
- valeur de la pesanteur, $g = 9{,}81$ m·s^{-2}.

Trajectoire d'un électron ★

1 — Un électron d'un faisceau homocinétique est animé d'une vitesse de valeur $v = 1{,}0 \times 10^7$ m·s^{-1} dans un champ magnétique $\vec{B}$. La direction de $\vec{B}$ est orthogonale au vecteur vitesse et sa valeur est : $B = 1{,}0$ mT.

1. Sans démonstration et en se remémorant les résultats obtenus en cours, dire quel est le mouvement d'un électron du faisceau dans le champ magnétique.

2. On donne le rayon de la trajectoire d'un électron du faisceau : $R = \dfrac{mv}{|q|B}$ Calculer sa valeur.

3. a) Calculer la fréquence de révolution des électrons du faisceau.

b) Cette fréquence dépend-elle de la vitesse ?

4. Sans démonstration et en se remémorant les résultats des expériences vues en cours, dire quelle est la trajectoire des électrons du faisceau si la direction de $\vec{B}$ et la direction de $\vec{v}$ ne sont plus tout à fait orthogonales.

(corrigés p. 183)

Filtre de vitesse. Spectrographe de masse ★★

2 — L'action de la pesanteur sera négligée.

A. Une source d'ions émet les deux isotopes ^{6}Li$^+$ et ^{7}Li$^+$. Ces ions pénètrent en O_1 dans une zone où règnent simultanément un champ électrique uniforme vertical $\vec{E}$ et un champ magnétique uniforme horizontal $\vec{B}$.

$\vec{B}$ est perpendiculaire au plan de figure et dirigé vers l'avant.
Les vitesses d'entrée des ions en O_1 ont des valeurs différentes mais les vecteurs vitesse ont tous la même direction O_1x (fig. 8a).

1. Donner les directions, sens et expression littérale de la force électrique $\vec{F}$ s'exerçant sur un ion lithium pénétrant dans cette zone.
Représenter cette force sur la figure 8a.

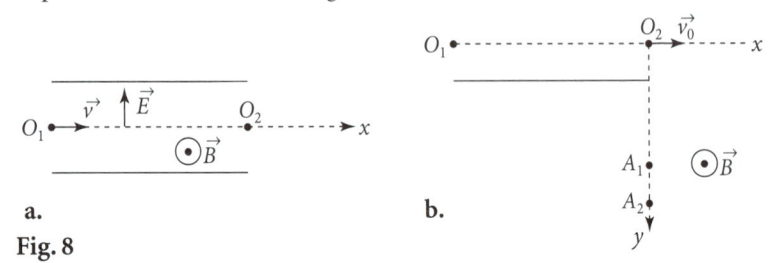

a.

b.

Fig. 8

2. Donner les directions, sens et expression littérale de la force magnétique $\vec{f}$ s'exerçant en O_1 sur un ion lithium animé de la vitesse $\vec{v_0}$.
Représenter cette force sur la figure 8a.

3. Ce dispositif constitue un filtre de vitesse. Des ions pénétrant en O_1 avec la vitesse $\vec{v_0}$ sortiront en O_2 en n'ayant subi aucune déviation.
Déterminer la relation existant entre les valeurs E, B et v_0 pour ces ions particuliers.

B. Les ions ^{6}Li$^+$ et ^{7}Li$^+$ sortant en O_2 avec la vitesse $\vec{v_0}$ parallèle à O_2x pénètrent dans une chambre de déviation où règne seulement le champ magnétique uniforme $\vec{B}$ (fig. 8b).

1. Indiquer, sans démonstration, la nature du mouvement des ions et préciser en particulier le plan et la nature de la trajectoire.

2. Une plaque photographique, perpendiculaire au plan (O_2x, O_2y), est située sur O_2y. Les ions viennent frapper cette plaque en A_1 et A_2.
Déterminer la distance A_1A_2 sur l'axe O_2y sachant que :
$B = 1,00 \times 10^{-1}$ T ; $v_0 = 6,0 \times 10^4$ m·s^{-1} ; $e = 1,6 \times 10^{-19}$ C.
Masse de l'ion ^{6}Li$^+$: $1,00 \times 10^{-26}$ kg.
Masse de l'ion ^{7}Li$^+$: $1,17 \times 10^{-26}$ kg.

(D'après bac)
(corrigés p. 183)

Déviation par des champs magnétiques ★ ★

3 — Une particule de charge q, de masse m, traverse successivement deux zones dans lesquelles règne un même champ magnétique $\vec{B}$ uniforme, perpendiculaire au plan de la figure et orienté vers l'avant de ce plan.

La particule ralentit en franchissant la surface de séparation AC entre ces deux zones notées (I) et (II).

Le cliché matérialisant la trajectoire permet de dire que la particule décrit des arcs de cercle de rayons R_1 et R_2 respectivement dans les zones (I) et (II). On négligera le poids de la particule.

1. Le mouvement de la particule chargée, dans chacune des zones, est circulaire. Établir qu'il est aussi uniforme.

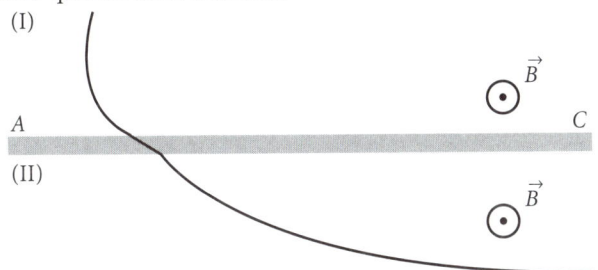

Fig. 9

2. Établir les expressions des rayons R_1 et R_2 en fonction de q, m, B et des vitesses respectives v_1 et v_2 de la particule dans les zones (I) et (II).
Dans quel sens se déplace la particule : de (I) vers (II) ou de (II) vers (I) ?
Justifier. On donne : $R_1 = \dfrac{R_2}{3}$.

3. Représenter les vecteurs vitesse et accélération à un instant quelconque du mouvement de la particule. En déduire le signe de la charge de la particule.

4. Calculer la charge massique $\dfrac{q}{m}$ de la particule et identifier celle-ci.

On donne : $R_1 = 14$ cm ; $|q| = 1{,}6 \times 10^{-19}$ C ; $B = 0{,}50$ T.
Vitesse d'entrée dans le dispositif : $v = 2{,}0 \times 10^7$ m·s^{-1}.
Masse de l'électron : $m_e = 9{,}14 \times 10^{-31}$ kg.
Masse du proton : $m_p = 1{,}67 \times 10^{-27}$ kg.
Masse de l'ion Li$^+$: $m = 1{,}17 \times 10^{-26}$ kg. *(D'après bac)*

Pas de difficulté majeure si l'on connaît bien le cour. Revoir la partie « Cours » si nécessaire. *(corrigés p. 184)*

Séparation isotopique du thallium ★ ★ ★

4 — Un spectrographe de masse, représenté schématiquement à la figure 10, permet de séparer les isotopes naturels ^{205}Tl et ^{203}Tl du thallium. Les atomes de thallium sont ionisés dans une chambre d'ionisation (*I*). Ils perdent alors un électron et on obtient des ions ^{205}Tl$^+$ et ^{203}Tl$^+$.

Ces ions sont émis en O_1 avec une vitesse négligeable et sont accélérés dans le vide par une tension U appliquée entre les plaques (P_1) et (P_2) dans l'accélérateur (A) (fig. 12).

Une plaque photographique est positionnée à l'extrémité de la chambre de déviation magnétique (D). Après développement, le négatif révèle deux taches, d'inégales intensités, situées en M et N dans la chambre de déviation (D).

1. Calculer, littéralement, les vitesses v_1 et v_2 des ions $^{205}Tl^+$ et $^{203}Tl^+$ quand ils arrivent en O_2.

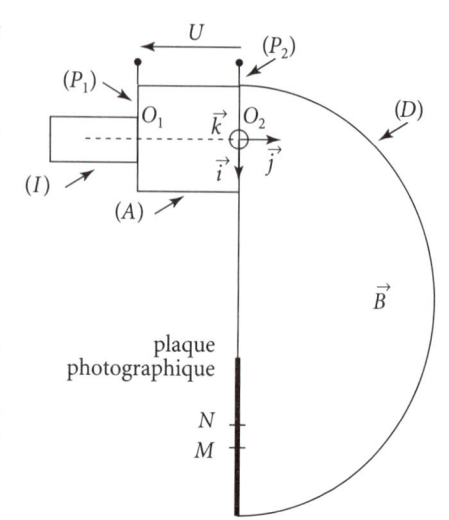

Fig. 10

2. Ces ions pénètrent dans la chambre de déviation (D) où règne un champ magnétique uniforme $\vec{B}$ perpendiculaire au plan de la figure.

a) Quel doit être le sens de $\vec{B}$ pour que les ions parviennent en M ou N ?

b) Établir la nature du mouvement et la forme de la trajectoire des ions Tl^+.

3. Calculer la distance MN des points d'impact des isotopes, en précisant les ions qui parviennent en M et ceux qui parviennent en N ; on pose $MN = u$. Un calcul numérique sera effectué avec les données suivantes :
– charge électrique élémentaire : $e = 1{,}60 \times 10^{-19}$ C ;
– masse molaire ionique de $^{205}Tl^+$: $M_1 = 0{,}205$ kg·mol^{-1} ;
– masse molaire ionique de $^{203}Tl^+$: $M_2 = 0{,}203$ kg·mol^{-1} ;
– constante d'Avogadro : $N_A = 6{,}02 \times 10^{23}$ mol^{-1}.
– $B = 0{,}150$ T et $U = 6{,}00$ kV.

4. Des mesures photométriques, appliquées aux taches M et N, permettent de mesurer le rapport K du nombre d'ions qui arrivent en N sur le nombre d'ions qui arrivent en M. La détermination expérimentale en K donne : $K = 0{,}42$.

Calculer l'abondance, en pourcentage, des isotopes naturels du thallium dans un échantillon de thallium naturel.

(corrigés p. 186)

| COURS | MÉTHODE | EXERCICES |

Testez-vous !

5 — *Quatre points à chaque exercice juste. Bon courage !*

1. Trois particules traversent une région de l'espace où est établi un champ magnétique $\vec{B}$. Les trajectoires des particules s'effectuent dans le plan de la feuille. Quel est le signe de la charge de chaque particule ? Justifier la réponse.

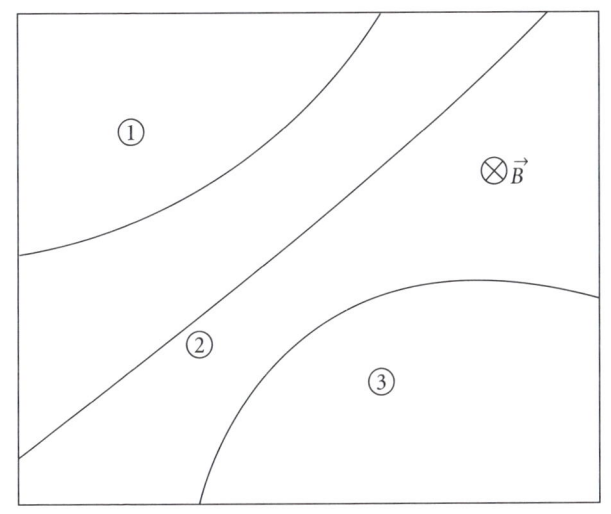

Fig. 11

2. Un électron pénètre en O, avec une vitesse $\vec{v_0}$, dans une région de l'espace où règnent ensemble un champ électrique $\vec{E}$ et un champ magnétique $\vec{B}$. Donner les caractéristiques de la force électrique $\vec{F_e}$ et de la force magnétique $\vec{F_m}$, agissant en O sur l'électron, dans les cas suivants :

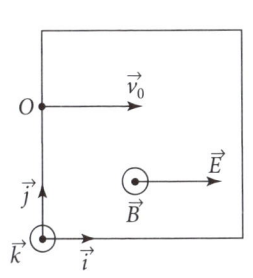

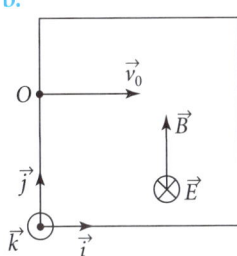

a. **b.**

Fig. 12

3. Un électron pénètre en O dans un espace champ magnétique $\vec{B}$ avec une vitesse $\vec{v_0}$; $\vec{v_0}$ est perpendiculaire à $\vec{B}$. Montrer que la trajectoire de l'électron est située dans un plan perpendiculaire à la direction de $\vec{B}$ et passe par le point O où l'électron est introduit.

4. Montrer que la trajectoire de l'électron étudiée dans le **3.** est un cercle de rayon R.

Déterminer l'expression de R en fonction de v_0, m, e et B.

5. Un proton et une particule $\alpha(^4_2\text{He}^{2+})$ sont accélérés par la même différence de potentiel $U = 4,0$ kV.

Ils pénètrent dans une région où est établi un champ magnétique uniforme perpendiculaire à leur vecteur vitesse.

a) Calculer leurs énergies cinétiques et comparer leurs valeurs.

b) Le rayon de la trajectoire du proton est égal à 12 cm. Quel est le rayon de la trajectoire de la particule α ?

(corrigés p. 188)

L'épreuve du bac

6 –

- À faire après l'étude des 5 exercices précédents.
- Comme pour le bac, on ne donne aucune indication dans le texte.
- Rédiger la solution sans aucun document à portée de main.
- Arrêter la recherche et la rédaction de la solution après 63 minutes environ (durée pouvant être consacrée à cette partie durant l'examen).
- Essayer de noter le travail ainsi fait.

Mouvements de particules
(Guadeloupe – Guyane – Martinique – juin 99 – 6 points)

Afin de déterminer si un patient a consommé de la codéine, de l'héroïne ou de la morphine, des échantillons moléculaires, prélevés sur ce patient, sont confiés pour analyse à un laboratoire spécialisé.

C'est par des techniques physiques que cette ananlyse va être réalisée.

Le laboratoire utilise deux dispositifs basés sur l'étude de mouvements de particules soumises à des champs électriques et (ou) magnétiques dans un vide très poussé.

Dans tout l'exercice, on ne tiendra pas compte de l'existence du poids des particules car celui-ci n'a, lors de ces expériences, aucune influence sur la forme des trajectoires ; on considère le référentiel d'étude comme galiléen.

Première analyse : mesure d'un « temps de vol »

Description du dispositif

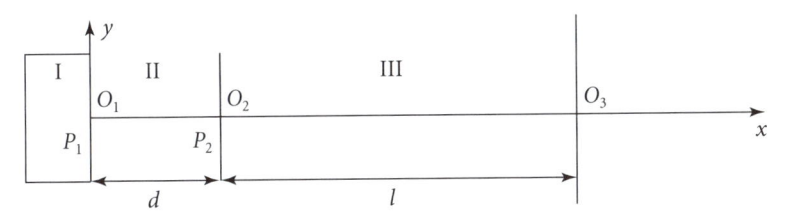

Fig. A

Dans la zone I, les molécules X à analyser vont être ionisées par bombardement électronique et donner des ions X^+ de charge $+e$ (e étant la charge élémentaire).

Dans la zone II de longueur d, entre les plaques P_1 et P_2 planes et parallèles, on applique une tension accélératrice U.

Dans la zone III de longueur l, aucune force ne s'exerce sur les ions.

A. Étude des mouvements successifs

Soit un ion X^+ de masse m, pénétrant dans la zone II, en O_1, selon l'axe $O_1 x$, avec une vitesse considérée comme négligeable.

Dans le repère $O_1 xy$, le mouvement de cet ion est rectiligne et son équation horaire est $x = \dfrac{e \cdot U}{2m \cdot d} t^2$.

Exprimer, en fonction de U, m et e, la vitesse de passage de cet ion en O_2. $\boxed{0{,}50\ pt}$

B. 1. Quelle est la nature du mouvement de l'ion dans la zone III ? $\boxed{0{,}50\ pt}$

2. Exprimer littéralement la durée Δt de ce mouvement entre O_2 et O_3 en fonction de U, m, e et de l distance $O_2 O_3$. $\boxed{0{,}50\ pt}$

3. La mesure de cette durée a donné la valeur $11{,}5 \times 10^{-6}$ s. Déduire la masse de l'ion puis la nature probable de la substance X en supposant que X soit l'une des trois substances citées. $\boxed{0{,}50\ pt}$

Données

Masses molaires moléculaires :
morphine $M = 285$ g·mol^{-1} ; codéine $M = 299$ g·mol^{-1} ; héroïne $M = 369$ g·mol^{-1}.
Constante d'Avogadro $N_A = 6{,}02 \times 10^{23}$ mol^{-1}.
Charge élémentaire $e = 1{,}60 \times 10^{-19}$ C.
Tension accélératrice $U = 25{,}0 \times 10^3$ V.
Distance $O_2 O_3 = l = 1{,}50$ m.

Deuxième analyse : utilisation d'un spectrographe de masse

Sur le schéma ci-dessous, on retrouve la même zone I d'ionisation, fournissant les ions X^+. On a ensuite la zone II où on applique une tension accélératrice U' entre les plaques P_1 et P_2 permettant de donner aux ions X^+ une vitesse v'. Dans la zone III, un dispositif de filtrage permet d'éliminer les éventuelles particules parasites qui auraient pu être obtenues par fragmentation des molécules X lors de l'ionisation par choc électronique.

Enfin, dans la zone IV existe un champ magnétique de direction orthogonale au plan de figure. L'ion X^+ animé de la vitesse v' pénètre en O_3 dans cette zone selon l'axe O_3x.

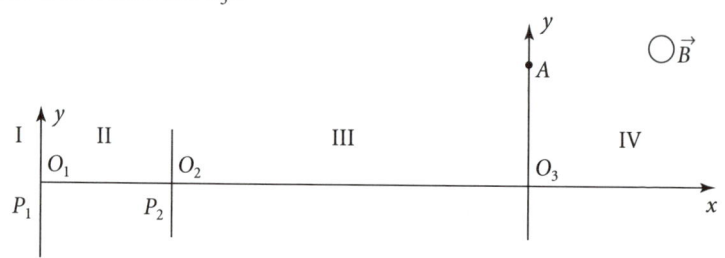

Fig. B

C. 1. Rappeler l'expression de la force magnétique s'exerçant sur l'ion. Représenter sur un schéma le vecteur force pour que la déviation à partir de O_3 se fasse du côté positif de l'axe O_3y. En déduire le sens du champ magnétique.
1 pt

2. Montrer que la composante de l'accélération de l'ion, selon l'axe O_3z perpendiculaire au plan de figure, est nulle ; en déduire que son mouvement est plan.
0,50 pt

3. Montrer que le mouvement de l'ion est uniforme.
0,75 pt

4. En établissant l'expression du rayon de courbure R en fonction des grandeurs m, e, v' et B intensité du champ magnétique, justifier que la trajectoire est circulaire.
0,75 pt

Reprendre le schéma de la zone IV, dessiner la trajectoire. En un point quelconque sur la trajectoire, représenter le vecteur vitesse et la force à laquelle la particule est soumise lors de son mouvement dans cette zone.
0,50 pt

5. Exprimer R en fonction de U', m, e et B. Après avoir décrit un demi-cercle l'ion est recueilli en A tel que $O_3A = 0{,}242$ m. Trouver la masse de l'ion et identifier la substance X en supposant que X soit l'une des trois substances citées.
0,50 pt

Données
- nouvelle tension accélératrice $U' = 8{,}00 \times 10^3$ V ;
- valeur du champ magnétique $B = 1{,}80$ T.

(corrigés p. 189)

CORRIGÉS

Trajectoire d'un électron

1 –

1. Soit un électron ayant un vecteur vitesse $\vec{v}$ et se déplaçant dans un champ magnétique $\vec{B}$ tel que : $\vec{B} \perp \vec{v}$. Le mouvement de l'électron est circulaire uniforme.

La trajectoire de l'électron est un cercle de rayon R et la valeur v de sa vitesse est constante.

2. $R = \dfrac{mv}{|q|B}$; $R = \dfrac{mv}{eB}$

$R = 57$ mm.

3. a) La durée d'un tour est :

$T = \dfrac{2\pi R}{v}$, ou encore, $T = \dfrac{2\pi\, mv}{veB}$.

La fréquence de révolution des électrons est donc :

$N = \dfrac{eB}{2\pi\, m}$; $N = 28$ MHz.

b) La fréquence est indépendante de la vitesse des électrons.

4. La trajectoire des électrons observée lors des expériences faites en cours ou en T.P. est de forme hélicoïdale.

Filtre de vitesse. Spectographe de masse

2 –

A. 1. L'expression de la force électrique $\vec{F}$ s'exerçant sur un ion lithium est : $\vec{F} = e\vec{E}$.
Direction : verticale ; sens : celui de $\vec{E}$ car $e > 0$; valeur : $F = eE$.

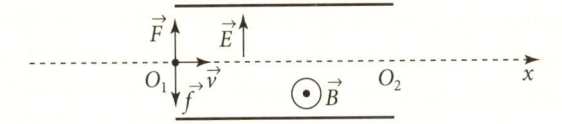

Fig. 13

2. L'expression de la force magnétique $\vec{f}$ s'exerçant sur un ion lithium est : $\vec{f} = e\vec{v} \wedge \vec{B}$.
Direction : orthogonale au plan $(\vec{v}, \vec{B})$; sens : tel que le trièdre $(\vec{v}, \vec{B}, \vec{f})$ soit direct ; valeur : $f = evB$, car $\sin(\vec{v}, \vec{B}) = 1$.

3. On applique la relation fondamentale de la dynamique à un ion lithium.
$\vec{f} + \vec{F} = m\vec{a}$; $e[(\vec{v} \wedge \vec{B}) + \vec{E}] = m\vec{a}$.
Les ions doivent sortir en O_2, sans subir de déviation, leur mouvement doit donc être rectiligne. Cela impose à l'accélération d'être colinéaire à $\vec{v_0}$ ou nulle au point O_1. En ce point :
$$\vec{a_0} = \frac{e}{m}[(\vec{v_0} \wedge \vec{B}) + \vec{E}].$$

La direction du vecteur $\vec{a_0}$ est perpendiculaire à l'axe O_1x, elle ne peut être colinéaire à $\vec{v_0}$, l'accélération est donc nulle.
$\vec{a_0} = \vec{0}$ implique $\vec{v_0} \wedge \vec{B} + \vec{E} = \vec{0}$.
D'où : $\vec{E} = \vec{B} \wedge \vec{v_0}$.
Le trièdre $(\vec{B}, \vec{v_0}, \vec{E})$ est direct et $v_0 = \dfrac{E}{B}$.

Le mouvement des particules est rectiligne uniforme entre O_1 et O_2.
Cette relation est indépendante de la masse et de la charge des particules.

Conclusion
Toute particule pénétrant dans le dispositif avec une vitesse $\vec{v_0}$ en sortira avec le même vecteur vitesse. Toutes les autres particules chargées seront déviées, d'où le nom de « filtre de vitesse ».

B. 1. Les particules sont animées d'un mouvement circulaire uniforme de vitesse $\vec{v_0}$.
La trajectoire d'un ion de masse m, est un cercle de rayon $R = \dfrac{mv_0}{eB}$ dont le plan passant par O est orthogonal à $\vec{B}$.

2. $R_1 = \dfrac{m_1 v_0}{eB}$ et $R_2 = \dfrac{m_2 v_0}{eB}$.

$A_1A_2 = D_2 - D_1 = 2(R_2 - R_1)$; $A_1A_2 = \dfrac{2v_0}{eB}(m_2 - m_1)$; $A_1A_2 = 1{,}27$ cm.

Déviation par des champs magnétiques

3 —

1. • Étude dynamique
On étudie le mouvement de la particule par rapport au dispositif expérimental considéré comme référentiel galiléen.
Bilan des forces : son poids étant négligeable, la particule n'est soumise qu'à la force magnétique $\vec{f} = q\vec{v} \wedge \vec{B}$.
On applique la relation fondamentale de la dynamique à cette particule de masse m :
$m\vec{a} = q\vec{v} \wedge \vec{B}$ d'où $\vec{a} = \dfrac{q}{m}\vec{v} \wedge \vec{B}$.

• Étude cinématique

Par hypothèse, le mouvement de la particule est circulaire. Il s'effectue donc dans le plan de figure orthogonal à $\vec{B}$.

D'après la définition du produit vectoriel, on peut affirmer qu'à chaque instant le vecteur accélération $\vec{a}$ est perpendiculaire au vecteur vitesse $\vec{v}$. Dans le repère local (de Frenet), $\vec{a}$ n'a pas de projection tangentielle : $a_T = 0$.

$\dfrac{dv}{dt} = 0$, la vitesse v est donc constante.

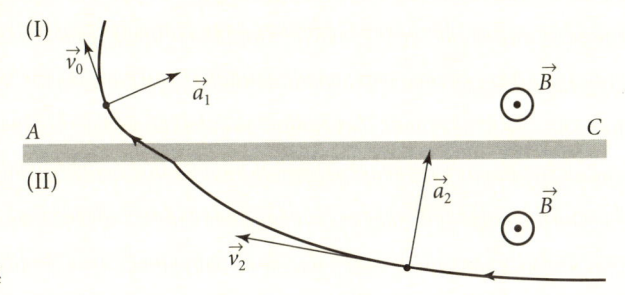

Fig. 14

Dans chacune des zones, le mouvement de la particule est circulaire uniforme.

2. Rayon de la trajectoire

$a = \dfrac{|q|}{m} vB$ et $a = a_N = \dfrac{v^2}{R}$,   car $a_T = 0$.

D'où $R_i = \dfrac{mv_i}{|q|B}$ avec $i = 1$ ou $i = 2$.

$\dfrac{R_1}{R_2} = \dfrac{v_1}{v_2}$ et $R_1 < R_2$ donc $v_1 < v_2$.

La particule ralentit en franchissant la surface de séparation AC, on en déduit donc qu'elle se déplace de (II) vers (I).

3. Le trièdre $(\vec{v}, \vec{B}, \vec{a})$ est direct (*fig. 16*). Le trièdre $(q\vec{v}, \vec{B}, \vec{a})$ est lui aussi direct (définition du produit vectoriel), donc les vecteurs $\vec{v}$ et $q\vec{v}$ sont de même sens, la charge q de la particule est positive.

4. $R_2 = \dfrac{mv_2}{qB}$ et $v_2 = v$ vitesse de pénétration dans le dispositif.

D'où : $\dfrac{q}{m} = \dfrac{v}{3R_1 B}$; $\dfrac{q}{m} = 9{,}52 \times 10^7 \, C \cdot kg^{-1}$; $m = 1{,}67 \times 10^{-27}$ kg.

La particule étudiée est un proton.

Séparation isotopique du thallium

4 —

1. Vitesse des ions thallium à leur passage en O_2

Dans toute la solution, on indiquera :
1, les grandeurs attribuées à l'isotope ^{205}Tl ;
2, les grandeurs attribuées à l'isotope ^{203}Tl.

Soit m_i la masse d'un isotope et v_i sa vitesse à son passage en O_2.
Système étudié : l'ion thallium par rapport au repère terrestre $(O_2, \vec{i}, \vec{j}, \vec{k})$.
Actions extérieures agissant sur l'électron :
– la force électrique $\vec{F} = e \cdot \vec{E}$;
– son poids $\vec{P}$ dont l'effet est négligeable devant celui de $\vec{F}$.

Le théorème de l'énergie cinétique appliqué à l'électron entre O_1 et O_2 donne :

$$E_{c_2} - E_{c_1} = W^{\vec{F}}_{O_1 \to O_2} + W^{\vec{P}}_{O_1 \to O_2}$$

$$\frac{1}{2} m_i v_i^2 - 0 = eU + 0.$$

D'où : $v_i = \sqrt{\dfrac{2eU}{m_i}}$ (1).

Pour les deux isotopes, on obtient respectivement :

$v_1 = \sqrt{\dfrac{2eU}{m_1}}$ et $v_2 = \sqrt{\dfrac{2eU}{m_2}}$.

2. Déviation des ions Tl$^+$

a) Les ions thallium, de charge e et de vitesse v_i, entrent dans l'espace champ magnétique $\vec{B}$ en O_2. Ils sont donc soumis à la force magnétique $\vec{F}$:

$$\vec{F} = e \cdot \vec{v_i} \wedge \vec{B}.$$

Le mouvement des ions s'effectuant dans le plan défini par $(O_2, \vec{i}, \vec{j})$, la force de Lorentz est contenue dans ce plan et perpendiculaire à $\vec{v_i}$. D'après la règle de l'observateur d'Ampère, le vecteur champ magnétique $\vec{B}$ à la même direction et le même sens que le vecteur unitaire $\vec{k}$.
$\vec{B}$ est donc perpendiculaire au plan de la figure 6 page 178.

b) L'étude de cette question est semblable à celle traitée dans les exercices précédents.
En conclusion : le mouvement des ions Tl$^+$ est uniforme ; la trajectoire de ces ions est circulaire.
Il existe deux trajectoires circulaires correspondant aux deux isotopes ayant respectivement pour rayon :

$R_i = \dfrac{m_i v_i}{eB}$ (2).

CORRIGÉS

En portant l'expression de la vitesse v_i (relation (1)) dans l'expression (2), on obtient pour les deux isotopes :

$$R_1 = \frac{1}{B}\sqrt{\frac{2Um_1}{e}} \quad \text{et} \quad R_2 = \frac{1}{B}\sqrt{\frac{2Um_2}{e}} \quad (3).$$

3. Calcul de la distance MN

Par hypothèse $m_1 > m_2$; d'après les relations (3) on a : $R_1 > R_2$.
Les ions ^{205}Tl arrivent donc en M, les ions ^{203}Tl$^+$ arrivent en N.
Expression de la distance $MN = u$:

$$u = 2R_1 - 2R_2, \quad u = \frac{2}{B}\left(\sqrt{\frac{2Um_1}{e}} - \sqrt{\frac{2Um_2}{e}}\right).$$

Or $m_1 = \dfrac{M_2}{N_A}$ et $m_2 = \dfrac{M_2}{N_A}$, on a donc :

$$u = \frac{2}{B}\sqrt{\frac{2U}{eN_A}}(\sqrt{M_1} - \sqrt{M_2}).$$

Application numérique : $u = 15{,}6$ mm.

4. Abondance relative des isotopes naturels du thallium

On désigne par :
– N_1 le nombre d'ions ^{205}Tl$^+$ arrivant en M ;
– N_2 le nombre d'ions ^{203}Tl$^+$ arrivant en N.
Soient p_1 la proportion de l'isotope ^{205}Tl$^+$ et p_2 celle de l'isotope ^{203}Tl$^+$.
Par définition :

$$p_1 = \frac{N_1}{N_1 + N_2}$$

et $p_2 = \dfrac{N_2}{N_1 + N_2}$.

Or, par hypothèse : $K = \dfrac{N_2}{N_1}$; d'où $N_2 = KN_1$.

On a donc :

$$p_1 = \frac{N_1}{N_1 + KN_1} \quad \text{et} \quad p_2 = \frac{KN_1}{N_1 + KN_1}.$$

D'où :

$$p_1 = \frac{1}{1+K} \quad \text{et} \quad p_2 = \frac{K}{1+K}.$$

Application numérique : $p_1 = 70\,\%$ et $p_2 = 30\,\%$.

Testez-vous !

5

1. $\vec{F}_m = q \cdot \vec{v}_0 \wedge \vec{B}$
① particule de charge $q > 0$.
② particule de charge $q = 0$.
③ particule de charge $q < 0$.

2. a) $\vec{F}_e$ | direction : direction de $\vec{i}$;
sens : identique à celui de $(-\vec{i})$;
valeur : $F_e = eE$.

$\vec{F}_m$ | direction : direction de $\vec{j}$;
sens : identique à celui de $\vec{j}$;
valeur : $F_m = ev_0 B$.

b) $\vec{F}_e$ | direction : direction de $\vec{k}$;
sens : identique à celui de $\vec{k}$;
valeur : $F_e = eE$.

$\vec{F}_m$ | direction : direction de $\vec{k}$;
sens : identique à celui de $(-\vec{k})$;
valeur : $F_m = ev_0 B$.

3. Voir page 168.

4. Voir page 169.

5. a) $\mathcal{E}_C - \mathcal{E}_{C_0} = qU$, avec $\mathcal{E}_{C_0} = 0$.

Comme $q_P = \dfrac{q_\alpha}{2}$, on a : $\mathcal{E}_{C_P} = \dfrac{\mathcal{E}_{C_\alpha}}{2}$.

$\mathcal{E}_{C_P} = 4{,}0$ keV ; $\mathcal{E}_{C_\alpha} = 8{,}0$ keV.

b) $R = \dfrac{mv}{qB}$, ou encore : $R^2 = \dfrac{m^2 v^2}{q^2 B^2}$.

Comme $\mathcal{E}_C = \dfrac{1}{2} mv^2$, on a :
$$R^2 = \dfrac{2m\mathcal{E}_C}{q^2 B^2}.$$

Pour le proton et la particule α, on obtient le rapport suivant :
$\dfrac{R_P^2}{R_\alpha^2} = \dfrac{m_P}{m_\alpha} \dfrac{\mathcal{E}_{C_P}}{\mathcal{E}_{C_\alpha}}$ (1) $\dfrac{m_P}{m_\alpha} = 4$ et $\dfrac{\mathcal{E}_{C_P}}{\mathcal{E}_{C_\alpha}} = \dfrac{1}{2}$.

La relation (1) s'écrit alors :
$\dfrac{R_P^2}{R_\alpha^2} = 2$ et $R_\alpha = \sqrt{2} R_P$

$R_\alpha = 17$ cm.

CORRIGÉS

L'épreuve du bac

6 -

Première analyse

A. La vitesse suivant l'axe Ox, au cours du parcours O_1O_2, s'exprime par la dérivée de l'abscisse x de la particule :

$v_x = \dot{x}$.

D'où : $v_x = \dfrac{eU}{md} t$.

Le paramètre t doit être éliminé des expressions de x et de v_x. D'où :
$$t = \frac{md}{eU} v_x ;\ t^2 = \left(\frac{md}{eU}\right)^2 v_x^2.$$

En portant cette dernière expression dans l'expression de x, on obtient :
$$x = \frac{eU}{2md} \times \frac{m^2 d^2}{e^2 U^2} v_x^2 ;\ x = \frac{md}{2eU} v_x^2.$$

$$v_x = \sqrt{\frac{2eUx}{md}},\ \text{avec } x[O\,;l].$$

La valeur v_2 de la vitesse en O_2 est telle que $x = d$. D'où :
$$v_2 = \sqrt{\frac{2eU}{m}}.$$

B. 1. Par hypothèse, dans la zone III, aucune force ne s'exerce sur l'ion. Dans le référentiel terrestre et d'après le principe de l'inertie, le mouvement des ions est rectiligne uniforme.

Leur vitesse reste constante, la valeur v_3 de la vitesse en O_3 est donc :
$$v_2 = v_3 = \sqrt{\frac{2eU}{m}}.$$

2. La durée Δt du mouvement des ions pour franchir la distance O_2O_3 est donc :
$$l = v_2 \Delta t$$
$$v_2 = l\sqrt{\frac{m}{2eU}}.$$

3. La masse de l'ion se déduit de l'expression précédente :
$$m = \frac{2eU\Delta t^2}{l^2} ;$$
$$m = 4{,}70 \times 10^{-25}\ \text{kg}.$$

• La masse molaire M de la substance est, d'après la définition de la constante d'Avogadro :

$$M = N_A m\,;$$
$$M = 283 \text{ g} \cdot \text{mol}^{-1}.$$

Cette masse molaire ne diffère de celle de la morphine que du pourcentage suivant :

$$\frac{285 - 283}{285} = 0{,}7\,\%.$$

Le patient a très probablement consommé de la morphine.

Deuxième analyse

C. 1. La force magnétique $\vec{f}_m$ est donnée par l'expression :
$$\vec{f}_m = q \cdot \vec{v} \wedge \vec{B}\text{, avec } q > 0 \quad (1).$$

• Pour que l'ion X^+ puisse aller en O_3, il faut que la direction et le sens de la force magnétique en O_3 soient identiques à la direction et au sens de l'axe $O_3 y$ (fig. C).

• La force magnétique $\vec{f}_m(O_3)$ en O_3 est donnée par l'expression :
$$\vec{f}_m(O_3) = q\vec{v}_3 \wedge \vec{B},\ \text{ avec }\ q > 0.$$
Pour que le trièdre $(q\vec{v}_3, \vec{B}, \vec{f}_m(O_3))$ soit direct, il faut que $\vec{B}$ « entre » dans le plan de la feuille (fig. C).

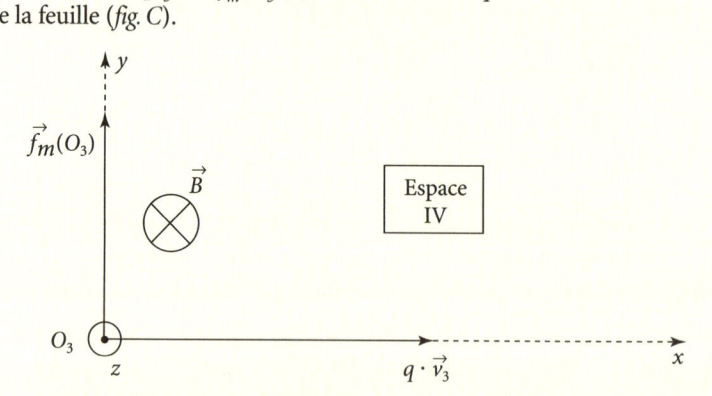

Fig. C

2. Pour une position quelconque de l'ion X^+ dans le champ magnétique, l'expression (1) s'écrit :
$$\vec{f}_m = e\vec{v}(t) \wedge \vec{B}.$$
D'après la relation fondamentale de la dynamique, on a :
$$\vec{f}_m = e\vec{v}(t) \wedge \vec{B} = m\vec{a}.$$
Cette relation projetée sur l'axe O_3 s'écrit :
$$f_{m_z} = m a_z.$$
Or $\vec{f}_m$ est constamment perpendiculaire à $\vec{B}$, c'est-à-dire à Oz. On a donc : $f_z = O$.
D'où : $a_z = 0$.

CORRIGÉS

- Par définition : $a_z = \dfrac{dv(t)}{dt}$

$v_z(t) = \text{cte} = v_{3_z} = 0$.

Or, par hypothèse, la coordonnée du vecteur $\vec{v}_3$ suivant Oz est nulle :
$$v_z(t) = v_{3_z} = 0.$$

- Par intégration de cette dernière expression, on a : $z(t) = \text{cte}$.

Or, $z(t) = 0$ en O_3. D'où : $z(t) = 0$, quel que soit t.

Le mouvement de la particule X^+ est situé dans le plan (O_3, x, y).

3. et **4.** Solution identique à « Trajectoire de la particule », pages 168-169.

On trouve donc :

Pour le **3.** : $v = v_3 = \text{cte}$.

Pour le **3.** : $R = \dfrac{mv_3}{eB}$ car $q = e$.

5. Comme $v_3 = \sqrt{\dfrac{2eU}{m}}$, l'expression de R précédente donne, avec $U = U'$ nouvelle tension d'accélération :
$$R = \dfrac{m}{eB}\sqrt{\dfrac{2eU'}{m}}.$$

Après simplification, on obtient :
$$R = \dfrac{1}{B}\sqrt{\dfrac{2mU'}{e}}.$$

- La trajectoire de X^+ étant circulaire, O_3A est un diamètre : $O_3A = 2R$.

En portant la valeur de R dans la relation précédente et en élevant au carré, on obtient :
$$\left(\dfrac{O_3A}{2}\right)^2 = \dfrac{1}{B^2}\dfrac{2mU'}{e}$$

$$m = \dfrac{eB^2(O_3A)^2}{8U'}$$

$$m = 4{,}74 \times 10^{-25} \text{ kg}.$$

La masse molaire de l'ion X^+ est donc :
$$M = N_A m\,; \ M = 286 \text{ g} \cdot \text{mol}^{-1},$$

or 286 g·mol^{-1} correspond à la masse molaire de la morphine. Il se confirme bien que le patient a pris de la morphine.

8

SYSTÈMES OSCILLANTS OSCILLATEURS MÉCANIQUES

COURS

- Systèmes oscillants
- Oscillations mécaniques libres
- Oscillations mécaniques forcées

MÉTHODE

- Pendule élastique

EXERCICES

- Valeur de la pesanteur
- Dans le hall du lycée
- Pendule pesant
- Étude dimensionnelle
- Protocole expérimental : oscillations mécaniques forcées
- Protocole expérimental : facteur de qualité d'une résonance
- Testez-vous !
- L'épreuve du bac
- Corrigés

8

SYSTÈMES OSCILLANTS OSCILLATEURS MÉCANIQUES

Systèmes oscillants

Phénomènes périodiques

Un **phénomène périodique** est un phénomène variable qui se reproduit, identique à lui-même, à intervalles de temps égaux successifs.

Période et fréquence

• La période T d'un phénomène périodique est la plus courte durée au bout de laquelle ce phénomène se reproduit identique à lui-même.

• La fréquence N d'un phénomène périodique est le nombre de fois que se répète le phénomène pendant une seconde.

$N = \dfrac{1}{T}$ ou $T = \dfrac{1}{N}$	N, fréquence du phénomène (Hz) ; T, période du phénomène (s).

Exemples de systèmes oscillants

Un **système oscillant**, encore appelé oscillateur, est un système pouvant évoluer de façon alternative et périodique, du fait des caractéristiques qui lui sont propres.

L'étude suivante est limitée aux oscillateurs mécaniques et électriques.

L'énergie d'oscillation

Mise en oscillation : apport d'énergie

1. En écartant de sa position d'équilibre un pendule pesant, on lui communique de l'énergie sous forme d'énergie potentielle de pesanteur.

2. En chargeant un condensateur, on stocke dans celui-ci de l'énergie électrique qui constitue l'énergie d'oscillation de l'oscillateur électrique « L-C ».

Conversions périodiques d'énergie

1. Pour le pendule pesant, il y a conversion périodique de l'énergie cinétique et de l'énergie potentielle de pesanteur du système « pendule-Terre ».

2. Pour l'oscillateur électrique « L-C », il y a conversion périodique de l'énergie électrique et de l'énergie magnétique.

Entretien des oscillations

Si on laisse osciller un oscillateur, on dit qu'il est en oscillations libres. Après un certain nombre d'oscillations, il y a dispersion d'énergie dans l'environnement et l'énergie oscillatoire diminue constamment jusqu'à devenir nulle : les oscillations s'arrêtent.

Diagramme des énergies du pendule

Le système oscille entre les deux positions extrêmes dans une cuvette d'énergie potentielle.

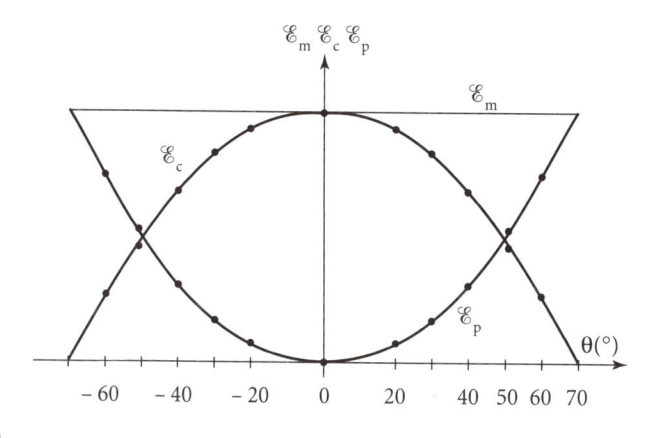

Fig. 1

Le pendule élastique horizontal

Les différentes énergies

Un mobile est posé sur un banc à coussin d'air. À chaque extrémité du mobile est attaché un ressort, lui-même accroché à l'extrémité fixe du banc (*fig. 2*). On repère la position du mobile par son élongation x.

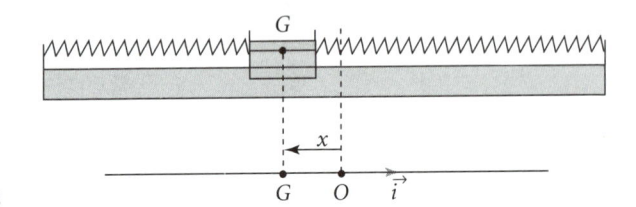

Fig. 2

Le système étudié par rapport au référentiel terrestre est le pendule élastique. À un instant t :
– son énergie mécanique est $\mathcal{E}_m = \mathcal{E}_c + \mathcal{E}_p$;
– son énergie cinétique est $\mathcal{E}_c = \frac{1}{2} mv^2$;
– son énergie potentielle élastique de vibration est $\mathcal{E}_{pe} = \frac{1}{2} kx^2$; pour le premier ressort et $\mathcal{E}_{pe} = \frac{1}{2} kx^2$ pour le deuxième ;
– son énergie potentielle de pesanteur ne varie pas.

Sur quelques oscillations, les pertes énergétiques sont négligeables.
On peut alors considérer le pendule pesant comme un système isolé et conservatif. Son énergie mécanique reste constante.

Oscillations mécaniques libres

Le pendule simple

Une **masselotte**, suspendue à un fil inextensible et placée dans un champ de pesanteur est écartée de sa position d'équilibre. Elle constitue un pendule simple si ses dimensions sont petites par rapport à la longueur du fil.

On considère que la masselotte est en quasi-translation. On repère la position du mobile par son élongation angulaire θ (*fig. 3*).

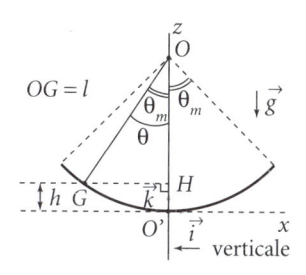

Fig. 3

Les formes d'énergie

• Le système étudié par rapport au référentiel terrestre est le système « pendule-Terre ». À un instant t :
– son énergie mécanique est $\mathcal{E}_m = \mathcal{E}_c + \mathcal{E}_p$;

– son énergie cinétique est $\mathcal{E}_c = \dfrac{1}{2} mv^2$;

– son énergie potentielle est $\mathcal{E}_p = mgh = mgl(1 - \cos\theta)$, avec $\mathcal{E}_p(0) = 0$ à l'altitude 0 du point O' (fig. 3).

• Sur quelques oscillations, les pertes énergétiques sont négligeables.
On peut alors considérer le pendule pesant comme un système isolé et conservatif. On dit que le pendule est en régime d'oscillations libres très faiblement amorties.

L'énergie potentielle élastique d'un ressort est donnée par l'expression :

$\mathcal{E}_{pe} = \dfrac{1}{2} kx^2$	$\mathcal{E}_{pe}$, énergie potentielle élastique (J) ; k, constante de raideur du ressort (N·m^{-1}) ; x, allongement du ressort (m).

Période des oscillations

Le pendule simple

Une étude précise du phénomène d'oscillation d'un pendule simple montre que, pour des oscillations inférieures à 20°, l'expression suivante est valable à moins de 1 %.

$T = 2\pi\sqrt{\dfrac{l}{g}}$	T, période des petites oscillations (s) ; l, longueur OG (m) ; g, valeur de la pesanteur (m·s^{-2}).

Le pendule élastique

$T = 2\pi\sqrt{\dfrac{m}{k}}$	T, période des petites oscillations (s) ; m, masse de l'oscillateur (kg) ; k, constante de raideur du ressort (m·s^{-2}).

Oscillations mécaniques forcées

Oscillations forcées

Un oscillateur est en oscillations forcées lorsque ses oscillations et sa fréquence d'oscillation sont imposées par un dispositif excitateur extérieur.

Exemple : un haut-parleur alimenté par la tension alternative d'un générateur basse fréquence. L'oscillateur encore appelé résonateur, est la bobine du haut-parleur et son pavillon mobile, l'excitateur est le générateur basse fréquence.

Le phénomène de la résonance

L'amplitude des oscillations forcées d'un oscillateur mécanique dépend de la fréquence imposée par l'excitateur. Pour certaines valeurs de cette fréquence, l'amplitude des oscillations forcées de l'oscillateur est maximale. Ce phénomène s'appelle la résonance.

Courbe de résonance

L'oscillateur décrit à la figure 3 est relié à un excitateur par l'intermédiaire d'un fil attaché à l'extrémité d'un des deux ressorts. L'autre extrémité du fil est fixée à la périphérie d'un disque entraîné par un moteur dont la vitesse de rotation peut varier à la demande.

On note N_0, la fréquence propre des oscillations libres de l'oscillateur.

En faisant varier la fréquence N de l'excitateur, on relève la valeur des amplitudes des oscillations du mobile. La courbe obtenue $a = f(N)$ est appelée courbe de résonance (*fig. 4*).

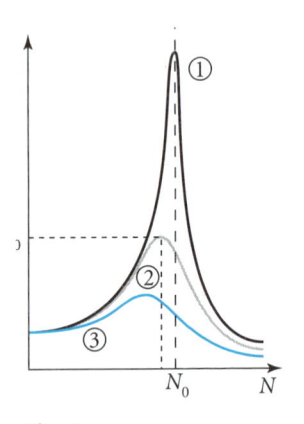

Fig. 4

L'effet de l'amortissement

En reliant le mobile oscillant à une petite palette plongeant dans un récipient contenant un liquide, on augmente les frottements de l'oscillateur. Les courbes de résonance enregistrées sont de plus en plus aplaties si l'amortissement est de plus en plus important. D'une résonance aiguë (*fig. 4*, courbe ①), on obtient des résonances de plus en plus floues (courbes ② et ③).

Pendule élastique

Énoncé

Un petit cylindre de masse $m = 248$ g est assujetti à se déplacer sur une tige horizontale. Il est accroché à une extrémité d'un ressort à spires non jointives dont l'autre extrémité est fixe. On néglige tout frottement. La position du centre d'inertie G du cylindre est repérée par son abscisse x, par rapport au repère $(O, \vec{i})$ d'origine O, prise à la position d'équilibre.

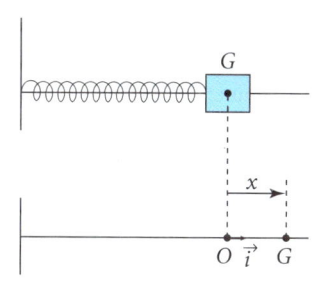

Fig. 5

1. On a représenté les variations de l'énergie potentielle élastique $\mathcal{E}_{pe}(x)$ du pendule en fonction de x (fig. 6). Calculer le coefficient de raideur du ressort.

2. Calculer la valeur v_0 de la vitesse du cylindre à son passage par sa position d'équilibre en O.

3. Calculer la période des oscillations de ce pendule élastique.

4. Tracer sur le même système d'axes, l'énergie mécanique et l'énergie cinétique du pendule en fonction de x.

5. a) En utilisant la construction effectuée, donner les valeurs de l'énergie potentielle et de l'énergie cinétique du pendule pour $x_1 = 40$ mm.

b) Quelle est alors la vitesse v_1 du pendule ?

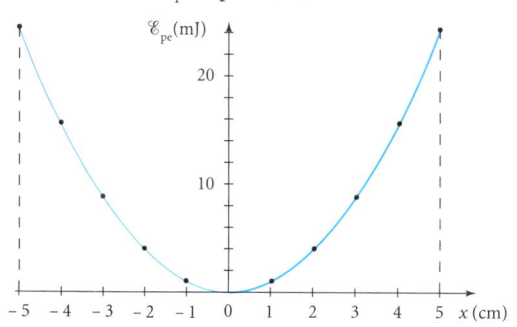

Fig. 6

Solution commentée

• Se rappeler l'expression donnant l'énergie potentielle élastique d'un ressort en fonction de son allongement x.
Pour ceci, voir la rubrique « Cours » page 197.
• Veiller à bien convertir les unités dans le Système International !

1. À l'élongation maximale du pendule $a_m = 5{,}0$ cm, on a $\mathcal{E}_{pe}(a_m) = 25$ mJ.
Par définition :
$$\mathcal{E}_{pe}(a_m) = \frac{1}{2} k a_m^2 .$$

D'où : $k = \dfrac{2\mathcal{E}_{pe}(a_m)}{a_m^2}$; $k = 20$ N·m^{-1}.

• Rechercher pour quelle position de G, l'énergie cinétique est maximale. Cette position correspond à une énergie potentielle élastique du pendule nulle. Le montrer avec la relation :
$$\mathcal{E}_m = \mathcal{E}_{pe} + \mathcal{E}_c.$$

• La valeur de la vitesse recherchée se trouve à l'aide de l'expression de l'énergie cinétique :
$$\mathcal{E}_c = \frac{1}{2} m v^2.$$

2. On peut considérer, au début des oscillations du pendule élastique, que celui-ci est un système isolé : son énergie mécanique se conserve.
$\mathcal{E}_m = \mathcal{E}_c + \mathcal{E}_{pe}$ (1).
À l'élongation maximale, la vitesse de la masselotte est nulle :
$\mathcal{E}_c(a_m) = 0$. La relation (1) s'écrit :
$\mathcal{E}_m = \mathcal{E}_c(a_m) + \mathcal{E}_{pe}(a_m)$; $\mathcal{E}_m = 0 + \mathcal{E}_{pe}(a_m)$ (2).
Au passage de l'oscillateur par sa position d'équilibre, $\mathcal{E}_{pe}(0) = 0$.
La relation (1) s'écrit :
$\mathcal{E}_m = \mathcal{E}_c(0) + \mathcal{E}_{pe}(0)$; $\mathcal{E}_m = \dfrac{1}{2} m v_0^2 + 0$ (3).

D'après (2) et (3), on obtient :
$\mathcal{E}_{pe}(a_m) = \dfrac{1}{2} m v_0^2$; $v_0 = \sqrt{\dfrac{2\mathcal{E}_{pe}(a_m)}{m}}$; $v_0 = 0{,}50$ m·s^{-1}.

• Aucune difficulté quand on connaît l'expression de la période d'un pendule élastique (voir la rubrique « Cours »).

3. La période des oscillations du pendule élastique est donnée par la relation :
$$T = 2\pi \sqrt{\frac{m}{k}} \; ; \; T = 0{,}70 \text{ s}.$$

- Comme les frottements sont négligés, l'oscillateur est considéré comme non amorti.
Son énergie mécanique est constante.

- Pour trouver la valeur de cette constante, rechercher l'expression de l'énergie mécanique lorsque l'énergie cinétique est nulle.

- Pour tracer la courbe représentative de $\mathcal{E}_c$ en fonction de x, utiliser l'expression :
$$\mathcal{E}_c = \mathcal{E}_m - \mathcal{E}_{pe}.$$

4. On remarque que $\mathcal{E}_m = \text{cte} = \mathcal{E}_{pe}(a_m)$.
D'autre part, $\mathcal{E}_c = \mathcal{E}_m - \mathcal{E}_{pe}(a)$, quelles que soient les valeurs de a.
D'où les représentations graphiques des fonctions :
$\mathcal{E}_m(a)$ et $\mathcal{E}_c(a)$.

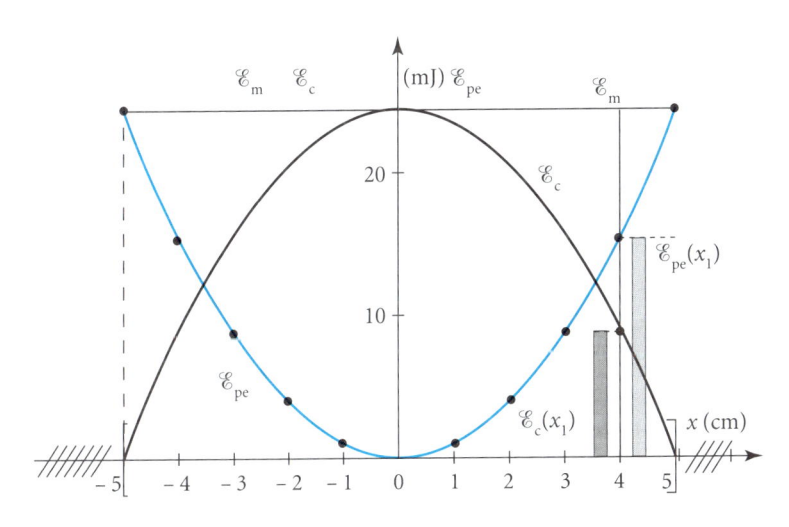

Fig. 7

a) Il suffit de lire les valeurs demandées sur les représentations graphiques.
b) Penser à l'expression de l'énergie cinétique.

5. a) D'après la construction graphique :
$\mathcal{E}_c(x_1) = 9{,}0$ mJ et $\mathcal{E}_{pe}(x_1) = 16{,}0$ mJ.

b) $\mathcal{E}_c(x_1) = \dfrac{1}{2} m v_1^2$; $v_1 = \sqrt{\dfrac{2\mathcal{E}_c(x_1)}{m}}$; $v_1 = 0{,}269$ m·s^{-1}.

Méthode : construire un diagramme des énergies d'un oscillateur mécanique non amorti

• Rechercher la valeur de l'énergie mécanique de l'oscillateur en considérant une position particulière de l'oscillateur, en général son élongation maximale x_m. Or, pour cette position particulière, la vitesse de l'oscillateur est nulle, donc son énergie cinétique aussi. D'où :

$$\mathcal{E}_m = \mathcal{E}_p + \mathcal{E}_c \quad (1)$$
$$\mathcal{E}_m = \mathcal{E}_p(x_m) + 0.$$

• Tracer la fonction « énergie mécanique »
Un oscillateur mécanique non amorti évolue à énergie mécanique constante. En conséquence, quelle que soit l'élongation x de l'oscillateur par rapport à sa position d'équilibre, on a :

$$\mathcal{E}_m = \text{cte, pour tout } x \in \{-x_m\,;+x_m\}.$$

Cette fonction se représente par un segment de droite horizontale compris entre $-x_m$ et $+x_m$.

• Tracer la fonction « énergie potentielle »
L'expression de l'énergie potentielle est une fonction toujours connue. La tracer dans l'intervalle $\{-x_m\,;+x_m\}$.

• Tracer la fonction « énergie cinétique »
D'après la relation (1), on a, quel que soit $x \in \{-x_m\,;+x_m\}$:

$$\mathcal{E}_c = \mathcal{E}_m - \mathcal{E}_p \quad (1).$$

Il suffit de calculer $\mathcal{E}_c$ pour différentes valeurs de $\mathcal{E}_m$ et de $\mathcal{E}_p + \mathcal{E}_c$. On joint ensuite les points obtenus par ce calcul.

• Vérification
– Une fois tracées les fonctions $\mathcal{E}_c$ et $\mathcal{E}_p$, on vérifiera si la somme $\mathcal{E}_c + \mathcal{E}_p$ correspond bien à $\mathcal{E}_m$; et ceci pour toutes les valeurs numériques données dans le texte de l'exercice.
– On rappelle que l'énergie mécanique $\mathcal{E}_m$ est constante : elle est donc représentée par un segment de droite horizontal dans l'intervalle $[-x_m\,;+x_m]$.

EXERCICES

Valeur de la pesanteur ★

1 — Véronique se propose de déterminer chez elle la valeur de la pesanteur. Elle a comme seuls instruments de mesure un « mètre » métallique à ruban de « 2 m » et une montre chronomètre. Elle possède en outre, une petite bille de plomb percée d'un petit trou passant par le centre d'inertie G de la bille et une bobine de fil.

1. Décrire le mode opératoire qu'elle doit mettre en œuvre pour réaliser son projet.

2. Elle mesure la durée de 50 périodes des oscillations du pendule et elle trouve $\tau = 122{,}9$ s. La longueur de G au point de suspension O est $l = 1{,}500$ m. Quelle est la valeur de la pesanteur dans l'appartement de Véronique ?

3. Véronique rêve qu'elle effectue son expérience sur la Lune où la valeur de la pesanteur est $g_L = 1{,}67$ m·s^{-2}. Quelle serait la période T_L des oscillations de son pendule ? *(corrigés p. 210)*

Dans le hall du lycée ★ ★

2 — Dans le hall du lycée, des élèves ont installé un pendule simple. Il est constitué d'une boule de masse $m = 2{,}857$ kg et de rayon $r = 51$ mm. La boule étant suspendue, le fil de pêche très solide qui la soutient a pour longueur $l = 23{,}32$ m.
La valeur de la pesanteur dans le hall est : $g = 9{,}808$ m·s^{-1}.

1. a) Calculer la période des oscillations de ce pendule.

b) Calculer la période des oscillations si l'on ne tient pas compte du rayon de la boule.
Conclusion de ce calcul.

2. Par rapport à la verticale passant par son point de suspension O, on écarte le pendule d'une distance horizontale $d = 2{,}00$ m (*fig. 9*) et on lâche sans vitesse initiale. Calculer l'énergie mécanique du pendule.

3. Calculer la vitesse de la boule à son passage par la verticale de O. *(corrigés p. 210)* **Fig. 8**

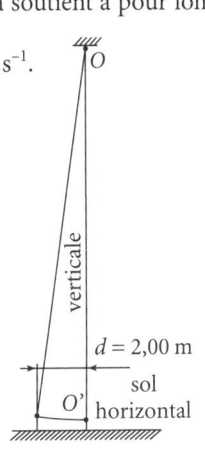

Pendule pesant ★ ★ ★

3 — Un pendule pesant est constitué d'une bille de plomb, de masse $m = 56{,}0$ g et de centre d'inertie G. Cette bille est suspendue à un fil attaché en O à un support fixe ; on pose $OG = l$. Lorsque le pendule est immobile, on note G_0 la position du centre d'inertie de la bille. On repère les oscillations du pendule par l'élongation angulaire mes $(\widehat{GOG_0}) = \alpha$.

On écarte le pendule de sa position d'équilibre d'un angle de mesure $\alpha_m = 35°$ et on le lâche sans vitesse initiale. Au cours des premières oscillations, on néglige tout amortissement du pendule. La valeur de la pesanteur est $g = 9{,}80$ m·s^{-2} et $l = 1{,}24$ m.

1. a) Donner l'expression de l'énergie potentielle de pesanteur $\mathcal{E}_p(\alpha)$ du système « pendule-Terre », en prenant comme origine des altitudes la position G_0 du centre d'inertie de la bille. On pose $\mathcal{E}_p(0) = 0$ en ce point.

b) Calculer les valeurs de l'énergie potentielle de pesanteur pour $\alpha_1 = 15°$, $\alpha_2 = 25°$ et $\alpha_m = 35°$.

2. a) Calculer l'énergie mécanique du pendule quand il oscille.

b) Donner l'expression de l'énergie mécanique du pendule $\mathcal{E}_m(\alpha)$ en fonction de α.

3. Donner l'expression de l'énergie cinétique du pendule $\mathcal{E}_c$ par rapport au référentiel terrestre et l'exprimer en fonction de α.

4. En utilisant les résultats numériques trouvés, tracer les courbes représentatives des fonctions $\mathcal{E}_m(\alpha)$, $\mathcal{E}_p(\alpha)$ et $\mathcal{E}_c(\alpha)$.

(corrigés p. 211)

Étude dimensionnelle ★ ★

4 — **1.** Après avoir observé les oscillations d'un pendule simple, Sébastien émet l'hypothèse que la période du pendule peut être fonction de sa masse m, de la longueur l et de la valeur g de la pesanteur au lieu de l'expérience. Il suppose que la période T des oscillations du pendule s'exprime sous la forme : $T = \lambda m^\alpha l^\beta g^\gamma$. Comme Sébastien, on suit le raisonnement suivant.

a) Compte tenu que les unités des deux membres de la relation précédente doivent être construites de la même manière à partir des unités de base, rechercher les valeurs des coefficients α, β et γ.

Au point de vue dimension, une pesanteur est une accélération et une accélération est le quotient d'une longueur par le carré d'un temps.

b) Ce type d'analyse ne permet pas de déterminer la constante λ. En se remémorant le cours vu en classe, dire quelle est la valeur de cette constante. Donner alors l'expression de la période d'un pendule simple.

2. Encouragé par ce raisonnement, Sébastien envisage d'effectuer l'étude dimensionnelle de la période d'un pendule élastique. Il émet l'hypothèse que la période du pendule élastique peut être fonction de sa masse m, du coefficient de raideur k du ressort et de la valeur g de la pesanteur au lieu de l'expérience. Donner alors l'expression de la période d'un pendule simple.
k est le quotient d'une force par une longueur et une force est le produit d'une masse par une accélération.

(corrigés p. 212)

Protocole expérimental : oscillations mécaniques forcées ★ ★

5 — Un pendule élastique vertical est constitué par un ressort de constante de raideur $k = 13,2$ N·m^{-1}, auquel est suspendu un cylindre de masse $m = 456$ g. Le cylindre se déplace dans une longue éprouvette pouvant recevoir des liquides de viscosités différentes.
Sur l'axe d'un moteur électrique est fixé un disque possédant un excentrique. En tournant, l'excentrique communique à un fil un mouvement de va-et-vient, qui oblige le ressort et sa masselotte à osciller. Une aiguille se déplace le long d'une règle graduée, permettant ainsi de lire les amplitudes des vibrations de l'oscillateur. Un tachymètre monté sur le moteur permet de mesurer la fréquence de rotation de l'excentrique.

1. Compléter les phrases suivantes.
Dans le dispositif décrit, le résonateur est constitué par A et l'excitateur par B. Le régime permanent des oscillations C est obtenu après quelques instants de régime D. La fréquence de rotation du moteur et celle de l'oscillateur sont alors E.

A : .... B : ....
C : .... D : ....
E : ....

2. On mesure la période propre du pendule élastique libre : 20 périodes durent 23,3 s. Est-ce bien en accord avec les valeurs de m et de k données précédemment ?

3. En faisant varier la fréquence de l'excitateur pour différents amortissements, on obtient les courbes de réponses du résonateur (*fig. 10*).

Fig. 9

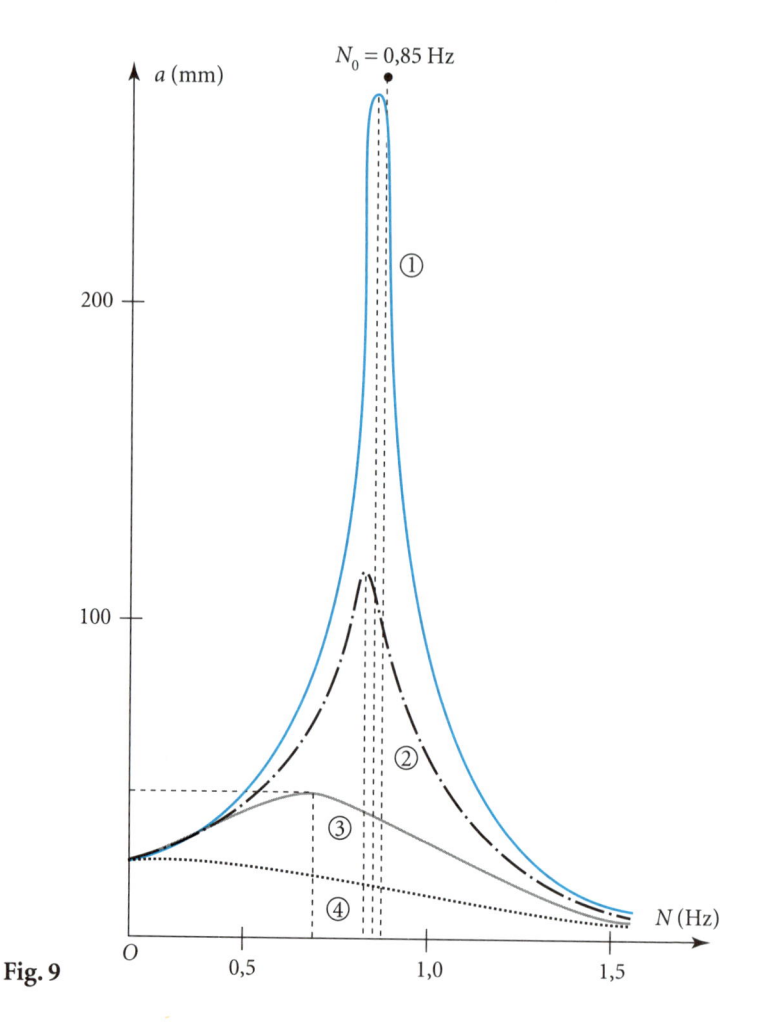

Ces différents amortissements ont été obtenus :

a) le cylindre se déplaçant dans l'air de l'éprouvette avec une palette (de masse négligeable) fixée au cylindre ;

b) le cylindre dans l'eau sans palette ;

c) le cylindre dans l'eau avec une palette ;

d) le cylindre dans du sirop de sucre très épais avec une palette.
Donner la correspondance avec les courbes de la figure 10.

4. Toutes les courbes présentent-elles une résonance. Indiquer celles qui présentent une résonance aiguë, une résonance floue. *(corrigés p. 213)*

Protocole expérimental : facteur de qualité d'une résonance ★ ★

6 — On appelle « bande passante à 3 décibels » (3 dB) l'intervalle ΔN de fréquences sur lequel l'amplitude a des oscillations forcées est supérieure à $\dfrac{a_0}{\sqrt{2}}$, a_0 désignant la valeur maximale de l'amplitude à la résonance.

On appelle « facteur de qualité » d'une résonance le quotient $Q = \dfrac{N_0}{\Delta N}$, N_0 désignant la fréquence propre de l'oscillateur libre.

1. En utilisant les courbes de la figure 10, déterminer la bande passante de chaque résonance.

2. Calculer le facteur de qualité de chaque résonnance. *(corrigés p. 214)*

Testez-vous !

7 — *Quatre points à chaque exercice juste. Bon courage !*

1. a) Définir la période et la fréquence d'un phénomène périodique.

b) Un phénomène périodique est-il toujours constitué d'un système oscillant ?

2. a) Un pendule pesant simple a pour longueur $l = 563$ mm. Calculer la période des petites oscillations de ce pendule sur Terre ; $g = 9,80$ m·s^{-2}.

b) La pesanteur sur la Lune est 1,67 N·kg^{-1}, calculer la fréquence du pendule situé sur la Lune.

3. a) Un pendule élastique sur Terre a pour caractéristique : $m = 125$ g et $k = 5,6$ N·m^{-1}. Calculer la période des oscillations du pendule élastique.

b) On transporte ce pendule sur la Lune (si besoin, prendre les données nécessaires dans la question précédente), calculer la fréquence du pendule situé sur la Lune.

4. a) On écarte de sa position d'équilibre le pendule élastique précédent, d'une distance $a = 80$ mm, et on le lâche sans vitesse initiale. Calculer l'énergie mécanique de cet oscillateur.

b) Quelle est la valeur v_0 de la vitesse de la masselotte du pendule lorsque celle-ci passe par sa position d'équilibre ?

5. On donne les deux courbes de résonance d'un oscillateur mécanique pour deux amortissements différents (*fig. 11*).

Déterminer pour les courbes ① et ② :
a) les bandes passantes ;
b) les facteurs de qualité.
c) Quelles courbes ne présentent pas de résonance ?

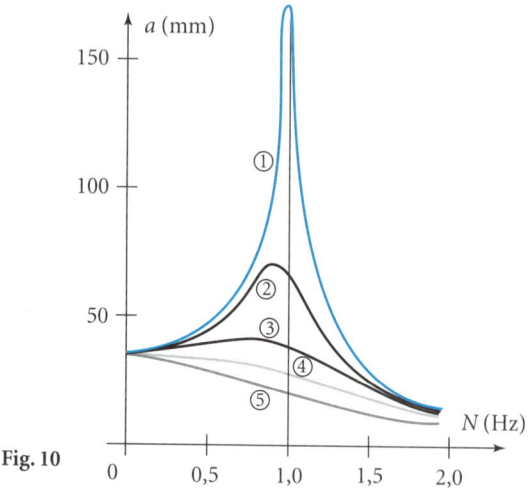

Fig. 10

(corrigés p. 215)

L'épreuve du bac

8 –

- À faire après l'étude des 7 exercices précédents.
- Comme pour le bac, aucune aide n'est donnée dans le texte.
- Rédiger la solution sans aucun document à portée de main.
- Arrêter la recherche et la rédaction de la solution après 53 minutes environ (durée pouvant être consacrée à cette partie durant l'examen).
- Essayer de noter le travail ainsi fait.

Détermination expérimentale de g_0
(Groupe III – septembre 1996 – 5 points)

Un ressort à spires non jointives, de constante de raideur k, de masse négligeable est suspendu à un support vertical par l'une de ses extrémités. Un solide S, de masse m, est accroché à l'autre extrémité inférieure du ressort. Le ressort s'allonge alors de x_0 et une position d'équilibre est atteinte : phase statique.

À partir de sa position d'équilibre, on étire le ressort en faisant descendre le solide verticalement puis on le lâche : phase dynamique.
On constate que le solide S effectue des oscillations de part et d'autre de sa position d'équilibre d'amplitude a et de période T_0.
On déclenche le chronomètre lors du passage du solide par sa position d'équilibre en repérant s'il monte.
On arrête le chronomètre au bout de 20 oscillations.
Les résultats expérimentaux sont rassemblés dans le tableau suivant :

m en g	20	40	60	80	100
x_0 en cm	4,0	8,1	12,2	16,2	20,2
durée de 20 oscillations en s	8,12	11,50	13,90	16,06	17,91

Partie A

1. Pourquoi mesure-t-on la durée de 20 oscillations plutôt que d'une seule ? *0,5 pt*

2. Le repérage dans le temps s'effectue par le passage par la position d'équilibre. Expliquer la raison de ce choix. *0,5 pt*

3. En fait, l'amplitude du mouvement ne reste pas constante au cours du temps. Pourquoi ? *0,5 pt*

Partie B

1. À partir de l'étude statique, établir la relation liant x_0, g_0, m et k.
(g_0 représente la valeur du champ de pesanteur.) *0,75 pt*

2. Étude dynamique : détermination de g_0.

On établit théoriquement : $T_0 = 2\pi\sqrt{\dfrac{m}{k}}$.

a) Exposer succinctement, sans la justifier, une démarche graphique qui, à partir des résultats expérimentaux rassemblés dans le tableau ci-dessus, permettrait de déterminer la valeur k de la constante de raideur du ressort. *0,75 pt*

b) En utilisant la relation trouvée dans la partie B, question **1.**, établir la relation donnant T_0 en fonction de x_0 et g_0. *0,5 pt*

c) Calculer T_0^2 pour chaque situation correspondant aux valeurs de x_0. Présenter les résultats sous forme de tableau. *0,5 pt*

d) Tracer la courbe donnant x_0 en fonction de T_0^2. *0,5 pt*

e) Déduire de la courbe la valeur du champ de pesanteur g_0 sur le lieu de l'expérience. *0,5 pt*

(corrigés p. 216)

CORRIGÉS

La valeur de pesanteur

1 –

1. Véronique passe le fil dans le trou de la bille de plomb et fait un gros nœud pour la bloquer sur le fil. Elle suspend au plafond de sa chambre l'autre extrémité du fil : elle a donc constitué un pendule simple.

2. La période d'un pendule simple est donnée par l'expression :

$T = 2\pi \sqrt{\dfrac{l}{g}}$, avec $T = \dfrac{\tau}{n}$.

D'où : $\left(\dfrac{\tau}{n}\right)^2 = 4\pi^2 \dfrac{l}{g}$.

Et : $g = 4\pi^2 l \left(\dfrac{n}{\tau}\right)^2$; $g = 9{,}801$ m·s^{-2}.

3. $T_L = 2\pi \sqrt{\dfrac{l}{g_L}}$; $T_L = 5{,}95$ s.

Dans le hall du lycée

2 –

1. a) La longueur du pendule simple est la distance du point de suspension du fil au centre d'inertie G de la boule ; la longueur du pendule simple est donc : $l + r$.

La période du pendule est :

$T = 2\pi \sqrt{\dfrac{l+r}{g}}$; $T = 9{,}699$ s.

b) $T = 2\pi \sqrt{\dfrac{l}{g}}$; $T' = 9{,}688$ s.

Conclusion : pour des valeurs données avec quatre chiffres significatifs, les valeurs des périodes sont légèrement différentes. Il faut donc tenir compte du rayon de la boule pour calculer la période du pendule simple.

2. On considère le système « pendule-Terre ». L'énergie mécanique du système est égale à son énergie potentielle à l'instant du lâcher lorsque l'amplitude du pendule est maximale.

On choisit comme origine les altitudes ($z = 0$), le point O', position de la boule à l'équilibre et l'on pose $\mathcal{E}_p(0) = 0$ en ce point. On a donc :
$\mathcal{E}_m = \mathcal{E}_p + \mathcal{E}_c = \mathcal{E}_p(\alpha_m) + \mathcal{E}_c(\alpha_m)$.
Au moment du lâcher, la vitesse de la boule est nulle : D'où :
$\mathcal{E}_m = \mathcal{E}_p(\alpha_m) + 0$; $\mathcal{E}_m = mgh$, avec $h = OH = l(1 - \cos \alpha_m)$.

Comme $\sin \alpha_m = \dfrac{d}{l}$, on obtient :

$\cos \alpha_m = \sqrt{1 - \sin^2 \alpha_m}$, ou encore, $\cos \alpha_m = \sqrt{1 - \left(\dfrac{d}{l}\right)^2}$.

L'énergie mécanique du pendule s'écrit donc :

$\mathcal{E}_m = mgl\left(1 - \sqrt{1 - \left(\dfrac{d}{l}\right)^2}\right)$; $\mathcal{E}_m = 2{,}408$ J.

3. Lorsque le pendule passe à la verticale de O en O', l'énergie potentielle du système est nulle. On a donc :

$\mathcal{E}_m = \mathcal{E}_p(0) + \mathcal{E}_c(0)$; $\mathcal{E}_m = 0 + \dfrac{1}{2} m v_m^2$.

$v_m = \sqrt{\dfrac{2\mathcal{E}_m}{m}}$; $v_m = 1{,}298$ m·s^{-2}.

Pendule pesant

3 –

1. a) L'énergie potentielle du système s'écrit, compte tenu des hypothèses :
$\mathcal{E}_p(\alpha) = \mathcal{E}_p(z) = mg(z_B - z_A) = mgh = mgG_0H$.
Or, $G_0H = G_0O - G_0H = l - l\cos \alpha = l(1 - \cos \alpha)$.
D'où : $\mathcal{E}_p(\alpha) = mgl(1 - \cos \alpha)$.

b) $\mathcal{E}_p(\alpha_1) = 23$ mJ et $\mathcal{E}_p(\alpha_2) = 64$ mJ ; $\mathcal{E}_p(\alpha_m) = 123$ mJ.

2. a) On peut considérer, au début des oscillations du pendule, que celui-ci est un système isolé énergétiquement et conservatif : son énergie mécanique se conserve.
$\mathcal{E}_m = \mathcal{E}_p + \mathcal{E}_c$ (1).
À son élongation maximale, la vitesse du pendule est nulle, son énergie cinétique est donc nulle. La relation précédente s'écrit :
$\mathcal{E}_m = \mathcal{E}_p(\alpha_m) + 0$; $\mathcal{E}_m = \mathcal{E}_p(\alpha_m) = $ cte ; $\mathcal{E}_m = 123$ mJ.
b) $\mathcal{E}_m(\alpha) = $ cte ; $\mathcal{E}_m(\alpha) = 123$ mJ.

3. D'après la relation (1), on a :
$\mathcal{E}_c(\alpha) = \mathcal{E}_m - \mathcal{E}_p(\alpha)$, ou encore, $\mathcal{E}_c(\alpha) = mgl\,(\cos\alpha - \cos\alpha_m)$.

4. Représentation graphique des fonctions $\mathcal{E}_m(\alpha)$, $\mathcal{E}_p(\alpha)$ et $\mathcal{E}_c(\alpha)$, avec $\alpha \in [-35°\,;+35°]$.

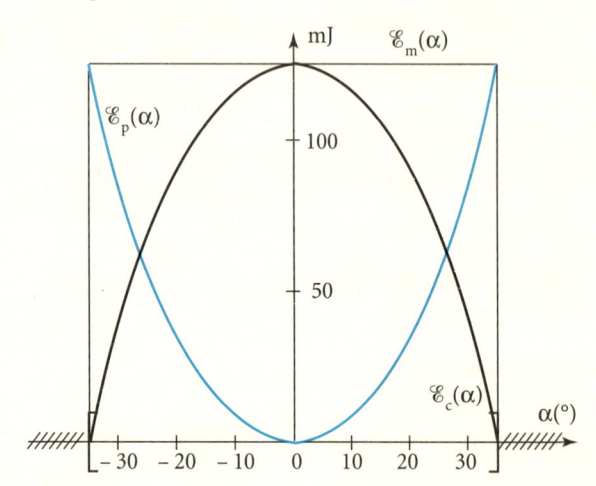

Fig. 11

Étude dimensionnelle

4 –

1. a) On peut écrire symboliquement la relation « aux dimensions » suivante :
$[T] = [m]^\alpha [l]^\beta [g]^\gamma$ (1) ; λ étant une constante, donc sans unité, elle n'apparaît pas dans cette relation.

L'unité de champ de pesanteur est le mètre par seconde carrée (m·s^{-2}), donc au point de vue dimension, on peut écrire : $[g] = [l][T]^{-2}$.

En portant cette dernière expression dans (1), on a :
$[T] = [m]^\alpha [l]^\beta ([l][T]^{-2})^\gamma$; $[T] = [m]^\alpha [l]^{\beta+\gamma} [T]^{-2\gamma}$.

En identifiant les exposants des différentes dimensions dans les deux membres de l'égalité, on obtient :

$\alpha = 0$; $\gamma = -\dfrac{1}{2}$; $\beta = \dfrac{1}{2}$.

La période du pendule simple est donc de la forme : $T = \lambda \sqrt{\dfrac{l}{g}}$.

b) Des études expérimentales montrent que $\lambda = 2\pi$. D'où : $T = 2\pi\sqrt{\dfrac{l}{g}}$.

2. On obtient de même : $[T] = [m]^{\alpha}[k]^{\beta}[g]^{\gamma}$ (1).

Or : $[k] = \dfrac{[m][l][T]^{-2}}{[l]} = [m][T]^{-2}$ et $[g] = [l][T]^{-2}$.

La relation (1) s'écrit :
$[T] = [m]^{\alpha}[m]^{\beta}[T]^{-2\beta}[l]^{\gamma}[T]^{-2\gamma}$;
$[T] = [m]^{\alpha+\beta}[T]^{-2(\beta+\gamma)}[l]^{\gamma}$.

Par identification des exposants, on a :

$\begin{cases} \alpha + \beta = 0 \\ \gamma = 0 \\ -2(\beta + \gamma) = 1 \end{cases} ; \begin{cases} \gamma = 0 \\ \beta = -\dfrac{1}{2} \\ \alpha = -\beta = \dfrac{1}{2} \end{cases}$.

D'où : $T = \lambda\sqrt{\dfrac{m}{k}}$.

On montre que $\lambda = 2\pi$, d'où : $T = 2\pi\sqrt{\dfrac{m}{k}}$.

Protocole expérimental : oscillations mécaniques forcées

5 -

1. A : le ressort et le cylindre.
B : le moteur, le disque, l'excentrique et le fil.
C : forcées.
D : transitoire.
E : identiques.

2. $T = \dfrac{\tau}{n}$; $T = 1{,}165$ s.

$T_0 = 2\pi\sqrt{\dfrac{m}{k}}$, $T_0 = 1{,}168$ s.

T est très légèrement inférieure à T_0, ce qui correspond bien à la réalité.

3. Dans les expériences notées *a)*, *b)*, *c)* et *d)*, les frottements fluides agissant sur l'oscillateur sont de plus en plus importants.
Les correspondances avec les courbes sont les suivantes :

a) ① ;

b) ② ;

c) ③ ;

d) ④.

4. La courbe ④ ne présente pas de pic, même très aplati : les frottements fluides étant trop importants, il y a absence de résonance.
La courbe ① traduit une résonance aiguë.
La courbe ③ traduit une résonance floue.

Protocole expérimental : facteur de qualité d'une résonance

6 –

1. La bande passante ΔN de chaque résonance est :

Courbe	a_0	$\dfrac{a_0}{\sqrt{2}}$	ΔN (Hz)
1	274 mm	194 mm	0,101
2	119 mm	84 mm	0,159
3	45 mm	32 mm	0,551

2. Le facteur de qualité de chaque résonance, $\dfrac{N}{\Delta N}$ est donc :
courbe ①, $Q_1 = 8,4$;
courbe ②, $Q_2 = 5,3$;
courbe ③, $Q_3 = 1,5$.

Testez-vous !

7 –

1. a) Voir page 194, *Les systèmes oscillants.*

b) Non, il faut que le phénomène évolue de façon alternative.

2. a) $T = 2\pi \sqrt{\dfrac{l}{g}}$; $T = 1{,}51$ s.

b) $T_L = 2\pi \sqrt{\dfrac{l}{g_L}}$; $T_L = 3{,}65$ s.

3. a) $T = 2\pi \sqrt{\dfrac{m}{k}}$; $T = 0{,}94$ s.

b) $T_L = T = 0{,}94$ s ; T est indépendant de g.

4. a) $\mathcal{E}_m = \mathcal{E}_p(x_m) + \mathcal{E}_c(x_m)$; $\mathcal{E}_m = \mathcal{E}_p(x_m) + 0$;

$\mathcal{E}_m = \dfrac{1}{2} k x_m^2$; $\mathcal{E}_m = 17{,}9$ mJ ≈ 18 mJ.

b) $\mathcal{E}_m = \mathcal{E}_p(0) + \mathcal{E}_c(0)$; $\mathcal{E}_m = 0 + \dfrac{1}{2} m v_0^2 = \dfrac{1}{2} k x_m^2$.

$v_0 = \sqrt{\dfrac{k}{m}}\, x_m$; $v_0 = 0{,}535$ m·s^{-1} ; $v_0 \approx 0{,}54$ m·s^{-1}.

5. a) et **b)**

Courbe	a_0	$\dfrac{a_0}{\sqrt{2}}$	ΔN	$Q = \dfrac{N_0}{\Delta N}$
①	169 mm	120 mm	0,094 Hz	10,6
②	69 mm	49 mm	0,493 Hz	2,0

c) Les courbes ④ et ⑤ ne présentent pas le phénomène de résonance.

L'épreuve du bac

8 –

Partie A

1. On mesure 20 oscillations pour diminuer les incertitudes sur la mesure de la période T_0 de l'oscillateur.

2. Le passage à la position d'équilibre du pendule donne une meilleure précision que l'élongation maximale ou minimale, plus difficile à repérer.

3. L'amplitude des oscillations diminue au cours du temps. Cela est dû à la diminution de l'énergie mécanique de l'oscillateur. Il perd de l'énergie ; cela est dû aux frottements dans l'air du solide S et du ressort qui oscillent.

Partie B

1. Le système étudié par rapport au référentiel terrestre supposé galiléen est le solide S.

Sur ce système agissent :

- le poids de S : $\vec{P}$ appliqué en G ;
- la tension $\vec{T_0}$ du ressort appliquée en A.

Le système étant immobile par rapport au référentiel, on a :
$$\sum \vec{F} = \vec{0}$$
$$\vec{P} + \vec{T_0} = \vec{0}, \text{ ou encore, } P = T_0.$$

En désignant par x_0 l'allongement du ressort sous l'effet de la tension due au solide S, on a :
$$mg_0 = kx_0 \quad (1).$$

2. a) En élevant au carré l'expression de la période, on obtient :
$$T_0^2 = 4\pi^2 \frac{m}{k}$$

ou encore :
$$m = \frac{k}{4\pi^2} T_0^2 \quad (2).$$

En posant : $\dfrac{k}{4\pi^2} = a$ et $T_0^2 = x$, (2) devient : $m = ax$.

C'est une fonction linéaire. La valeur de a peut être déterminée graphiquement*. La valeur de k est alors :
$$k = 4\pi^2 a.$$

* : a est le coefficient directeur du segment de droite tracé.

b) En portant l'expression de m, obtenue depuis (1), dans la relation (2), on obtient :

$(1) \Rightarrow m = \dfrac{kx_0}{g_0}$;

$\dfrac{kx_0}{g_0} = \dfrac{k}{4\pi^2} T_0^2.$

D'où l'expression :

$x_0 = \dfrac{g_0}{4\pi^2} T_0^2$, ou encore : $T_0 = 2\pi \sqrt{\dfrac{x_0}{g_0}}$.

c) Le tableau demandé est :

x_0 en cm	4,0	8,1	12,2	16,2	20,2
T_0 en s	0,406	0,575	0,695	0,803	0,896
T_0^2 en s^2	0,165	0,331	0,483	0,645	0,802

CORRIGÉS

La courbe représentative de $x_0 = f(T_0^2)$ est une droite qui passe par l'origine et, d'après l'expression précédemment établie, son coefficient directeur aura pour valeur $a' = \dfrac{g_0}{4\pi^2}$.

d) La courbe $x_0 = f(T_0^2)$, avec $T_0^2 \in [0\,;0{,}802]$ en s², est :

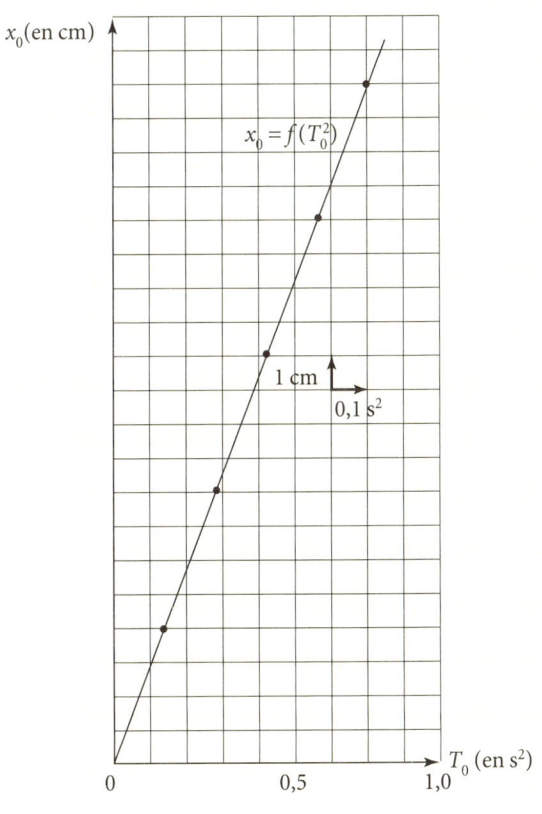

Fig. A

e) D'après la représentation graphique :
$a' = \dfrac{20{,}2}{0{,}802}$; $a' = 0{,}252$ m·s^{-2}.

Comme $g_0 = 4\pi^2 a'$, on a : $g_0 = 9{,}9$ m·s^{-2}.

9
CONDENSATEUR ET DIPÔLE *RC*

COURS

- Le dipôle « condensateur »
- Capacité d'un condensateur
- Étude de la charge et de la décharge
- Énergie emmagasinée

MÉTHODE

- Étude d'un circuit LC

EXERCICES

- Charge d'un condensateur à courant constant
- Condensateur à feuilles enroulées
- Perte d'énergie ?
- Charge et décharge d'un condensateur
- Constante de temps d'un circuit « RC »
- Le condensateur : récepteur ou générateur ?
- Protocole expérimental : visualisation de la fonction $q_A = f(UAB)$
- Testez-vous !
- L'épreuve du bac
- Corrigés

9
CONDENSATEUR ET DIPÔLE RC

Le dipôle « condensateur »

Charge et décharge d'un condensateur

Un **condensateur** est un dipôle constitué de deux conducteurs, encore appelés « armatures », séparés par un isolant appelé « diélectrique ».

Mise en évidence

On réalise le montage de la figure 1. L'interrupteur étant mis sur la position 1, on constate qu'il passe dans le circuit un courant électrique i pendant un court instant et que la tension se stabilise aux bornes du condensateur à la valeur de celle délivrée par le générateur : le condensateur s'est chargé.

L'interrupteur étant mis sur la position 2, on constate qu'il passe dans le circuit un courant électrique i' pendant un court instant et que la tension aux bornes du condensateur redevient nulle ; le condensateur s'est déchargé.

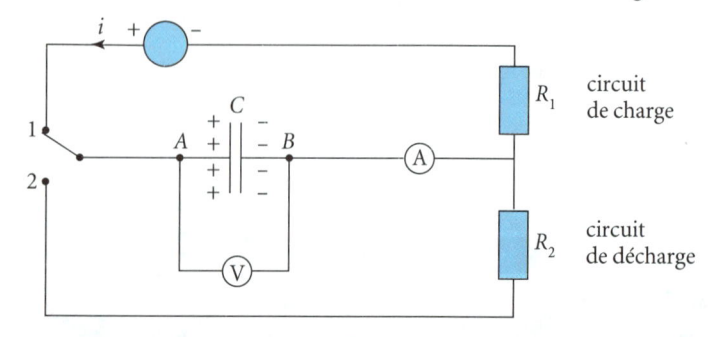

Fig. 1

Relation entre la charge et l'intensité

À chaque instant t, on désigne par q la charge prise par une armature, on a : $q_A(t) = -q_B(t)$.

Par définition d'une intensité : $i(t) = \dfrac{q_A(t') - q_A(t)}{t' - t}$.

D'où : $i(t) = q'(t)$, ou encore, $i(t) = \dot{q}(t)$, ou plus simplement : $i = \dot{q}$.

Capacité d'un condensateur

Relation entre charge et tension

Des études expérimentales montrent que la relation existant entre la charge q_A prise par l'armature A d'un condensateur et la tension u_{AB} existant à ses bornes A et B est une relation linéaire :
$$q_A = k u_{AB}.$$
La constante k ne dépend que du condensateur utilisé ; les physiciens appellent cette constante la capacité C du condensateur. La capacité s'exprime en farads (F).

$q_A = C u_{AB}$	q_A, charge du condensateur (C) ; C, capacité du condensateur (F) ; u_{AB}, tension entre les armatures du condensateur (V).

Capacité d'un condensateur plan

Un condensateur constitué de deux armatures planes parallèles entre elles s'appelle condensateur plan. Sa capacité s'exprime par la relation :

$C = \dfrac{\varepsilon A}{e}$	C, capacité du condensateur (F) ; ε, permittivité du diélectrique (F·m^{-1}) ; A, aire des armatures se faisant face (m^2) ; e, épaisseur du diélectrique (m).

Si les armatures sont séparées par le vide, la permittivité est désignée par ε_0 (permittivité du vide) :
$$\varepsilon_0 = 8{,}85 \times 10^{-12} \text{ F·m}^{-1}.$$

Étude de la charge et de la décharge

Visualisation de la tension u_{AB}

Les oscillogrammes
On réalise le montage de la figure 2.

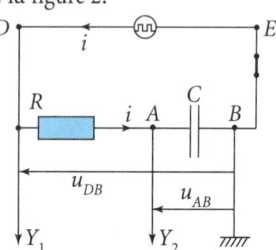

Fig. 2

La tension aux bornes du condensateur est fonction de C et également de R, résistance du conducteur ohmique du circuit « RC ». La tension u_{AB} est fonction du produit RC : $R_a C_a < R_b C_b$.

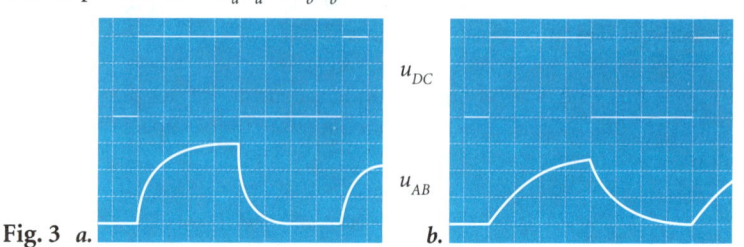

Fig. 3 *a.* *b.*

Constante de temps

La durée de la charge ne dépend que du produit RC. Ce produit est encore appelé constante de temps : $\tau = RC$.

Relation liée au phénomène

L'équation différentielle

- L'additivité des tensions appliquées au circuit de la figure 2 donne :
$u_{DA} + u_{AB} + u_{BE} = u_{DE}$ et $u_{DA} = Ri$, $i = q'_A = Cu'_{AB}$ et $u_{BE} = 0$.

On obtient donc : $\dot{u}_{AB} + \dfrac{u_{AB}}{RC} = \dfrac{u_{DE}}{RC}$.

Si $u_{DE} = U =$ cte, on a : $\dot{u}_{AB} + \dfrac{u_{AB}}{RC} = \dfrac{U}{RC}$.

À la décharge, $U = 0$; d'où : $\dot{u}_{AB} = \dfrac{u_{AB}}{RC} = 0$.

Le produit RC a la dimension d'un temps :

$\tau = RC$	τ, constante de temps du circuit (s) ; R, résistance du circuit (Ω) ; C, capacité du condensateur (F).

Solution de l'équation différentielle

L'équation différentielle précédente admet comme solution, avec U tension délivrée par le générateur :

– à la charge, $u_{AB}(t) = U\left(1 - \exp\left(-\dfrac{t}{\tau}\right)\right)$;

– à la décharge, $u_{AB}(t) = U \exp\left(-\dfrac{t}{\tau}\right)$.

Énergie emmagasinée

Puissance instantanée reçue

La puissance instantanée reçue est donnée par l'expression : $p(t) = u_{AB}(t)i(t)$.

Comme $u_{AB} = \dfrac{q_A}{C}$ et $i = q'_A$, on a donc : $p = \dfrac{q_A}{C} q'_A$.

Énergie emmagasinée

Par définition, le travail électrique reçu par le condensateur s'écrit :
$W_e = \displaystyle\int_0^t p(t)\,dt = \dfrac{q_A}{C}\,dq_A$; $W_e = \dfrac{1}{2}\dfrac{q_A^2}{C}$.

En fin de charge, le travail électrique reçu est égal à l'énergie électrostatique $\mathcal{E}_{él}$ emmagasinée dans le condensateur. En posant $U_{AB} = U$ et $Q_A = Q$, on a $Q = CU$. Et :

$\mathcal{E}_{él} = \dfrac{Q^2}{2C} = \dfrac{CU^2}{2} = \dfrac{QU}{2}$	$\mathcal{E}_{él}$, énergie électrostatique (J) ; Q, charge du condensateur (C) ; C, capacité du condensateur (F) ; U, tension de charge du condensateur (V).

MÉTHODE

Étude d'un circuit *LC*

Énoncé

On réalise le montage électrique de la figure 2 p. 222.
Le générateur délivre une tension crénaux $(0\,;\,U = 6{,}0\text{ V})$.
La capacité du condensateur est C et le condensateur ohmique a pour résistance R. Les tensions u_{DB} et u_{AB} sont visualisées sur l'écran d'un oscilloscope (*fig. 3a*).
On se propose de rechercher un modèle mathématique de la courbe visualisant la tension aux bornes du condensateur (*fig. 3a*).

1. En utilisant la figure 2, établir l'équation différentielle qui régit la charge du condensateur.

2. L'équation différentielle précédente admet une solution de la forme :
$u_{AB}(t) = \lambda(1 - \exp(-\alpha t))$.
Déterminer les constantes λ et α.

3. En utilisant la figure 2, établir l'équation différentielle qui régit la décharge du condensateur.

4. L'équation différentielle précédente admet une solution de la forme :
$u_{AB}(t) = \lambda'\exp(-\alpha' t)$.
Déterminer les constantes λ' et α'.

5. Les modèles trouvés correspondent-ils bien aux courbes observées ?

Solution commentée

- Utiliser l'additivité des tensions et les expressions de la tension aux bornes du conducteur ohmique et du condensateur.
- Se rappeler que : $i = \dfrac{dq_A}{dt}$, ou encore, $i = \dot{q}$.

1. L'additivité des tensions appliquée au circuit donne :
$u_{DA} + u_{AB} = u_{DB}$.
On a : $u_{DA} = Ri$ et $i = \dot{q}_A = C\dot{u}_{AB}$ donc : $u_{DA} = RC\dot{u}_{AB}$.
Comme $u_{DB} = U$ à la charge, on obtient :

$$RC\dot{u}_{AB} + u_{AB} = U,\text{ ou encore, } \dot{u}_{AB} + \frac{1}{RC}u_{AB} = \frac{U}{RC} \quad (1).$$

- Faire tendre $t \to$ vers une grande valeur, la tension aux bornes du condensateur tend vers U.

- Remplacer dans l'équation trouvée en (1), l'expression de la solution et de la dérivée.

2. Par hypothèse, $u_{AB} = \lambda(1 - \exp(-\alpha t))$.
Pour t très grand : $\exp(-\alpha t) \approx 0$ et $u_{AB}(t) = U$.
D'où : $U = \lambda(1 - 0^+)$; $\lambda = U$.
En remplaçant u_{AB} et $\dot{u}_{AB}$ par leurs expressions dans (1), on a :

$$U\alpha \exp(-\alpha t) + \frac{U}{RC}[1 - \exp(-\alpha t)] = \frac{U}{RC} ;$$

$$U\alpha \exp(-\alpha t) - \frac{U}{RC}\exp(-\alpha t) = 0 ; \quad \alpha = \frac{1}{RC} = \tau.$$

La solution de l'équation différentielle est donc :

$$u_{AB} = U\left[1 - \exp\left(-\frac{t}{RC}\right)\right].$$

Même technique que celle utilisée en 1., mais maintenant c'est une décharge du condensateur.

3. Pendant la décharge, la tension $u_{DE} = 0$; l'équation (1) s'écrit :

$$\dot{u}_{AB} + \frac{1}{RC}u_{AB} = 0 \quad (2).$$

Même technique que celle utilisée en 2., mais maintenant la tension aux bornes du condensateur tend vers 0.

4. Par hypothèse, $u_{AB} = \lambda' \exp(-\alpha' t)$. En calculant u_{AB} et en portant ces valeurs dans (2), on obtient :

$$-\lambda'\alpha \exp(-\alpha' t) + \frac{\lambda'}{RC}\exp(-\alpha' t) = 0.$$

Après simplification, on a : $\alpha' = \dfrac{1}{RC} = \tau$.

À l'instant origine ($t = 0$), la tension aux bornes du condensateur est $u_{AB}(0) = U$. D'où : $u_{AB}(0) = \lambda'$ et $\lambda' = U$.

Bien observer les courbes des figures 3a et 3b.

5. Les courbes représentatives des fonctions :

$$u_{AB} = U\left[1 - \exp\left(\frac{t}{RC}\right)\right] \text{ et } u_{AB} = U\exp\left(\frac{t}{RC}\right)$$

correspondant bien aux courbes observées sur les oscillogrammes (courbes du bas).

Méthode : établir des relations algébriques dans un circuit *LC*

Opérations préliminaires

• Orienter le circuit par une flèche tracée sur un fil afin de définir la valeur algébrique positive de l'intensité du courant électrique.

• Choisir et définir la prise de la tension : $u = V_A - V_B$; la pointe de la flèche étant sur le point A et la queue de la flèche sur le point B.

Aux bornes d'un conducteur ohmique
En fonction des orientations choisies, la loi d'Ohm s'écrit :

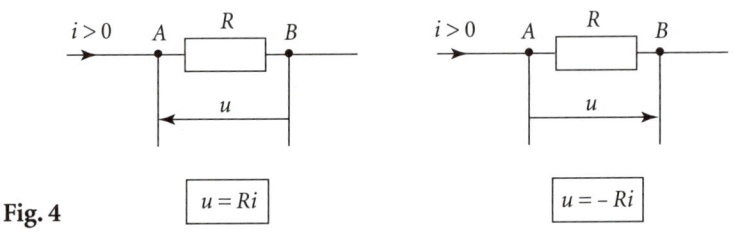

Fig. 4

$$u = Ri$$

$$u = -Ri$$

Aux bornes d'un condensateur
En fonction des orientations choisies, la charge q_X de l'armature X et la tension u aux bornes du condensateur sont liées par les relations :

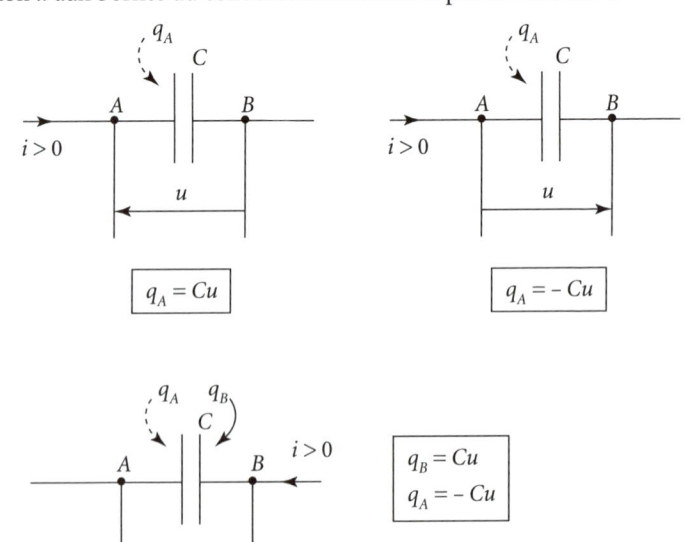

$$q_A = Cu$$

$$q_A = -Cu$$

$$q_B = Cu$$
$$q_A = -Cu$$

Fig. 5

Charge d'un condensateur à courant constant ★★

1 — On charge un condensateur de capacité C, initialement déchargé, avec un générateur de courant. L'intensité du courant électrique est alors $I = 175$ µA. Au début de la charge, la tension aux bornes du condensateur est nulle. Après une charge de 17 s, la tension aux bornes est de 0,86 V.

1. a) Quelle est la particularité d'un générateur de courant ?
b) Donner l'expression de la fonction $u_{AB}(t) = f(t)$.
c) Tracer cette fonction.
2. Calculer la capacité C du condensateur utilisé. *(corrigés p. 234)*

Condensateur à feuilles enroulées ★

2 — Un condensateur est constitué de deux bandes de papier d'aluminium de largeur 20 mm et de longueur 80 mm, séparées par une bande d'un diélectrique d'épaisseur 0,18 mm, dont la permittivité est $\varepsilon = 2{,}0 \times 10^{-10}$ F·m^{-1}. Les bandes sont ensuite enroulées et entourées dans un isolant ; chaque bande d'aluminium est reliée à un fil conducteur.

1. Quelle est alors la capacité C du condensateur ainsi réalisé, en supposant que la relation donnant la capacité d'un condensateur plan lui soit applicable ?
2. a) Ce condensateur est chargé sous une tension de 6,0 V. Calculer la charge Q emmagasinée dans ce condensateur.
b) Calculer l'énergie électrostatique stockée dans ce condensateur.
(corrigés p. 234)

Perte d'énergie ? ★★

3 — On charge un condensateur de capacité $C_1 = 47$ µF sous une tension $U = 48$ V. Ce condensateur est déconnecté du circuit de charge puis relié à un deuxième condensateur non chargé, de capacité $C_2 = 10$ µF.

Chaque condensateur se trouve ainsi chargé sous une nouvelle tension notée U'.

1. a) Calculer la nouvelle tension U'.

b) Déterminer alors les charges Q'_1 et Q'_2 prises par les deux condensateurs.

2. a) Calculer la variation de l'énergie électrostatique stockée dans les deux condensateurs au cours de cette manipulation.

b) Qu'est devenue cette énergie ? *(corrigés p. 235)*

Charge et décharge d'un condensateur

4 — On se propose d'étudier le phénomène de charge et de décharge d'un condensateur de capacité C. Pour cela, on réalise le montage de la figure 2, page 222. Le générateur délivre une tension créneaux (0 ; U = 6,0 V). On obtient alors l'oscillogramme de la figure 3a, page 222.

1. a) Expliquer la forme des deux courbes obtenues.

b) On répète l'expérience avec un conducteur ohmique de résistance R' = 2R. On obtient la courbe de la figure 3b. Justifier la forme de la deuxième courbe obtenue.

2. a) On observe le même phénomène (*fig. 3b*) en utilisant le conducteur ohmique de résistance R et un condensateur de capacité C' = 2C. Justifier cette observation.

b) En répétant l'expérience avec R'' = 2R et $C'' = \dfrac{C}{2}$, on obtient la figure 3a.

Justifier cette observation. *(corrigés p. 234)*

Constante de temps d'un circuit « RC » ★★★

5 — On effectue un grossissement des oscillogrammes de la figure 3, étudiés précédemment (*fig. 6*).

On donne les coordonnées des points M et N ; la résistance du circuit est R = 10 kΩ.

En utilisant les tracés, déterminer les valeurs de C et de C'.

L'équation de charge du condensateur est :
$$u_{AB} = U\left[1 - \exp\left(-\frac{t}{\tau}\right)\right].$$

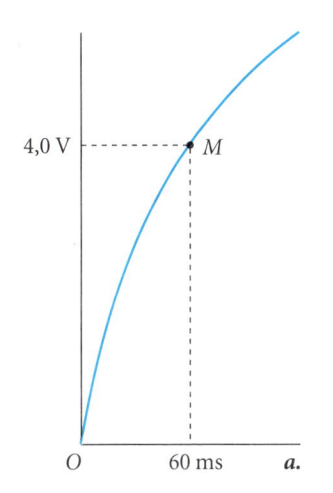

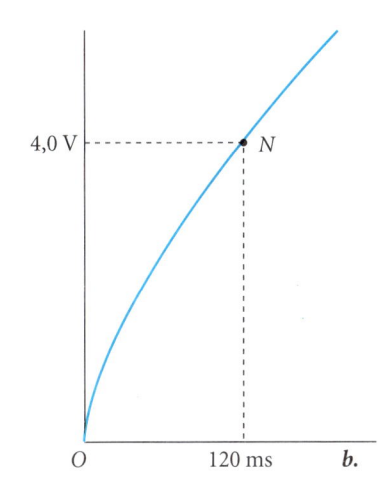

Fig. 6

Des données des représentations graphiques et de l'équation de charge, on déduit facilement la constante de temps, d'où la valeur de C.

(corrigés p. 236)

Le condensateur : récepteur ou générateur ? ★★★

6 — On charge un gros condensateur de capacité $C = 0{,}50$ F sous une tension $U = 6{,}0$ V.

1. a) Quel est le rôle joué par le condensateur ?

b) Quelle est l'énergie électrostatique stockée dans ce condensateur ?

2. Les deux bornes du condensateur ainsi chargé sont reliées aux bornes d'un petit moteur électrique qui monte un corps de masse $m = 150$ g.
L'intensité du courant électrique passant dans le moteur devenant trop faible, le moteur s'arrête. Le corps s'est alors soulevé d'une hauteur $h = 1{,}687$ m et la tension aux bornes du condensateur est alors $U' = 2{,}5$ V.

a) Quel est le rôle joué par le condensateur ?

b) Calculer le travail mécanique nécessaire pour faire monter l'objet.

3. a) Calculer l'énergie électrostatique $\mathcal{E}'_{él}$ restant dans le condensateur.

b) Calculer le rendement de l'opération. On donne : $g = 9{,}8$ m·s^{-2}.
On entend par rendement de l'opération le rapport de l'énergie mécanique reçue par l'objet, par l'énergie électrostatique utilisée. *(corrigés p. 237)*

Protocole expérimental : visualisation de la fonction $q_A = f(u_{AB})$ ★★★

7 — On veut visualiser sur l'écran du moniteur d'un ordinateur la fonction $q_A(t) = f(u_{AB}(t))$, avec $q_A(t)$ la charge prise par l'armature cible A et $u_{AB}(t)$ la tension aux bornes du condensateur (AB). Pour cela, on capte la tension u_{AB} et l'intensité i passant dans le circuit.

1. a) Faire le schéma du circuit en indiquant le sens du courant électrique.

b) Sur ce même schéma, indiquer les branchements à réaliser avec les capteurs de l'interface de l'ordinateur afin de visualiser la courbe.

2. a) Pour calculer $q_A(t)$, quelle opération faut-il que le logiciel effectue à partir des grandeurs captées ?

b) Décrire le protocole expérimental pour effectuer une acquisition, pour que la charge soit faite sous une tension de 7,0 V.

3. On obtient sur l'écran la courbe de la figure 7.
Calculer la capacité C du condensateur. On donne $R = 56$ kΩ.

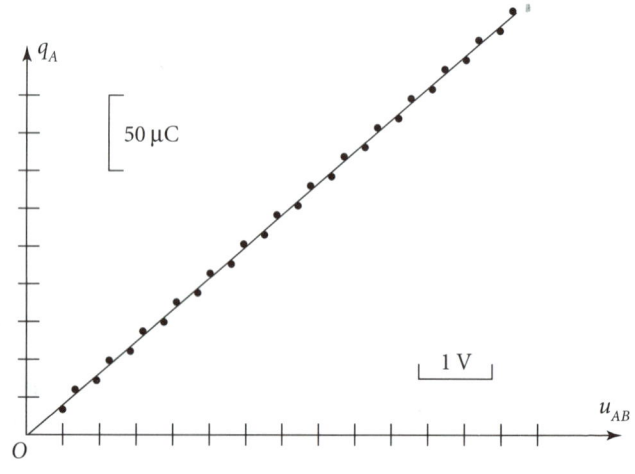

Fig. 7

4. Calculer la constante de temps du circuit « RC ». *(corrigés p. 238)*

COURS　　　MÉTHODE　　　EXERCICES

Testez-vous !

8 — *Quatre points à chaque exercice juste. Bon courage !*

1. a) Un condensateur de capacité $C = 56$ µF est chargé sous une tension $U_{AB} = 12$ V. Calculer les charges prises par ses armatures.

b) On le charge maintenant sous une tension $U_{AB} = 24$ V. Calculer les nouvelles charges prises par ses armatures.

2. a) Un condensateur de capacité 2,2 mF est chargé sous une tension de $U_{AB} = 48$ V. Calculer l'énergie électrostatique stockée dans le condensateur.

b) On le charge maintenant sous une tension $U_{AB} = 24$ V. Calculer la nouvelle énergie électrostatique stockée.

3. a) Un circuit « *RC* » possède les caractéristiques suivantes : $R = 5{,}0$ kΩ et $C = 1{,}0$ mF. Calculer sa constante de temps.

b) On triple la valeur de *R* et l'on double la valeur de *C*. Calculer la nouvelle constante de temps de ce circuit.

4. La base d'un nuage et la terre située en dessous, séparées par de l'air, peuvent être considérées comme un condensateur plan. On donne :

- tension entre la base du nuage et la terre, $U = 1{,}0 \times 10^8$ V ;
- aire de base du nuage, $S = 1{,}0$ km² ;
- altitude de la base du nuage, $h = 500$ m ;
- permittivité de l'air, $\varepsilon = \varepsilon_0 = 8{,}9 \times 10^{-12}$ F·m⁻¹.

Calculer la charge de ce condensateur géant. Calculer l'énergie électrostatique stockée dans ce condensateur.

5. On reprend les données précédentes. La vitesse de l'éclair se propage à la vitesse de $1{,}0 \times 10^5$ m·s⁻¹.

a) Calculer l'intensité moyenne du courant électrique véhiculé par l'éclair.

b) Calculer la puissance électrique transférée au cours de la décharge.

(corrigés p. 239)

L'épreuve du bac

9 —

- À faire après l'étude des 8 exercices précédents.
- Comme pour le bac, aucune aide n'est donnée dans le texte.
- Rédiger la solution sans aucun document à portée de main.

- **Arrêter la recherche et la rédaction de la solution après 53 minutes environ** (durée pouvant être consacrée à cette partie durant l'examen).
- **Essayer de noter le travail ainsi fait.**

Dipôle *RC*
(Polynésie – juin 1998 – 5 points)

On se propose d'étudier expérimentalement, à l'aide d'un oscilloscope bicourbe, le comportement d'un dipôle *RC* soumis à une tension rectangulaire.

A – On réalise le montage de la figure 1 avec $R = 10\ k\Omega$ et $C = 10\ nF$.

Pour des raisons de sécurité, les masses des appareils électriques sont reliées à la Terre ; celle du générateur a été fixée au point M.
Les réglages de l'oscilloscope sont les suivants :
balayage horizontal : 200 ms/div ;
« sensibilité » verticale : 1 V/div pour les deux voies.
La ligne médiane horizontale de l'écran correspond à 0 V.

1. Sur la figure A, indiquer les branchements de l'oscilloscope pour observer sur la voie A la tension u aux bornes du générateur et sur la voie B la tension u_1 aux bornes du condensateur. | *0,5 pt* |

2. On obtient l'oscillogramme de la figure B.

a) Sur ce schéma (*fig. B*), renforcer en couleur la courbe représentant la tension u_1. Justifier la réponse. | *0,5 pt* |

b) Déterminer les valeurs minimale et maximale de la tension u et la fréquense N du générateur. | *0,5 pt* |

c) Exprimer et calculer la constante de temps τ de ce dipôle. | *0,5 pt* |

d) Évaluer approximativement, en µs, la durée Δt nécessaire pour charger complètement le condensateur. La comparer à τ. | *0,5 pt* |

3. On diminue la fréquence du générateur jusqu'à $N' = 500\ Hz$, les autres réglages restant inchangés.
Représenter sur la figure C le nouvel oscillogramme obtenu et justifier le tracé de chaque courbe. | *1 pt* |

B – On désire maintenant visualiser les variations de la tension u_2 aux bornes du conducteur ohmique R, à partir du montage de la figure 1, lorsque la fréquence du générateur vaut 625 Hz.

1. Quel intérêt présente cette tension u_2 ? | *0,5 pt* |

2. Quelle relation existe-t-il, à chaque instant, entre u, u_1 et u_2 ? | *0,5 pt* |

3. Indiquer un moyen d'obtenir la tension u_2 sur l'écran sachant que l'oscilloscope possède une touche d'addition des tensions des voies A et B ($\boxed{ADD}$) et une touche d'inversion du signe de la tension de la voie B ($\boxed{-Y_B}$). $\boxed{0,5\ pt}$

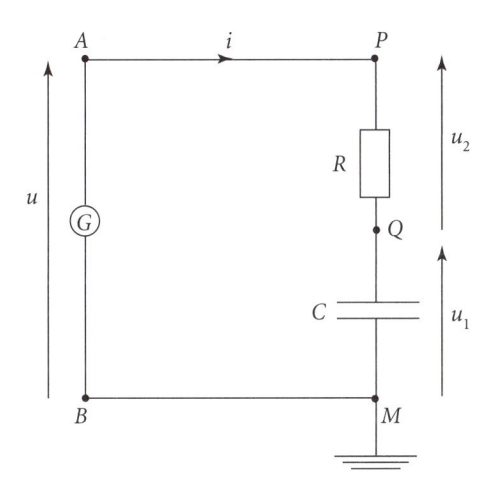

Fig. A

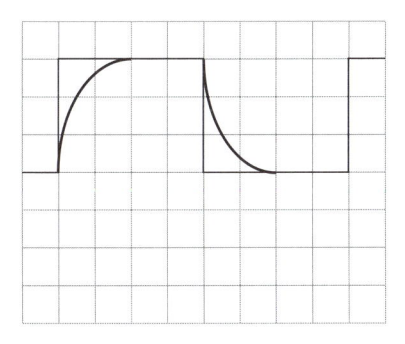

Fig. B

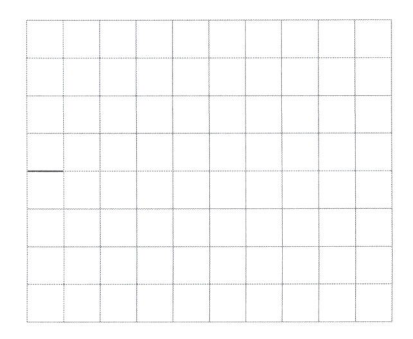

Fig. C

(corrigés p. 239)

CORRIGÉS

Charge d'un condensateur à courant constant

1 –

1. a) La particularité d'un générateur de courant est de délivrer une intensité de courant électrique constante.

b) On pose : $i(t) = I$. Lors de la charge, on a : $q'_A(t) = I$; $q_A(t) = It + q_A(0)$. Or, par hypothèse, à l'instant $t = 0$, $q_A(0) = 0$. D'où : $q_A(t) = It$. Comme $q_A(t) = Cu_{AB}(t)$, on a :

$u_{AB}(t) = \dfrac{I}{C}t$.

c) Tracé de la fonction $u_{AB}(t) = f(t)$
Si $t = 0$; $u_{AB}(0) = 0$.
Si $t = 17$ s ; $u_{AB}(17) = 0{,}86$ V.

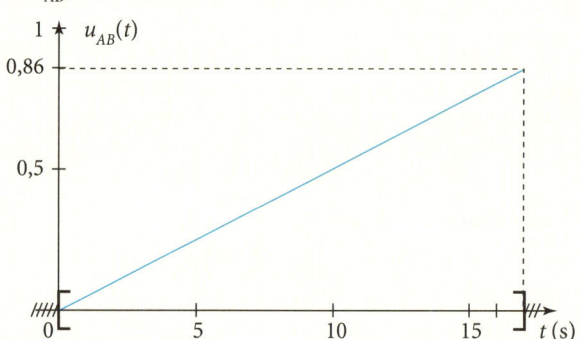

Fig. 8

2. Le coefficient directeur de la droite $u_{AB} = f(t)$ est égal, d'après (1), à $\dfrac{I}{C}$. Sa valeur est :

$a = \dfrac{0{,}86}{17}$ V·s^{-1}. D'où : $C = \dfrac{I}{a}$; $C = 3{,}5$ mF.

Condensateur à feuilles enroulées

2 –

1. La capacité C du condensateur est :

$C = \dfrac{\varepsilon S}{e}$; $C = \dfrac{\varepsilon Ll}{e}$; $C = \dfrac{2{,}0 \times 10^{-10} \times 20 \times 10^{-3} \times 80 \times 10^{-3}}{0{,}18 \times 10^{-3}}$; $C = 1{,}8$ nF.

2. a) $Q = CU$; $Q = 1{,}1 \times 10^{-8}$ C.

b) $\mathscr{E}_{\text{él}} = \dfrac{1}{2} CU^2$; $\mathscr{E}_{\text{él}} = 3{,}2 \times 10^{-8}$ J.

Perte d'énergie ?

3 –

1. a) Soit Q_1 la charge du condensateur (C_1) avant la connexion et soit Q'_1 et Q'_2 les charges prises par les condensateurs (C_1) et (C_2) après la connexion entre eux.
La charge se conserve, on a donc :
$Q_1 = Q'_1 + Q'_2$ (1).
Or, $Q_1 = C_1 U$, $Q'_1 = C_1 U'$ et $Q'_2 = C_2 U'$.
En portant dans (1), on obtient :

$C_1 U = C_1 U'_1 + C_2 U'_2$; $U' = \dfrac{C_1}{C_1 + C_2} U$; $U' = 40$ V.

b) $Q'_1 = C_1 U'$; $Q'_1 = 1{,}9$ mC.
$Q'_2 = C_2 U'$; $Q'_2 = 0{,}40$ mC.

2. a) $\Delta \mathscr{E}_{\text{él}} = \mathscr{E}_{\text{él finale}} - \mathscr{E}_{\text{él initiale}}$;

$\Delta \mathscr{E}_{\text{él}} = \dfrac{1}{2} C_1 U'^2 + \dfrac{1}{2} C_2 U'^2 - \dfrac{1}{2} C_1 U^2$;

$2\Delta \mathscr{E}_{\text{él}} = C_1 \left(\dfrac{C_1}{C_1 + C_2} \right)^2 U^2 + C_2 \left(\dfrac{C_1}{C_1 + C_2} \right)^3 U^2 - C_1 U^2$;

$\dfrac{2\Delta \mathscr{E}_{\text{él}}}{U^2} = \dfrac{C_1^2}{C_1 + C_2} - C_1 = \dfrac{-C_1 C_2}{C_1 + C_2}$;

$\Delta \mathscr{E}_{\text{él}} = - \dfrac{C_1 C_2}{2(C_1 + C_2)} U^2$; $\Delta \mathscr{E}_{\text{él}} = -9{,}5$ mJ.

b) Il y a eu perte d'énergie électrostatique au cours de la connexion. Cette énergie s'est dissipée dans l'environnement sous forme d'énergie d'agitation microscopique.

Charge et décharge d'un condensateur

4 –

1. a) La première courbe de l'oscillogramme correspond à la tension délivrée par le générateur à « tension créneaux » [0 ; 6,0 V]. On constate que la déviation verticale de la voie Y_1 a pour coefficient de déviation verticale de la voie l : $2\,\text{V}\cdot\text{div}^{-1}$.

La deuxième courbe correspond à la tension $u_{AB}(t)$ existant aux bornes du condensateur.

Pendant les phases où le générateur délivre une tension $U = 6{,}0$ V, la tension u_{AB} croît puis se stabilise, au bout d'une certaine durée, à la tension $U_{AB} = U$.

Pendant les phases où le générateur délivre une tension nulle, la tension u_{AB} décroît puis s'annule après une certaine durée.

b) La résistance ayant une valeur plus élevée ($R' = 2R$), la constante de temps τ' est plus élevée et le condensateur se charge plus lentement. La tension u_{AB} atteint sa valeur maximale U après une durée plus grande. Même constatation pour la décharge du condensateur. La courbe apparaît plus écrasée.

2. a) Le condensateur utilisé dans le circuit a maintenant une capacité $C' = 2C$.

La constante de temps du circuit « RC » est donc la même que celle du circuit « RC » correspondant à l'oscillogramme de la figure 3b ($R' = 2R$).

Si $R' = 2R$ et $C' = C$, on a : $\tau' = 2RC$.
Si $R' = R$ et $C' = 2C$, on a : $\tau' = 2RC$.

Les constantes de temps étant les mêmes, les formes des courbes de charges et décharges sont donc les mêmes.

b) Si $R'' = 2R$ et $C'' = \dfrac{C}{2}$, la constante de temps est donc :

$\tau'' = 2R\dfrac{C}{2} = RC = \tau$. On retrouve les courbes de la figure 3a.

Constante de temps de circuit « RC »

5 –

Les points M et N sont situés sur une courbe de charge de condensateur ; l'équation de ces courbes est :

$u_{AB} = U\left[1 - \exp\left(-\dfrac{t}{\tau}\right)\right].$

D'après la figure 4, les coordonnées correspondantes du point M sont :
$u_{AB} = 4,0$ V et $t = 0,060$ s.

D'où : $4,0 = 6,0\left[1 - \exp\left(-\dfrac{0,060}{\tau}\right)\right]$;

$\dfrac{2}{3} = 1 - \exp\left(-\dfrac{0,060}{\tau}\right)$; $\exp\left(-\dfrac{0,060}{\tau}\right) = \dfrac{1}{3}$; $\dfrac{0,060}{\tau} = \ln 3$; $\tau = \dfrac{0,060}{\ln 3}$;

$\tau = 55$ ms.

Par définition, on a : $\tau = RC$. D'où : $C = \dfrac{\tau}{R}$; $C = 5,5$ µF.

D'après la figure 4, les coordonées de N sont :
$u_{AB} = 4,0$ V et $t = 0,120$ s.

On a de même : $\tau' = \dfrac{0,120}{\ln 3}$; $\tau' = 0,11$ s.

Et $C' = \dfrac{\tau'}{R}$; $C' = 11$ µF.

Le condensateur : récepteur ou générateur

6 –

1. a) Le condensateur joue le rôle d'un récepteur d'énergie électrique : il stocke de l'énergie électrostatique.

b) $\mathscr{E}_{él} = \dfrac{1}{2}CU^2$; $\mathscr{E}_{él} = 9,0$ J.

2. a) Le condensateur joue le rôle d'un générateur d'énergie électrique : il libère son énergie électrostatique stockée.

b) Le travail mécanique nécessaire pour soulever l'objet est :
$W = mgh$; $W = 2,48$ J.

3. a) L'énergie électrostatique restant dans le condensateur est :
$\mathscr{E}'_{él} = \dfrac{1}{2}CU'^2$; $\mathscr{E}'_{él} = 1,56$ J.

b) Le rendement η de l'opération est : $\eta = \dfrac{W}{\mathscr{E}_{él} - \mathscr{E}'_{él}}$; $\eta = 0,33$.

Protocole expérimental : visualisation de la fonction $q_A = f(u_{AB})$

7 –

1. a) et b)

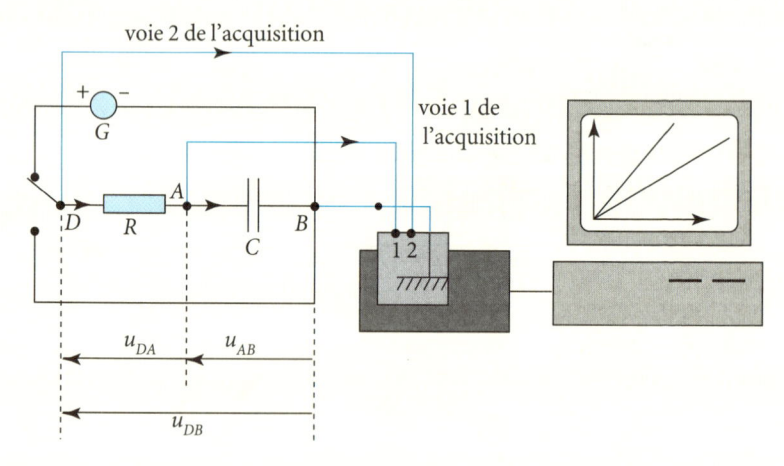

Fig. 9

2. a) Il faut programmer les calculs suivants, le logiciel effectuant automatiquement les calculs.

1) Faire calculer : $u_{DA} = u_{DB} - u_{AB}$.

2) Faire calculer : $i = \dfrac{u_{DA}}{R}$.

3) Comme $i(t) = \dot{q}_A(t)$, le logiciel calcule la charge électrique $q_A(t)$ comme étant l'intégrale de l'intensité $i(t)$ du courant.

b) Le condensateur étant déchargé, on règle la tension délivrée par le générateur à 6,0 V et l'on ferme l'interrupteur.
Le condensateur se charge, les acquisitions et les calculs étant effectués quasi instantanément, la courbe s'affiche sur l'écran du moniteur.

3. La fonction tracée est : $q_A = Cu_{AB}$.
La valeur de C est donc :

$C = \dfrac{q_A}{u_{AB}}$; $C = \dfrac{5 \times 50 \times 10^{-6}}{7{,}0}$; $C = 36\ \mu\text{F}$.

4. La constante de temps est donnée par la relation :
$\tau = RC$; $\tau = 2{,}0$ s.

CORRIGÉS

Testez-vous !

8 –

1. a) $Q = CU$; $Q = 6{,}7 \times 10^{-4}$ C.
La charge prise par l'armature cible A est $Q_A = 6{,}7 \times 10^{-4}$ C ; celle prise par l'armature B est $Q_B = -6{,}7 \times 10^{-4}$ C.

b) $Q' = C \times 2U = 2CU = 2Q$; $Q' = 1{,}34$ mC.
$Q'_A = -1{,}34$ mC et $Q'_B = 1{,}34$ mC.

2. a) $\mathcal{E}_{él} = \dfrac{1}{2}CU'^2$; $\mathcal{E}_{él} = 2{,}5$ J.

b) $\mathcal{E}'_{él} = \dfrac{1}{2}CU'^2 = \dfrac{1}{2}C\dfrac{U^2}{4} = \dfrac{1}{4}\mathcal{E}_{él}$; $\mathcal{E}'_{él} = 0{,}63$ J.

3. a) $\tau = RC$; $\tau = 5{,}0$ s.

b) $\tau' = 3R2C = 6RC = 6\tau$; $\tau' = 30$ s.

4. $Q = CU$; $Q = \dfrac{\varepsilon_0 S}{e}U$; $Q = 1{,}8$ C.

$\mathcal{E}_{él} = \dfrac{1}{2}QU$; $\mathcal{E}_{él} = 1{,}8 \times 10^8$ J.

5. a) $I = \dfrac{Q}{\tau}$ or, $l = v\tau$. D'où : $\tau = \dfrac{l}{v}$.

$I = \dfrac{Qv}{l}$; $I = 3{,}6 \times 10^2$ A.

b) $P_{él} = UI$; $P_{él} = 36$ GW !

L'épreuve du bac

9 –

A – 1. Par définition : $u = V_A - V_B = V_P - V_M$.

• Pour visualiser la tension u en voie A, il suffit de relier :
A à l'entrée Y_A de l'oscilloscope,
B à la masse de l'oscilloscope (*fig. A*).

• Pour visualiser la tension u_1 en voie B, il suffit de relier :
Q à l'entrée Y_B de l'oscilloscope, le point M étant déjà relié à la masse.

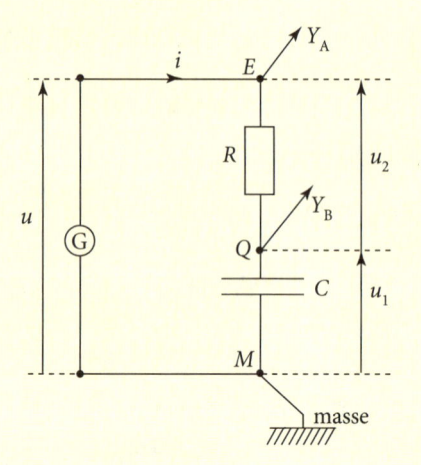

Fig. D

2. a) Courbe représentant la tension u_1.
Par hypothèse, la tension rectangulaire est délivrée par le générateur. La tension u_1 est celle qui n'est pas rectangulaire !

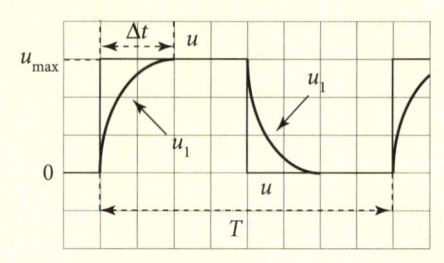

Fig. E

b) • Par hypothèse, la ligne médiane horizontale de l'écran correspond à 0 V. La tension rectangulaire délivrée par le générateur oscille entre :
– une tension minimale $u_{min} = 0$ V ;
– une tension maximale $u_{max} = k_V s$.
$u_{max} = 3{,}0 \text{ div} \times 1\text{V/div}$
$u_{max} = 3{,}0$ V.

• La période de la tension correspond à 8,0 div horizontales.
$T = k_H b$
$T = 8{,}0 \text{ div} \times 200 \text{ µs/div}$.

Par définition : $N = \dfrac{1}{T}$.

D'où : $N = \dfrac{1}{8{,}0 \times 200 \times 10^{-6}}$; $N = 0{,}63$ kHz.

c) Par définition, la constante de temps du circuit LC est :
$\tau = LC$
$\tau = 1{,}00 \times 10^{-4}$ s.

d) Le condensateur est pratiquement chargé lorsque : $\Delta t \approx 2\,\text{div} \times 20$
$\Delta t = 2{,}0 \text{ div} \times 200 \times 10^{-6}$ s
$\Delta t = 4{,}0 \times 10^{-4}$ s.
D'où : $\Delta t = 4\tau$.

3. La nouvelle période est :

$T' = \dfrac{1}{N'}$; $T' = 2{,}0 \times 10^3$ µs.

Comme $T' = k'_H b$

$k'_H = \dfrac{T'}{b} = \dfrac{2{,}0 \times 10^3 \text{ µs}}{200 \text{ µs/div}}$

$k'_H = 10{,}0$ div.

Par hypothèse, les autres facteurs restent les mêmes :
$RC = \tau$; u_{min} ; u_{max} ; Δt ;...

L'écran apparaît donc comme à la figure ci-dessous :

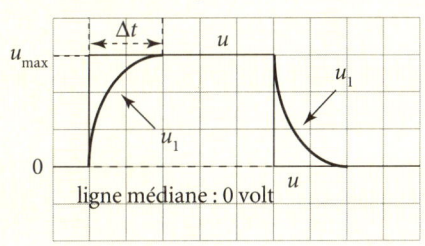

Fig. F

B – 1. La tension u_2 est prise aux bornes d'un conducteur ohmique. D'après la loi d'Ohm, on a :

$$u_2 = Ri.$$

Cette tension visualise, à une constante près, l'intensité du courant électrique qui passe dans le circuit LC.

D'après les conventions adoptées sur la figure A, on a :

$$u_2 = Ri, \text{ ou encore, } i = \dfrac{1}{R} u_2.$$

2. D'après l'additivité des tensions, à un instant quelconque t, on a :
$$u = u_1 + u_2.$$

3. D'après la relation précédente, on a :
$u_2 = u - u_1$ ou encore,
$u_2 = u + (-u_1)$.

• En appuyant sur la touche $\boxed{-Y_2}$, on visualise $(-u_1)$.

• En appuyant sur la touche $\boxed{\text{ADD}}$, on visualise $u + (-u_1)$ donc u_2.

Tous les branchements précédents sur le circuit restent inchangés.

10

INDUCTION AUTO-INDUCTION DIPÔLE *RL*

COURS

- Induction électromagnétique
- Auto-induction
- Régimes transitoires
- Énergie magnétique

MÉTHODE

- Auto-induction

EXERCICES

- La petite bobine
- Induction avec deux bobines immobiles
- Énergie magnétique dans une bobine
- Protocole expérimental : conducteur ohmique et solénoïde
- Testez-vous !
- L'épreuve du bac
- Corrigés

10
INDUCTION AUTO-INDUCTION DIPÔLE *RL*

Induction électromagnétique

Mise en évidence du phénomène

Expérience 1
On approcher d'une bobine, le long de son axe de symétrie, le pôle nord d'un aimant (*fig. 1*). On constate :
- qu'il existe une tension aux bornes de la bobine ;
- que cette tension est d'autant plus forte que l'approche est rapide ;
- que cette tension est polarisée, l'approche d'un pôle sud (ou le retrait du pôle nord) inverse le signe de la tension.

Si le circuit est fermé, un ampèremètre détecte un courant électrique.

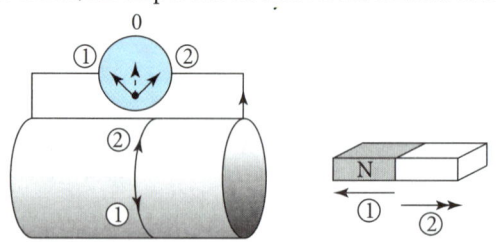

Fig. 1

Expérience 2
À l'intérieur de la bobine précédente, on introduit un solénoïde alimenté par un circuit comportant un générateur (*fig. 2*). Lorsque l'on établit le courant électrique dans le circuit, on constate qu'il existe, aux bornes de la bobine, une tension. Le signe de cette tension est inversé lorsque l'on coupe le courant électrique.

Si le circuit est fermé, un ampèremètre détecte un courant électrique.

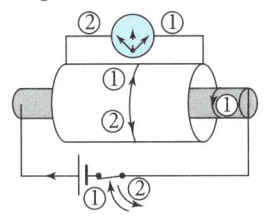

Fig. 2

La loi de Lenz

• Toute variation de champ magnétique à l'intérieur d'une bobine crée un courant électrique induit dans celle-ci. La bobine, soumise à des variations de champs magnétiques, est le siège d'une « f.é.m. induite ».

• On dit encore que cette bobine est soumise à un champ magnétique appelé « champ inducteur » et la bobine est le « circuit induit ». Le circuit de l'expérience 2 est appelé « circuit inducteur ».

• La loi qualitative de Lenz donne le sens du courant électrique induit.

Le sens du courant induit est tel qu'il s'oppose, par ses effets, à la cause qui lui a donné naissance.

Auto-induction

Mise en évidence expérimentale

Expérience

On réalise le circuit de la figure 3. En fermant l'interrupteur, on constate que la lampe (L_1) s'allume avec un retard par rapport à la lampe (L_2). La bobine dans la dérivation 1 retarde l'établissement du courant électrique.

La bobine s'induit elle-même un champ magnétique inducteur. On dit qu'elle est le siège d'une « f.é.m. d'auto-induction » et que le champ magnétique est le « champ magnétique propre ».

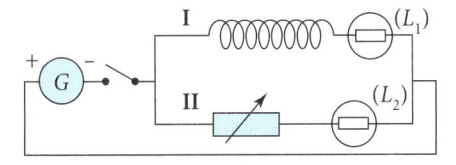

Fig. 3

Ce phénomène est transitoire si la tension appliquée au circuit est une tension continue.

ENREG. En régime variable, une bobine est le siège d'une f.é.m. d'auto-induction e. Celle-ci tend à s'opposer aux variations de l'intensité du courant électrique $\dfrac{di}{dt}$ dans le circuit où elle est incorporée.

La bobine est donc équivalente à l'association série d'un électromoteur de f.é.m. e et d'un conducteur ohmique de résistance r (*fig. 4*) :

$$u_{AB} = ri - e.$$

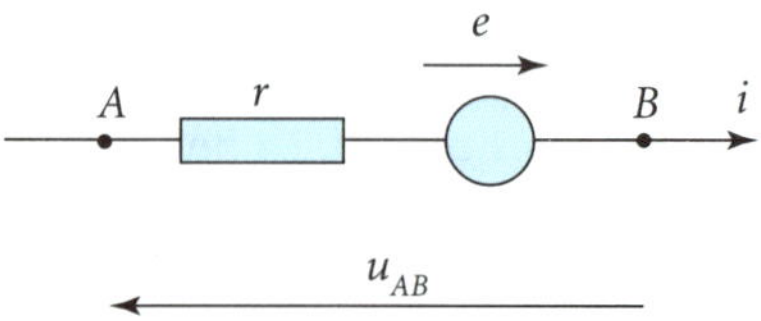

Fig. 4

La f.é.m. auto-induite

$e = -L\dfrac{di}{dt}$	e, f.é.m. auto-induite (V) ; i, intensité du courant électrique (A) ; t, temps (s) ; L, auto-inductance de la bobine (H).

Le coefficient de proportionnalité L est appelé « coefficient d'auto-inductance » ou « coefficient d'inductance propre ». Ce coefficient s'exprime dans les unités SI en henry (H).

Régimes transitoires

Étude expérimentale

On réalise le montage de la figure 5. On obtient l'oscillogramme de la figure 6.

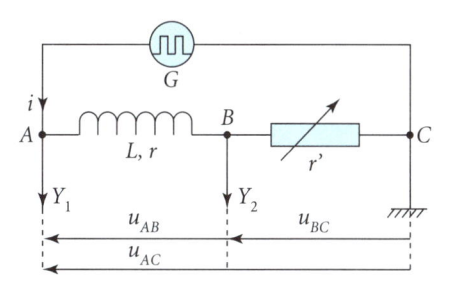

Fig. 5

Lorsque la tension u_{AC} passe de 0 à 6,0 V, on constate que l'intensité i n'atteint sa valeur définitive que progressivement (partie I). Lorsque la tension u_{AC} passe de 6,0 V à 0, on constate que l'intensité i ne s'annule que progressivement (partie II).

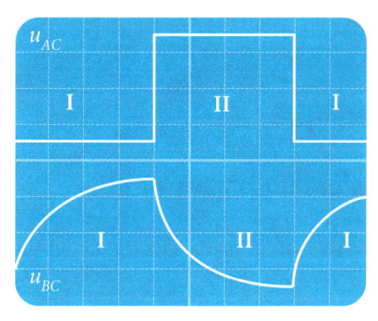

Fig. 6

Ces constatations confirment bien les phénomènes d'auto-induction observés avec les autres expériences.

Étude du circuit « *RL* »

Équation différentielle

Aux bornes de la bobine, on a : $u_{AB} = ri - e = ri + L\dfrac{\mathrm{d}i}{\mathrm{d}t}$.

Aux bornes du dipôle « *RC* », on a : $u_{AC} = u_{AB} + u_{BC}$.

D'où : $u_{AC} = ri + L\dfrac{\mathrm{d}i}{\mathrm{d}t} + r'i = (r + r') + L\dfrac{\mathrm{d}i}{\mathrm{d}t} = Ri + L\dfrac{\mathrm{d}i}{\mathrm{d}t}$.

En définitive, on obtient : $\dfrac{\mathrm{d}i}{\mathrm{d}t} + \dfrac{R}{L}i = \dfrac{u_{AC}}{L}$.

1. À l'établissement du courant électrique, $u_{AC} = U =$ cte ; on a donc :

$\dfrac{\mathrm{d}i}{\mathrm{d}t} + \dfrac{R}{L}i = \dfrac{U}{L}$ (1).

2. À la coupure du courant électrique, $u_{AC} = 0$; on a donc :
$$\frac{\mathrm{d}i}{\mathrm{d}t} + \frac{R}{L}i = 0 \qquad (2).$$

Solutions des équations différentielles

L'équation différentielle (1) admet comme solution :
$$i(t) = \frac{U}{R}\left(1 - \exp\left(-\frac{t}{\tau}\right)\right), \text{ avec } \tau = \frac{L}{R} \quad \text{constante de temps du circuit « } RL \text{ ».}$$

L'équation différentielle (2) admet comme solution :
$$i(t) = \frac{U}{R}\left(\exp\left(-\frac{t}{\tau}\right)\right), \text{ avec } \tau = \frac{L}{R} \quad \text{constante de temps du circuit « } RL \text{ ».}$$

Énergie magnétique

Puissance transférée, dissipée et utile

Lors de l'établissement du courant électrique, la puissance transférée à une bobine (AB) est :

$$p(t) = u_{AB}(t)\,i(t) = \left(ri + L\frac{\mathrm{d}i}{\mathrm{d}t}\right)i = ri^2 + Li\frac{\mathrm{d}i}{\mathrm{d}t} = p_1 + p_2.$$

Le terme $p_1 = ri^2$ est la puissance dissipée par effet Joule dans l'environnement.

Lors de l'établissement du courant, on a : $i > 0$ et $\dfrac{\mathrm{d}i}{\mathrm{d}t} > 0$.

Le terme $p_2 = Li\dfrac{\mathrm{d}i}{\mathrm{d}t}$ est la puissance positive reçue par le dipôle, non dissipée par effet Joule, représentant la puissance utile à la bobine et associée au phénomène d'auto-induction.

Énergie magnétique

L'énergie magnétique $\mathscr{E}_{\text{mag}}$ emmagasinée dans la bobine par le phénomène d'auto-induction est :

$\mathscr{E}_{\text{mag}} = \dfrac{1}{2}LI^2$	$\mathscr{E}_{\text{mag}}$ énergie magnétique stockée dans la bobine (J) ; L, auto-inductance de la bobine (H) ; I, intensité du courant électrique (A).

Auto-induction

Énoncé

1. Établir l'expression de la tension u_{AB} aux bornes d'une bobine (AB) d'auto-inductance L et de résistance interne r, et alimentée en courant variable i.

2. On se propose de vérifier l'expression précédente dans le cas d'une bobine de résistance quasi nulle. Pour cela, on réalise le montage de la figure 7 : la bobine d'inductance $L = 0{,}50$ H est montée en série avec un conducteur ohmique de résistance $R = 10{,}0$ kΩ. L'ensemble de ces appareils est alimenté par un générateur débitant un signal triangulaire.

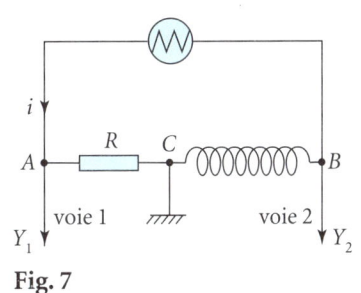

Fig. 7

On visualise à l'aide d'un oscilloscope à deux voies :

• la tension aux bornes du conducteur ohmique (voie 1 ; coefficient de déviation verticale, $k_1 = 2$ V·div^{-1}) ;

• la tension aux bornes de la bobine (voie 2 ; coefficient de déviation verticale, $k_2 = 0{,}1$ V·div^{-1}).

Le coefficient de balayage est réglé sur la valeur $k = 1$ ms·div^{-1}.
L'oscillogramme est représenté à la figure 8.

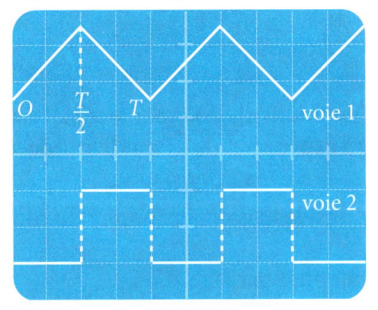

Fig. 8

a) Exprimer en fonction de R, L et i les tensions u_{BC} et u_{AC}.
b) En déduire l'expression de u_{BC} en fonction de u_{AC}, R et L.

3. a) Compte tenu de l'expression précédente et de la courbe obtenue en voie 1, déterminer les expressions numériques de u_{BC}, sur une période du phénomène.

b) Comparer les valeurs obtenues à celles déduites de l'oscillogramme observé en voie 2.

4. On règle la fréquence du générateur sur 500 Hz sans modifier l'amplitude du signal délivré.

a) Quelle est l'influence de la fréquence sur u_{BC} ?

b) Représenter les courbes observées en voies 1 et 2 sur l'oscilloscope ; les coefficients de déviation verticale et de balayage restent inchangés.

Solution commentée

Bien choisir la convention d'orientation pour la tension aux bornes de la bobine et utiliser la relation du cours.

1. Les conventions de signes et d'orientation sont définies à la figure 9.

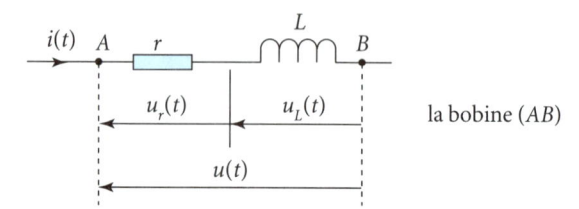

Fig. 9

la bobine (AB)

La bobine est équivalente à l'association série d'un conducteur ohmique et d'une bobine d'inductance pure (résistance nulle).

$u_r = ri$ et $u_L = -e = +L\dfrac{di}{dt}$.

D'où : $u = ri + L\dfrac{di}{dt}$.

Attention aux orientations choisies par le texte ! Exprimer u_{AB} puis u_{BC}.
Il faut rechercher l'expression de i (voir le conducteur ohmique). Ensuite, porter cette expression dans la tension u_{BC}.

2. a) La tension u_{AC} est la tension aux bornes du conducteur ohmique :
$u_{AC} = Ri$.
La tension u_{BC} est donnée par la relation :

$u_{BC} = -u_{CB}$ ou encore, $u_{BC} = -\left(ri + L\dfrac{di}{dt}\right)$.

b) Comme $r \approx 0$, on a : $u_{BC} = -L \dfrac{di}{dt}$.

Comme $i = \dfrac{u_{AC}}{R}$, $u_{BC} = -\dfrac{L}{R} \dfrac{du_{AC}}{dt}$; ou encore : $u_{BC} = -\dfrac{L}{R} \dot{u}_{AC}$ (1).

■ Rechercher l'expression de u_{AC} pour l'intervalle $\left[0; \dfrac{T}{2}\right]$; pour ceci, regarder la forme de la courbe tracée sur l'écran. Le résultat trouvé doit justifier le segment de droite de la deuxième courbe observée (tension aux bornes de la bobine).

Refaire le même raisonnement pour l'intervalle $\left[\dfrac{T}{2}; T\right]$.

3. a) Si $t \in \left[0; \dfrac{T}{2}\right]$, on a : $u_{AC} = at$.

D'après (1), on obtient : $u_{BC} = -\dfrac{L}{R} \dfrac{d(at)}{dt}$; $u_{BC} = -\dfrac{L}{R} a$.

Calcul du coefficient directeur a : $a = \dfrac{u_{BC(\max)} - 0}{\dfrac{T}{2} - 0}$.

D'après l'oscillogramme de la figure 8, on a :

- $u_{BC(\max)} = n_{v_2} k_{v_2}$; $u_{BC} = 2{,}0 \text{ div} \times 2 \text{ V} \cdot \text{div}^{-1}$; $u_{BC} = 4{,}0 \text{ V}$.
- $\dfrac{T}{2} = nk$; $\dfrac{T}{2} = 2{,}0 \text{ div} \times 1 \text{ ms} \cdot \text{div}^{-1}$; $\dfrac{T}{2} = 2{,}0 \text{ ms}$.
- $a = \dfrac{4{,}0}{2{,}0 \times 10^{-3}}$; $a = 2{,}0 \times 10^3 \text{ V} \cdot \text{s}^{-1}$.

La tension u_{BC} est donc :

$u_{BC} = -\dfrac{0{,}50}{10{,}0 \times 10^3} \times 2{,}0 \times 10^3$; $u_{BC} = -0{,}10 \text{ V}$, pour $t \in \left[0; \dfrac{T}{2}\right]$.

Si $t \in \left[\dfrac{T}{2}; T\right]$, on a : $u_{AC} = -at + b$.

$u_{BC} = -\dfrac{L}{R} \dfrac{d(-at+b)}{dt} = +\dfrac{L}{R} a$.

Comme a est toujours égal à $2{,}0 \times 10^3 \text{ V} \cdot \text{s}^{-1}$, on obtient :

$u_{BC} = +0{,}10 \text{ V}$, pour $t \in \left[\dfrac{T}{2}; T\right]$.

b) On a : $u_{BC} = -0{,}10$ V lorsque $t \in \left[0; \dfrac{T}{2}\right]$ et $u_{BC} = +0{,}10$ V lorsque $t \in \left[\dfrac{T}{2}; T\right]$. La différence de ces deux tensions est donc :

$\Delta u_{BC} = 0{,}20$ V.

C'est ce que l'on observe sur l'oscillogramme de la figure 8. La ligne horizontale médiane de ces deux tensions est la ligne $u_{BC} = 0$. L'oscillogramme est bien en accord avec les calculs effectués.

> Ne pas refaire les calculs et se servir des résultats du **3.** Pas de difficulté si le **3.** a été bien compris.
>
> Recalculer la nouvelle période T' et recalculer les déviations sur l'écran.

4. a) Les relations trouvées au **3.** restent valables :

$u_{BC} = -\dfrac{L}{R}a'$, pour $t \in \left[0; \dfrac{T}{2}\right]$; $u_{BC} = +\dfrac{L}{R}a'$, pour $t \in \left[\dfrac{T}{2}; T\right]$.

Seul le coefficient directeur a changé et devient a'.
Par hypothèse, $N' = 500$ Hz d'où :

$T' = \dfrac{1}{500}$ s ; $T' = 2{,}0$ ms.

La période utilisée maintenant a été divisée par 2. La valeur du coefficient a' est donc :

$a' = 2a$; $a' = 4{,}0 \times 10^3$ V·s^{-1}.

On obtient donc :

$u_{BC} = -0{,}20$ V, pour $t \in \left[0; \dfrac{T'}{2}\right]$; $u_{BC} = +0{,}20$ V, pour $t \in \left[\dfrac{T'}{2}; T'\right]$.

b)

$u_{BC} = 0$

Fig. 10

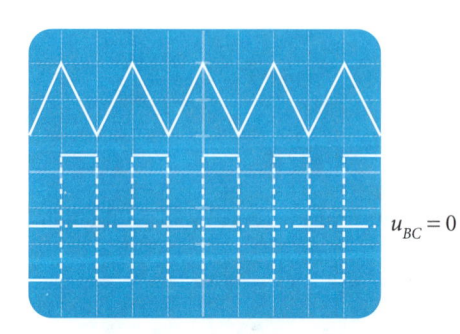

Méthode : établir des relations algébriques dans un circuit LC

Opérations préliminaires
Orienter le circuit par une flèche tracée sur un fil afin de définir la valeur algébrique positive de l'intensité du courant électrique.

Aux bornes d'un générateur
Avec les conventions algébriques de i et de u données à la figure 11, la tension aux bornes d'un générateur est :

$$u_{AB} = Ri - e$$

$e > 0$ si le générateur tend à faire circuler le courant électrique dans le sens positif ; $e < 0$ dans le cas contraire.

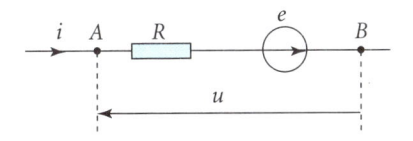

Fig. 11

Aux bornes d'une bobine
On considère la bobine comme un générateur dont la f.é.m. e a pour expression :

$$e = -L\frac{di}{dt} \ .$$

Avec les conventions algébriques de i de u données à la figure 12 et en utilisant les deux expressions précédentes, la tension aux bornes d'une bobine est :

$$u_{AB} = Ri + L\frac{di}{dt} \ .$$

$u_{AD} = ri$

$u_{DB} = e = -L\frac{di}{dt}$

Fig. 12

EXERCICES

La petite bobine ★

1 — On place une petite bobine à l'intérieur d'un long solénoïde. Pour faciliter la compréhension de la figure, on n'a représenté qu'une seule spire de la bobine.

On alimente le solénoïde par une tension en « dents de scie » de période T. L'intensité $i(t)$ du courant électrique passant dans ce solénoïde est représentée à la figure 13.

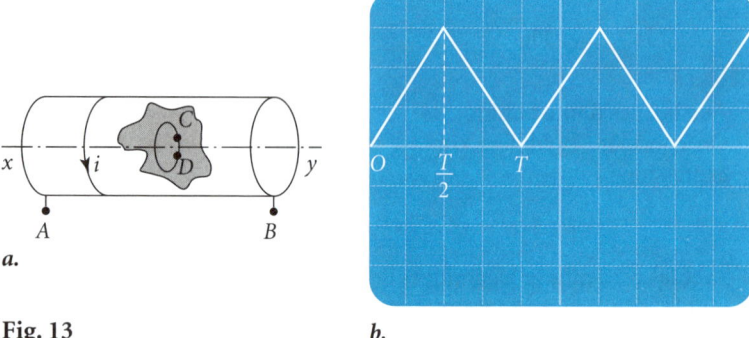

Fig. 13

a.

b.

1. a) Comment visualiser l'intensité du courant électrique $i(t)$?

b) Indiquer la direction et le sens du champ magnétique à l'intérieur du solénoïde lorsque le sens conventionnel du courant est le sens positif de i.

2. a) Comment visualiser la tension induite dans la petite bobine ?

b) En justifiant la réponse, donner le signe de la tension u_{CD} visualisée sur l'écran de l'oscilloscope.

■ 1. a) Penser à la loi d'Ohm !

b) Application directe du cours.

2. a) Revoir l'utilisation d'un oscilloscope : c'est un mesureur et un « visualiseur » de tension électrique.

b) Appliquer la loi de Lenz.

(corrigés p. 262)

| COURS | MÉTHODE | EXERCICES |

Induction avec deux bobines immobiles ★★

2 — Un générateur de tension continue est branché en série avec un interrupteur (I), un rhéostat (R) et une bobine allongée (B) (fig. 15).
À l'intérieur de la bobine (B) est placée une petite bobine plate (b) dont les bornes sont reliées à un milliampèremètre à zéro central.

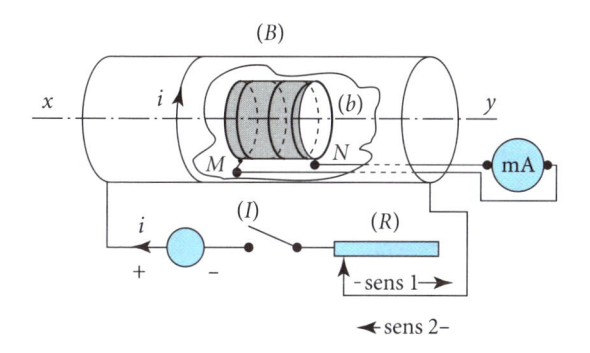

Fig. 14

1. On ferme l'interrupteur (I).

a) Quels sont la direction et le sens du champ magnétique dans la bobine (B) ?

b) Existe-t-il un phénomène d'induction dans cette expérience ? Dans l'affirmative, déterminer le sens du courant dans (b).

2. a) Le curseur du rhéostat (R) est poussé dans le sens 1. Qu'observe-t-on ? Justifier cette observation.

b) Même question, mais maintenant le curseur de (R) est poussé dans le sens 2.

3. a) Le curseur du rhéostat (R) est poussé dans le sens 1 très rapidement. Qu'observe-t-on ?

b) Même question lorsque le curseur de (R) est poussé dans le sens 2 très rapidement.

4. On ouvre l'interrupteur (I). Qu'observe-t-on ?

1. Utiliser la loi de Lenz.

2. Quel est le rôle d'un rhéostat dans un circuit électrique lorsqu'il est branché en série dans le circuit ?

3. et **4.** Aucune difficulté après avoir répondu aux deux premières questions.

(corrigés p. 263)

Énergie magnétique dans une bobine ★★

3 — Une bobine (BC) d'auto-inductance $L = 1,20$ H et de résistance quasi négligeable est parcourue par un courant électrique variable de période T. On place un conducteur ohmique de résistance $R = 1,00$ kΩ en série avec cette bobine. La tension aux bornes de ce conducteur ohmique (AB) est visualisée sur l'écran d'un oscilloscope (fig. 16). Le montage et les branchements à l'oscilloscope sont identiques à ceux de la figure 10, page 249.

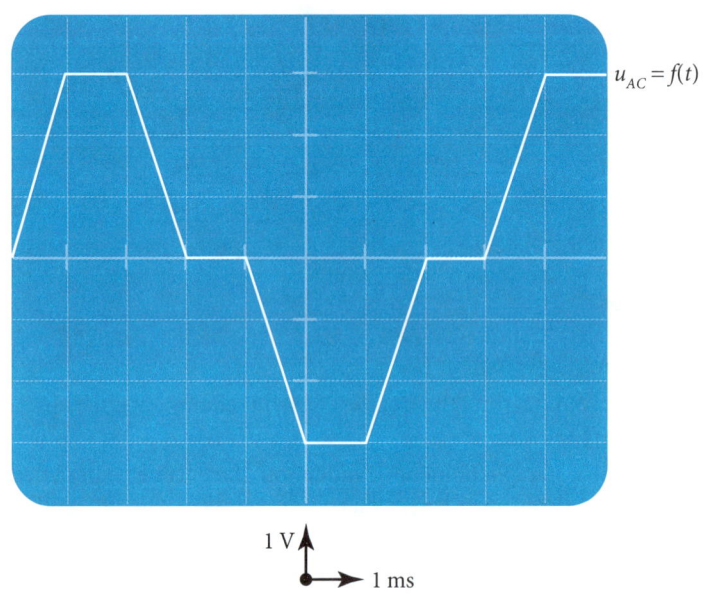

Fig. 15

1. Quelle est la valeur de la période T ?

2. a) Donner l'expression de $i(t)$ en fonction de $u_{AB}(t)$.
b) Donner l'expression de l'énergie magnétique $\mathcal{E}_{mag}$ en fonction de i.
c) Calculer l'énergie magnétique stockée dans la bobine lorsque l'intensité du courant a pour valeur 0 ; a pour valeur sa valeur maximale.

3. Sans autre calcul, représenter la fonction $\mathcal{E}_{mag}(t)$ sur une période T.

▌ 1. Bien rechercher le motif d'une période sur l'écran.
2. Revoir les formules du cours.
3. Une fonction $f(x) = kx^2$ est représentée par une fonction de parabole. Si $x = 0$, $f(x) = 0$, c'est le sommet de la parabole.

(corrigés p. 264)

Protocole expérimental : conducteur ohmique et solénoïde ★★★

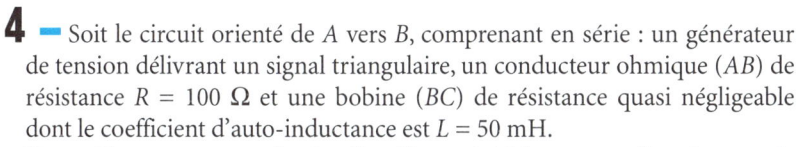

4 ■ Soit le circuit orienté de A vers B, comprenant en série : un générateur de tension délivrant un signal triangulaire, un conducteur ohmique (AB) de résistance $R = 100\ \Omega$ et une bobine (BC) de résistance quasi négligeable dont le coefficient d'auto-inductance est $L = 50$ mH.

Un oscilloscope permet de visualiser l'intensité i du courant électrique sur la voie 1 et la tension u_{CB} aux bornes de la bobine sur la voie 2. Les réglages de l'oscilloscope sont :

• coefficient de déviation verticale, voie 1, $k_1 = 5\ \text{V} \cdot \text{div}^{-1}$;
• coefficient de déviation verticale, voie 2, $k_2 = 2\ \text{V} \cdot \text{div}^{-1}$;
• coefficient de balayage, $k = 1\ \text{ms} \cdot \text{div}^{-1}$.

1. Décrire les branchements nécessaires entre le circuit électrique et l'oscilloscope ; faire un schéma en indiquant les grandeurs intensité et tension.

2. On règle le générateur de façon à obtenir l'oscillogramme suivant sur la voie 1.

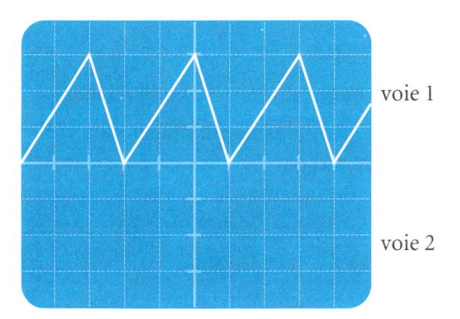

Fig. 16

Calculer :
a) la fréquence du signal fourni par le générateur ;
b) l'intensité maximale I_m du courant électrique passant dans le solénoïde.

3. Déterminer, sans aucun calcul numérique, l'expression de l'intensité i du courant électrique pendant une période, en prenant comme origine des temps l'instant où $u_{AB} = 0$.

4. a) Le sens du champ magnétique dans la bobine change-t-il ?
b) Quel est le phénomène dont le solénoïde est le siège ? Expliquer brièvement.

5. a) Donner l'expression générale de u_{BC} en fonction du temps et calculer les valeurs prises par u_{BC} sur une période.

b) Représenter sur la même représentation graphique la courbe obtenue sur la voie 2.

II 1. Revoir si besoin le cours.

2. • Bien noter les coefficients de déviation de l'oscilloscope et le coefficient de balayage.

• Penser à la loi d'Ohm avec l'utilisation d'un conducteur ohmique.

3. Bien observer la forme de la courbe visualisée en voie 1. Étudier la fonction tracée sur les intervalles :

a) de 0 à 2 ms ;

b) de 2 ms à 3 ms.

4. Penser au « zéro » de la tension aux bornes du conducteur ohmique.

5. Utiliser la relation entre u et i dans une bobine et appliquer l'hypothèse de cette question $r \approx 0$ (cela simplifie les opérations). *(corrigés p. 265)*

Testez-vous !

5 — *Quatre points à chaque exercice juste. Bon courage !*

1. a) Définir, sur des exemples de montages expérimentaux judicieusement choisis, ce que l'on entend par :
– champ magnétique inducteur ;
– circuit induit ;
– circuit inducteur ;
– f.é.m. induite.

b) Citer la loi de Lenz.

2. Quel est le sens du courant électrique dans la bobine lorsque l'aimant est déplacé (*fig. 18a*) :

a) dans le sens 1 ?

b) dans le sens 2 ?

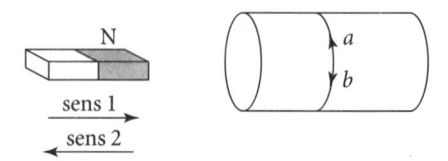

Fig. 17   *a.*

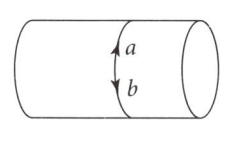

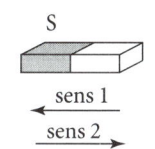

Fig. 17 b.

3. Quel est le sens du courant électrique dans la bobine lorsque l'aimant est déplacé (*fig. 17b*) :

a) dans le sens 1 ?

b) dans le sens 2 ?

4. Établir l'équation différentielle régissant :

a) l'établissement du courant électrique dans un circuit « *RL* » ;

b) la coupure du courant électrique dans ce circuit « *RL* ».

5. a) Vérifier que l'équation différentielle régissant l'établissement du courant électrique dans un circuit « *RL* » admet comme solution :

$$i(t) = \frac{L}{R}\left(1 - \exp\left(-\frac{t}{\tau}\right)\right), \text{ avec } \tau = \frac{L}{R} \text{ constante de temps du circuit « } RL \text{ »}.$$

b) Vérifier que l'équation différentielle à la coupure du courant électrique dans un circuit « *RL* » admet comme solution :

$$i(t) = \frac{L}{R}\left(\exp\left(-\frac{t}{\tau}\right)\right), \text{ avec } \tau = \frac{L}{R} \text{ constante de temps du circuit « } RL \text{ »}.$$

(corrigés p. 267)

L'épreuve du bac

6 –

- À faire après l'étude des 5 exercices précédents.
- Comme pour le bac, aucune indication n'est donnée dans le texte.
- Rédiger la solution sans aucun document à portée de main.
- Arrêter la recherche et la rédaction de la solution après 63 minutes environ (durée pouvant être consacrée à cette partie durant l'examen).
- Essayer de noter le travail ainsi fait.

Circuit RL
(Polynésie – juin 1997 – 6 points)

On dispose d'un générateur de signaux basses fréquences délivrant une tension alternative triangulaire symétrique. On associe ce générateur G, dont la masse est isolée de la terre, en série avec une bobine d'inductance L, de résistance négligeable, et un conducteur ohmique de résistance $R = 2{,}0$ kΩ (fig. A).

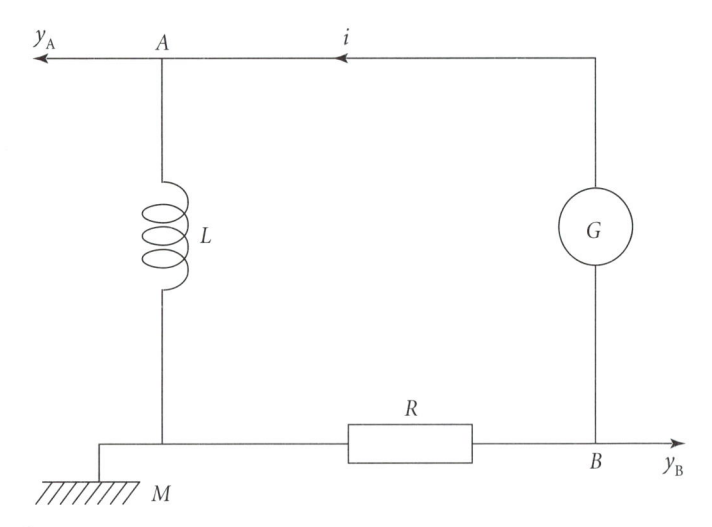

Fig. A

On relie la masse d'un oscilloscope bicourbe au point M, la voie A au point A, la voie B au point B. La masse de l'oscilloscope est, par sécurité, reliée à la terre.

1. Est-il indispensable d'isoler, dans ce cas, la masse du générateur de la terre ? Justifier la réponse. $\boxed{0{,}5\ pt}$

2. a) Quelle est la grandeur électrique observée sur la voie A ?
Quelle est celle observée sur la voie B ?
Reproduire sur la copie le schéma électrique du circuit et représenter les deux grandeurs électriques précédentes. $\boxed{0{,}5\ pt}$

b) Les réglages de l'oscilloscope sont les suivants :
– sensibilité verticale, voie A : 200 mV/division ;
– sensibilité verticale, voie B : 5 V/division ;
– durée de balayage horizontal : 1 ms/division.
Après avoir réglé les niveaux zéros des deux voies (fig. B), les oscillogrammes obtenus sont représentés dans la figure ci-après (fig. C). $\boxed{0{,}75\ pt}$

Fig. B **Fig. C**

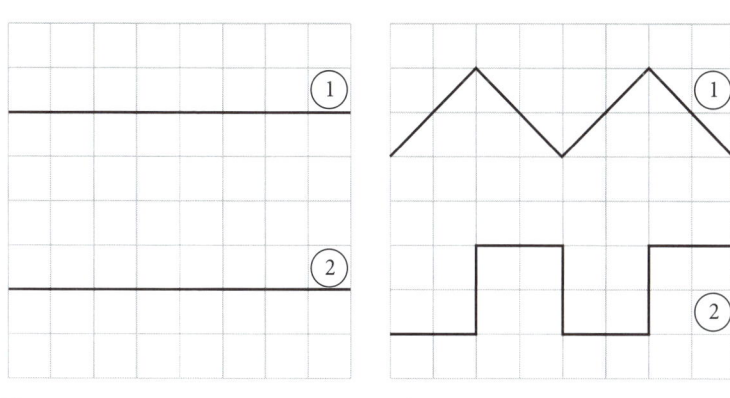

Quelle est la fréquence de la tension délivrée par le générateur ?

3 a) Nommer le phénomène mis en évidence dans cette expérience.
Écrire la relation entre la tension u_{AM} aux bornes de la bobine, l'inductance L et l'intensité instantanée i circulant dans le circuit. *0,5 pt*

b) Établir la relation $u_{AM} = -\dfrac{L}{R}\dfrac{du_{BM}}{dt}$ où u_{AM} et u_{BM} sont respectivement les tensions aux bornes de la bobine et du conducteur ohmique. *0,75 pt*

c) Des deux oscillogrammes notés ① et ②, retrouver celui correspondant à la voie A et celui correspondant à la voie B. *0,5 pt*

4. En utilisant les réglages de l'oscilloscope :

a) déterminer les valeurs extrêmes de la tension u_{AM} aux bornes de la bobine ; *0,5 pt*

b) à partir de la première demi-période des oscillogrammes de la figure C, calculer $\dfrac{du_{BM}}{dt}$. *0,5 pt*

5. a) Déduire des questions **3.** et **4.** la valeur numérique du rapport $\tau = L/R$. *0,5 pt*

b) Justifier que cette grandeur τ est bien de même dimension qu'une durée. *0,5 pt*

c) En déduire la valeur de l'inductance L. *0,5 pt*

(corrigés p. 267)

CORRIGÉS

La petite bobine

1 −

1. a) On place en série, entre le générateur et le solénoïde, un conducteur ohmique de résistance R. D'après la loi d'Ohm, la tension $u(t)$ aux bornes du conducteur ohmique est donc : $u(t) = Ri(t)$.
L'intensité passant dans le solénoïde est donc :

$$i(t) = \frac{1}{R} u(t),$$

$u(t)$, étant la tension visualisée sur l'écran de l'oscilloscope.

b) La direction du champ magnétique $\vec{B}$ dans le solénoïde est la direction de l'axe de symétrie (xy) dudit solénoïde.
Le sens de $\vec{B}$ est de x vers y.

2. a) On visualise la tension aux bornes de la petite bobine en la reliant aux entrées de la deuxième voie de l'oscilloscope (voie 2). Pour cela, on relie le point C à l'entrée Y_2 et le point D à la masse.

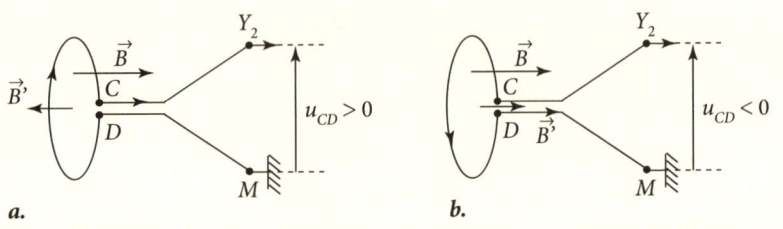

a.   b.

Fig. 18

b) • **Étude avec** $t \in \left[0 ; \dfrac{T}{2}\right]$

Le champ magnétique inducteur $\vec{B}$ créé par le solénoïde augmente car $B = ki$.
D'après la loi de Lenz, le champ magnétique $\vec{B'}$, induit par la petite bobine, tend à s'opposer à l'augmentation de $\vec{B}$ (fig. 21a). Le sens du courant induit donné par la règle de la « mains droite », ou celle du « bonhomme d'Ampère », est tel qu'il tend à sortir par la borne C. La tension u_{CD} est donc positive.

• **Étude avec** $t \in \left[\dfrac{T}{2} ; T\right]$

Le champ magnétique inducteur $\vec{B}$ diminue. D'après la loi de Lenz, le champ magnétique induit $\vec{B'}$ tend à s'opposer à cette diminution ; il a donc le même sens que $\vec{B}$. Le sens du courant induit est inversé par rapport à l'étude précédente. La tension u_{CD} est donc négative (fig. 21b).

Induction avec deux bobines immobiles

2 -

1. a) La direction du champ magnétique est l'axe (xy). Le sens est celui de y vers x.

b) Bien que les bobines restent immobiles, on observe un phénomène d'induction. En effet, le champ magnétique inducteur dans la bobine (B) passe de la valeur O à la valeur B. Il existe donc, à la fermeture de l'interrupteur du circuit principal, un champ magnétique induit $\vec{B'}$, qui s'oppose à $\vec{B}$ (loi de Lenz). Le sens du courant induit est donné par la règle du « bonhomme d'Ampère » ou par celle de « main droite ». Le courant induit circule :

• dans la bobine, de N vers M ;

• à l'extérieur de la bobine, de M vers N.

2. a) Lorsque le curseur du rhéostat est poussé dans le sens 1, la résistance du circuit augmente, donc l'intensité du courant électrique diminue.
La valeur du champ magnétique inducteur diminue, car $B = ki$.
Le champ magnétique induit $\vec{B'}$ s'oppose à cette diminution, sa direction est celle de (xy) et son sens de y vers x.
Le courant induit circule :

• dans la bobine, de M vers N ;

• à l'extérieur de la bobine, de N vers M.

b) Le raisonnement est semblable.
Lorsque le curseur est poussé dans le sens 2 :

• la résistance du circuit diminue ;

• l'intensité augmente, donc la valeur de B ;

• le sens du champ magnétique induit est de x vers y ;

• le sens du courant induit va de M vers N à l'extérieur de (b).

3. a) Même observation et même explication qu'au 2. a), mais ici, l'intensité du courant induit dans la bobine (b) est plus élevée.

b) Même observation et même explication qu'au 2. b), avec une intensité de courant induit plus élevée.

4. Lorsqu'on ouvre l'interrupteur, on observe un courant induit dans la bobine (b) qui circule de M vers N ; à l'extérieur de la bobine, ce courant circule de N vers M. Les explications se calquent sur celles exposées au 1.

Énergie magnétique dans une bobine

3 — Réponses pour vérifier les résultats trouvés

1. $T = nk$; $T = 8{,}0 \text{ div} \times 1 \text{ ms} \cdot \text{div}^{-1}$; $T = 8{,}0$ ms.

2. a) D'après la loi d'Ohm :

$$i(t) = \frac{u_{AB}t}{R}.$$

b) $\mathscr{E}_{\text{mag}}(t) = \frac{1}{2}Li^2.$

En fonction de i, $\mathscr{E}_{\text{mag}}$ est une fonction « parabolique ».

c) Si $i(t) = 0$, $\mathscr{E}_{\text{mag}} = 0$.

Si $i(t) = i_{\max}$, $\mathscr{E}_{\text{mag(max)}} = \frac{1}{2}Li_{\max}^2.$

$\mathscr{E}_{\text{mag(max)}} = \frac{1}{2} L \frac{u_{AB(\max)}}{R}$;

$\mathscr{E}_{\text{mag(max)}} = \frac{1}{2} \times 1{,}20 \times \left(\dfrac{3{,}0}{1\,000}\right)^2$;

$\mathscr{E}_{\text{mag(max)}} = 5{,}4 \text{ µJ}.$

3. Lorsque i varie, i est proportionnel à t ; donc, l'énergie magnétique de la bobine étant une fonction parabolique de i, elle est également une fonction parabolique de t. D'où la représentation de $\mathscr{E}_{\text{mag}}(t)$ donnée à la figure 22.

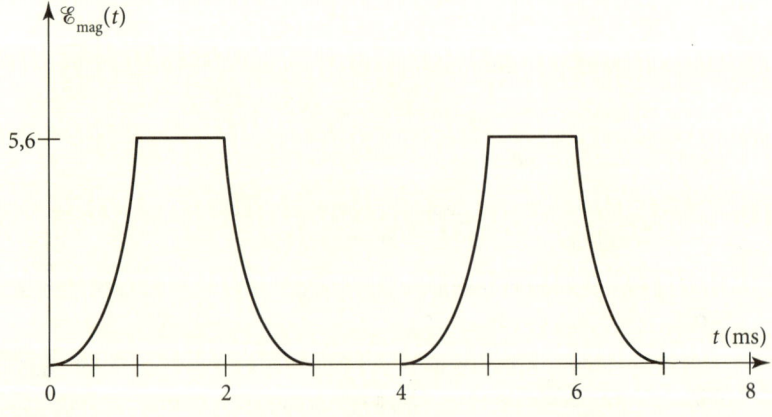

Fig. 19

Protocole expérimental : conducteur ohmique et solénoïde

4 -

1. Pour visualiser l'intensité, il suffit de prendre la tension aux bornes du conducteur ohmique de résistance R. D'après la loi d'Ohm, on a :
$u_{AB} = Ri$.
La masse de l'oscilloscope sera donc reliée au point B du circuit.
D'où les branchements :
– le point A est relié à la voie 1 (Y_1) ;
– le point B est relié à la masse (M ou ⏚) ;
– le point C est relié à la voie 2 (Y_2).

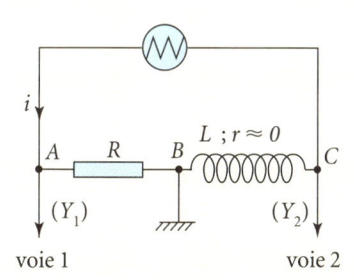

Fig. 20

2. a) $N = \dfrac{1}{T} = \dfrac{1}{nk}$; $N = \dfrac{1}{3{,}0 \text{ div} \times 1 \text{ ms} \cdot \text{div}^{-1}} = \dfrac{1\,000}{3{,}0}$ Hz ; $N = 333$ Hz.

b) $I_m = \dfrac{u_{AB(\max)}}{R} = \dfrac{U_{(\max)}}{R}$; $I_m = \dfrac{k_{v_1} n_1}{R}$;

$I_m = \dfrac{3{,}0 \text{ div} \times 5{,}0 \text{ V} \cdot \text{div}^{-1}}{100}$; $I_m = 0{,}150$ A ou $I_m = 150$ mA.

3. Pour $t \in [0\,;2\text{ ms}]$

$u_{AB}(t) = at = Ri(t)$.

D'où : $i(t) = \dfrac{a}{R}t$, avec $t \in [0\,;2\text{ ms}]$.

Pour $t \in [2\text{ ms}\,;3\text{ ms}]$

$u_{AB}(t) = -a't + b = Ri(t)$; on remarquera que a' est positif.

D'où : $i(t) = \dfrac{-a't + b}{R}$, avec $t \in [2\text{ ms}\,;3\text{ ms}]$.

4. a) L'intensité i du courant électrique étant toujours positive, le sens du champ magnétique à l'intérieur de la bobine est donc toujours le même. Seule sa valeur B va augmenter et diminuer à chaque période.

b) La bobine subit les variations de son champ magnétique : elle est donc le siège d'une auto-induction.

5. a) $u_{BC} = -u_{CB}$; $u_{BC} = -\left(ri + L\dfrac{di}{dt}\right)$.

Comme $r \approx 0$, on a :

$u_{BC} = -L\dfrac{di}{dt}$.

Pour $t \in [0\,;2\text{ ms}]$ on a :

$u_{BC} = -L\dfrac{d}{dt}\left(\dfrac{a}{R}t\right)$;

$u_{BC} = -\dfrac{La}{R}$;

$u_{BC} = -\dfrac{0{,}050 \times 15{,}0}{100 \times 2 \times 10^{-3}}$;

$u_{BC} = -3{,}8$ V.

Pour $t \in [2\text{ ms}\,;3\text{ ms}]$ on a :

$u_{BC} = -L\dfrac{d}{dt}\left(\dfrac{-a't + b}{R}\right)$; $u_{BC} = +\dfrac{La'}{R}$, b étant une constante.

$u_{BC} = \dfrac{0{,}050 \times 15{,}0}{100 \times 10^{-3}}$; $u_{BC} = +7{,}5$ V.

b)

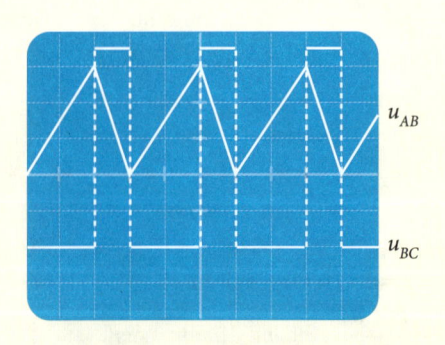

u_{AB}

u_{BC}

Fig. 21

CORRIGÉS

Testez-vous !

7 –

1. a) Voir page 244.
b) Voir page 245.
2. a) Sens a ;
b) Sens b.
3. a) Sens a.
b) Sens b.
4. a) Voir page 247.
b) Voir pages 247-248.

5. a) $i = \dfrac{U}{R}\left[1 - \exp\left(-\dfrac{t}{\tau}\right)\right]$ et $i' = \dfrac{U}{R\tau}\exp\left(-\dfrac{t}{\tau}\right)$.

D'où : $\dfrac{di}{dt} + \dfrac{R}{L}i = \dfrac{u_{AC}}{R}$; $\dfrac{U}{R\tau}\exp\left(-\dfrac{t}{\tau}\right) + \dfrac{RU}{LR}\left[1 - \exp\left(-\dfrac{t}{\tau}\right)\right] + \dfrac{u_{AC}}{L}$;

$Ri + L\dfrac{di}{dt} = u_{AC}$.

On obtient : $u_{AC} = u_{AC}$.

b) $i = \dfrac{U}{R}\exp\left(-\dfrac{t}{\tau}\right)$ et $i' = \dfrac{U}{R\tau}\exp\left(-\dfrac{t}{\tau}\right)$;

$-\dfrac{U}{R\tau}\exp\left(-\dfrac{t}{\tau}\right) + \dfrac{RU}{LR}\exp\left(-\dfrac{t}{\tau}\right) = 0$;

$-\dfrac{U}{L}\exp\left(-\dfrac{t}{\tau}\right) + \dfrac{U}{L}\exp\left(-\dfrac{t}{\tau}\right) = 0$; $0 = 0$.

L'épreuve du bac

6 –

1. Par hypothèse, la masse de l'oscilloscope est reliée à la terre. Le point M est donc, par définition, au potentiel 0 : $V_M = 0$.

Comme il circule un courant électrique dans le circuit, on a, d'après la loi d'Ohm (*fig. D*) :
$$u_{BM} = -Ri = V_B - V_M.$$

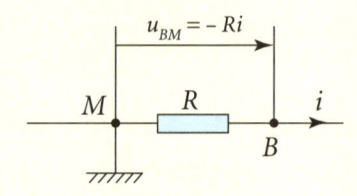

Fig. D

Le potentiel du point B est donc :
$$V_B = -Ri.$$

Conclusion : le point B est à un potentiel variable. Il faut donc isoler le point B du générateur de la terre, c'est-à-dire du potentiel 0.

2. a) • Sur la voie A on visualise, d'après le branchement de la figure A de l'énoncé, la tension u_{AM}. C'est la tension aux bornes de la bobine.

3. a) • Le phénomène mis en évidence au cours de l'expérience est le phénomène d'auto-induction.

• La tension aux bornes de la bobine est, d'après la convention adoptée pour u et i (*fig. E*) :
$$u_{AM} = ri - e, \quad \text{avec} \quad e = -L\frac{di}{dt}.$$

Par hypothèse, $r \approx 0$; d'où :
$$u_{AM} = L\frac{di}{dt} \quad (1).$$

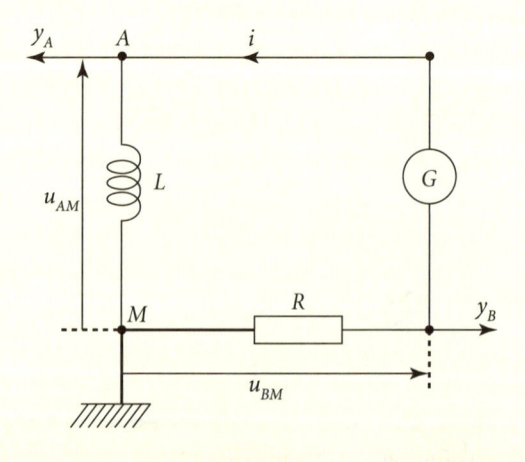

Fig. E

CORRIGÉS

b) Comme $u_{BM} = -Ri$, $i = -\dfrac{1}{R} u_{BM}$.

En portant cette expression dans (1), on obtient :

$$u_{AM} = -\frac{L}{R} \frac{\mathrm{d}u_{BM}}{\mathrm{d}t} \quad (2).$$

c) D'après l'expression (2), u_{AM} est la dérivée, à une constante près, de la fonction u_{BM}. Une dérivée d'une fonction affine $f(x) = ax + b$ est une fonction constante $g(x) = a$.

La courbe ① correspond à u_{BM} (voie B).

La courbe ② correspond à u_{AM} (voie A).

4. a) Les valeurs extrêmes de u_{AM} (voie A) sont :

• $u_{AM}(\max) = k_{V_1} n_1$; avec $n_1 = 1{,}0$ div.
$u_{AM}(\max) = 0{,}20$ V.

• $u_{AM}(\min) = k_{V_1} n'_1$; avec $n'_1 = -1{,}0$ div.
$u_{AM}(\min) = -0{,}20$ V.

b) Pour $t \in \left[0\,;\dfrac{T}{2}\right]$, on a :

$$\frac{\mathrm{d}u_{BM}}{\mathrm{d}t} = +\frac{k_{v_2} n_2}{\dfrac{T}{2}}\,;\ \frac{\mathrm{d}u_{BM}}{\mathrm{d}t} = 5{,}0\ \mathrm{kV\cdot s^{-1}}.$$

5. a) Pour $t \in \left[0\,;\dfrac{T}{2}\right]$, on a d'après la relation (2) :

$$u_{AM} = -\frac{L}{R} \frac{\mathrm{d}u_{BM}}{\mathrm{d}t}$$

$$\tau = \frac{L}{R} = -u_{AM} \frac{\mathrm{d}t}{\mathrm{d}u_{BM}} \quad (3).$$

$$\tau = -(-0{,}20) \times \frac{1}{5{,}0 \times 10^{-3}}$$

$\tau = 40\ \mu\mathrm{s}$.

b) D'après la relation (3), on constate que : τ est une tension (u_{AM}) divisée par une tension ($\mathrm{d}u_{BM}$) et multipliée par une durée ($\mathrm{d}t$). τ a bien la dimension d'une durée.

c) Valeur de l'inductance L (coefficient d'auto-inductance) :
$L = \tau R$; $L = 80$ mH.

11
OSCILLATIONS ÉLECTRIQUES LIBRES ET FORCÉES DIPÔLE *RLC*

COURS

- Oscillations amorties
- Entretien des oscillations
- Oscillations électriques forcées
- Impédance d'un dipôle

MÉTHODE

- Étude expérimentale de la résonance d'intensité

EXERCICES

- Amortissement d'un dipôle « *RLC* »
- Auto-oscillations avec un dipôle « *RLC* »
- Quelle est la capacité ?
- Quel est le coefficient d'auto-inductance ?
- Énergie transférée ?
- Caractéristiques d'une bobine
- Protocole expérimental : résonance
- Testez-vous !
- L'épreuve du bac
- Corrigés

11

OSCILLATIONS ÉLECTRIQUES LIBRES ET FORCÉES DIPÔLE *RLC*

▶ Oscillations amorties

Étude expérimentale

Montage

On réalise le montage de la figure 1 ; la résistance de dipôle « *RLC* » est donc $R = R' + r$. On observe sur l'écran de l'oscilloscope la visualisation de la tension $u_{BA}(t)$ aux bornes du condensateur.

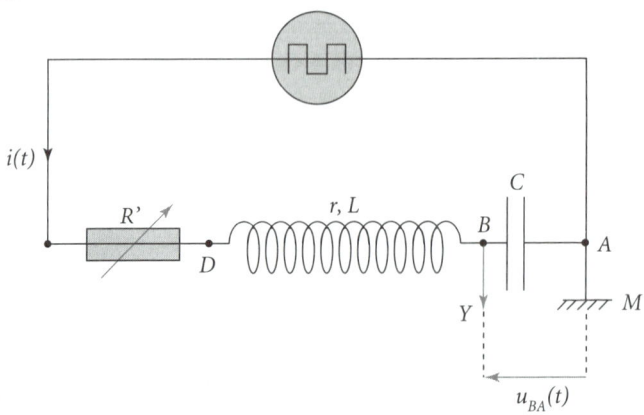

Fig. 1

Les différents régimes de l'oscillateur

• Régime pseudo-périodique
Si $R = 10\ \Omega$ ($R' = 0$), on a des oscillations amorties de la tension aux bornes du condensateur (*fig. 2a*).

Si $R = 100\ \Omega$, les oscillations sont de plus en plus amorties (*fig. 2b*).
On appelle pseudo-période, la durée séparant deux passages consécutifs de la tension par la valeur 0. Cette pseudo-période est une fonction croissante de C et de L.

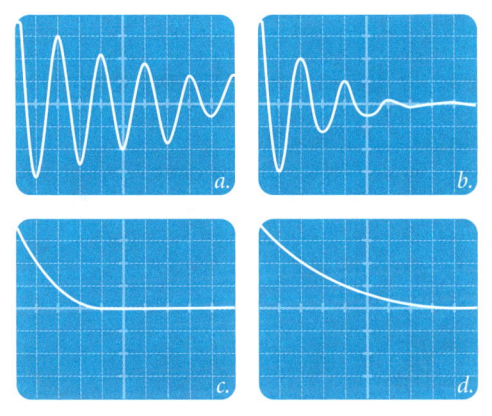

Fig. 2

• **Régime apériodique critique ou régime critique**
Si $R = R_c = 0{,}75\ \text{k}\Omega$, les oscillations tendent juste à disparaître (*fig. 2c*). La résistance R est alors appelée résistance critique R_c ; on dit encore que l'oscillateur est en régime « critique ».

• **Régime apériodique ou régime sous-critique**
Si $R > R_c$, on n'observe plus d'oscillation, la charge ou la décharge du condensateur s'effectue de plus en plus lentement (*fig. 2d*).
On dit encore que l'oscillateur est en régime « sous-critique ».

L'énergie de l'oscillateur

À un instant t, le passage du courant électrique, d'intensité instantanée i dans le dipôle « RLC », fait qu'une énergie de puissance instantanée $p = Ri^2$ est transférée du dipôle à l'environnement. L'énergie du dipôle diminue donc constamment.

À un instant t, l'énergie électrique $\mathcal{E}_{\text{él}}$ du condensateur est :
$$\mathcal{E}_{\text{él}} = \frac{1}{2} C u_{AB^2} = \frac{1}{2C} q_{A^2}.$$

L'énergie magnétique $\mathcal{E}_{\text{mag}}$ de la bobine est :
$$\mathcal{E}_{\text{mag}} = \frac{1}{2} L i^2.$$

L'énergie électromagnétique $\mathcal{E}_{\text{él-mag}}$ du dipôle « RLC » est :
$$\mathcal{E}_{\text{él-mag}} = \mathcal{E}_{\text{él}} + \mathcal{E}_{\text{mag}}.$$

Entretien des oscillations

L'entretien des oscillations n'est plus au programme, sauf pour l'« activité support éventuelle » : oscillateur utilisant un amplificateur opérationnel.

Entretien par un dipôle « à résistance négative »

Puissance d'entretien d'un dipôle « *RLC* »

On a vu que le dipôle « *RLC* » dissipe dans l'environnement une puissance instantanée $p = Ri^2$. Pour que les oscillations soient entretenues, il faut qu'un générateur électrique fournisse cette puissance.
Ce générateur reçoit donc une puissance : $p = u_{DA}i = -Ri^2$.
D'où : $u_{DA} = -Ri$.

Réalisation du montage

Dans le montage de la figure 1, le conducteur ohmique de résistance R' est remplacé par un amplificateur opérationnel (AO) fonctionnant en régime linéaire (*fig. 3*). On montre que celui-ci maintient entre les points A et D une tension $u_{DA} = -Ri$ (montage à « résistance négative »).

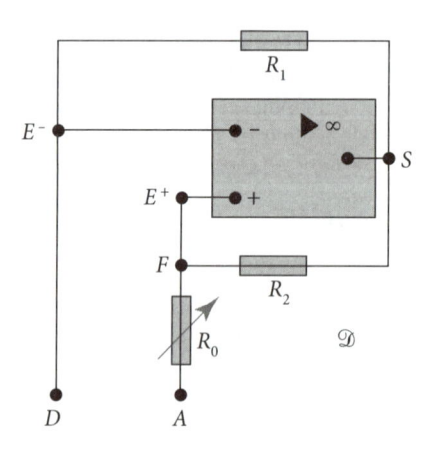

Fig. 3

Oscillation à amortissement réduit

Si R_0 (*fig. 3*) est égale à 0, alors on observe des oscillations amorties. Si on augmente R_0, l'amortissement est réduit.
Pour une valeur $R_0 = R_0^*$, légèrement supérieure à R, on observe des oscillations quasi sinusoïdales. On dit alors que ces oscillations sont entretenues.

Auto-oscillation

Visualisation du phénomène

On remplace maintenant le générateur G par un fil de jonction (fig. 4) et l'on fait varier R_0.

• Pour $R_0 < R_0^\star$, on n'observe aucune oscillation.

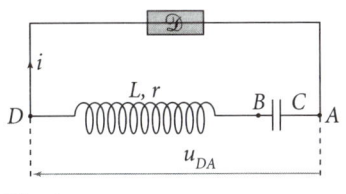

Fig. 4

• Pour R_0 légèrement supérieure à $R_0^\star$, on observe des oscillations quasi sinusoïdales, après un laps de temps plus ou moins grand pouvant atteindre la seconde.
On dit que c'est « l'accrochage des oscillations ». L'oscillateur électrique est alors entretenu ; on dit encore que le dipôle « RLC » est en « auto-oscillation ».

• Pour R_0 légèrement supérieure à $R_0^\star$, on observe des oscillations pratiquement inchangées.

• Pour R_0 très supérieure à $R_0^\star$, on observe des oscillations alternatives voisines d'oscillations sinusoïdales.

Période des auto-oscillations

La période des oscillations électriques entretenues est indépendante de la résistance R du dipôle « RLC ». Elle est :

$T_0 = 2\pi\sqrt{LC}$	T_0, période (s) ; L, coefficient d'auto-inductance (H) ; C, capacité du condensateur (F).

Oscillations électriques forcées

L'oscillateur électrique en régime forcé

• On réalise le montage de la figure 5. On visualise sur l'écran de l'oscilloscope les tensions instantanées u et Ri.

• Quelle que soit la fréquence N du GBF utilisée, la fréquence de u et celle de Ri sont identiques à N : intensité et tension instantanées ont même fréquence (fig. 6).

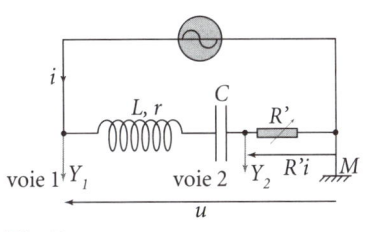

Fig. 5

• La fréquence propre du dipôle est notée N_0. On constate également que :
– si $N > N_0$, Ri passe par le 0 avant u, on dit alors que l'intensité est en avance par rapport à la tension (*fig. 6a*) ;
– si $N < N_0$, Ri passe par le 0 après u, on dit alors que l'intensité est en retard par rapport à la tension (*fig. 6b*) ;
– si $N = N_0$, Ri passe par le 0 au même instant que u, on dit alors que l'intensité et la tension sont en phase (*fig. 6c*).

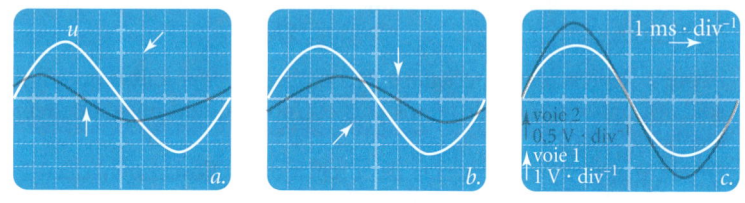

Fig. 6

Résonance d'intensité

Acuité de la résonance

On peut effectuer différentes courbes de résonance pour différentes valeurs de R d'un dipôle « RLC ». Sur ces courbes de résonance, on constate (*fig. 7*) que la fréquence de résonance est indépendante de la résistance du dipôle « RLC » ; l'intensité efficace I_0 du courant à la résonance diminue lorsque la résistance du dipôle « RLC » augmente.

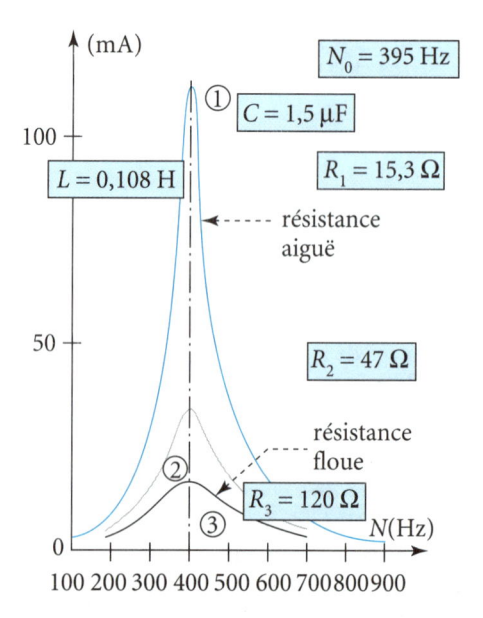

Fig. 7

Bande passante et facteur de qualité

• On appelle bande passante à 3 dB (décibels), l'intervalle de fréquence β sur lequel l'intensité efficace I du courant électrique est supérieure à $\dfrac{I_0}{\sqrt{2}}$. On constate que la largeur de la bande passante β augmente lorsque la résistance du dipôle « RLC » augmente. La bande passante β est indépendante de la valeur efficace U de la tension appliquée au dipôle « RLC ».

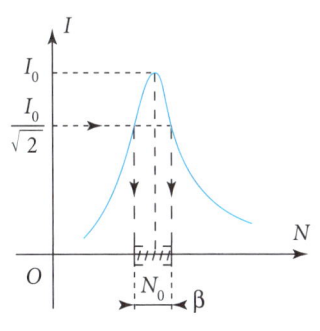

Fig. 8

• Par définition, le facteur de qualité Q d'une résonance est :

$Q = \dfrac{N_0}{\beta}$	Q, facteur de qualité Q de la résonance (sans unité) ; N_0, fréquence de résonance (Hz) ; β, bande passante de la résonance (Hz).

Impédance d'un dipôle

Définition

Soit un dipôle « RLC » alimenté par une tension sinusoïdale. Par définition, on appelle impédance Z du dipôle le quotient :

$Z = \dfrac{U}{I}$ ou $Z = \dfrac{U_m}{I_m}$	Z, impédance du dipôle « RLC » (Ω) ; U, tension efficace alimentant le dipôle (V) ; I, intensité efficace passant dans le dipôle (A).

Variation de l'impédance d'un dipôle « RLC »

L'impédance du dipôle « RLC » prend une valeur minimale pour la fréquence de la résonance N_0.

À la résonance, l'impédance Z_0 du dipôle « RLC » prend la valeur de la résistance totale R du dipôle « RLC » :

$$Z_0 = R.$$

Pour toutes les fréquences autres que celle de la résonance, l'impédance Z du dipôle « RLC » est supérieure à la valeur de R :

$$Z > R.$$

MÉTHODE

Étude expérimentale de la résonance d'intensité

Énoncé

Tracé d'une courbe de résonance

Au cours d'une séance de travaux pratiques, un groupe d'élèves réalise un circuit série composé :

• d'un dipôle comportant : une bobine d'inductance L et de résistance r, un condensateur de capacité $C = 100$ nF, un conducteur ohmique de résistance R réglage ;

• d'un ampèremètre ;

• d'un générateur basse fréquence (GBF) délivrant une tension sinusoïdale de fréquence ajustable.

Un voltmètre monté en dérivation aux bornes du générateur permet de mesurer la valeur efficace de la tension, maintenue constante pendant la durée de manipulation : $U = 4{,}6$ V.

1. Faire un schéma du montage.

2. Comment nomme-t-on les oscillations ainsi obtenues dans le circuit série ?

3. On fait varier la fréquence f du GBF et on mesure la valeur efficace I de l'intensité du courant dans le circuit. Les points expérimentaux sont portés sur la figure 9 ci-après.
Déterminer :

a) la valeur maximale I_0 de l'intensité efficace,

b) la fréquence de résonance f_R,

c) la largeur de la bande passante à 3 dB, notée β, en justifiant la méthode,

d) le facteur de qualité $Q = \dfrac{f_R}{\beta}$,

e) la résistance R_T totale du dipôle.

4. Déduire de l'étude précédente la valeur de l'inductance L de la bobine.

COURS **MÉTHODE** **EXERCICES**

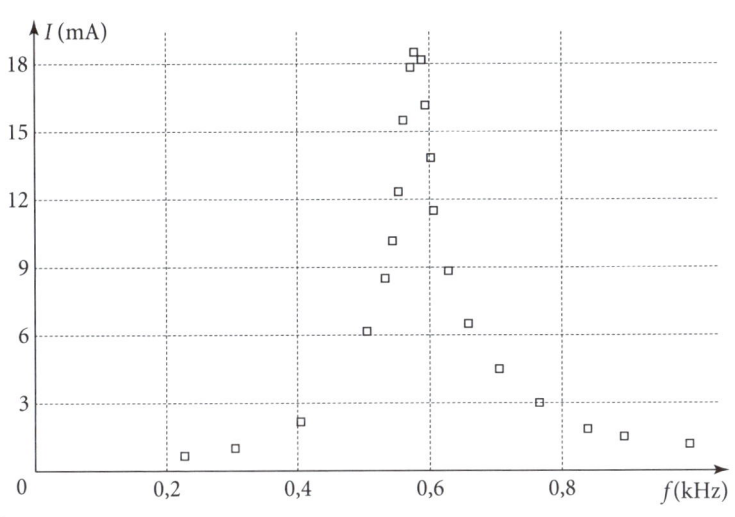

Fig. 9

Solution commentée

Les composants du dipôle « RLC » sont placés en série dans un ordre quelconque : bobine, condensateur et conducteur ohmique.
L'ampèremètre est également placé en série dans le circuit. Le générateur se positionne en série avec le dipôle ainsi construit.
Le voltmètre se place en dernier aux bornes du générateur, positionnement « en dérivation ».

1. Schéma du montage permettant d'obtenir une courbe de résonance d'intensité (*fig. 10*).

L'ampèremètre est placé en série dans le circuit, il mesure l'intensité efficace I du courant électrique.

Le « GBF » est le générateur électrique dont la fréquence f de la tension délivrée est réglable.

La valeur de f est lue sur le « GBF ».

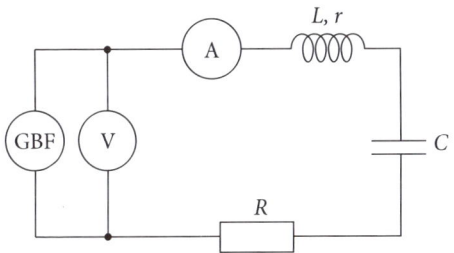

Fig. 10

!! Le générateur impose sa fréquence et le dipôle «*RLC*» subit la fréquence imposée. Le «*GFB*» est l'excitateur, le dipôle «*RLC*» est le résonateur.

2. Les oscillations imposées par le générateur basse fréquence «GBF» au dipôle «*RLC*» sont des oscillations forcées.

!! Avant toute chose, tracer la courbe de résonance en passant au plus près des points expérimentaux. L'allure du tracé doit être régulière sans point anguleux.

a) Bien lire I_0 au sommet du «pic de résonance».

b) L'abscisse de ce «pic» donne la fréquence de résonance f_R.

c) Rappeler la définition de la bande passante.
La précision des tracés est primordiale. Attention cependant à ne pas donner plus de chiffres significatifs que ceux lus sur la représentation graphique.

d) Rappeler la formule du facteur de qualité.
Attention, c'est un nombre sans unité car c'est le rapport d'une fréquence par une fréquence.

e) Rappeler la propriété de la résonance à propos de la relation entre les grandeurs, *R*, *U* et I_0.

3. a) D'après le tracé obtenu, la valeur de l'intensité efficace maximale I_0 est : $I_0 = 19$ mA.

b) D'après le tracé (*fig. 11*), la valeur de la fréquence de résonance f_R est : $f_R = 0{,}58$ kHz.

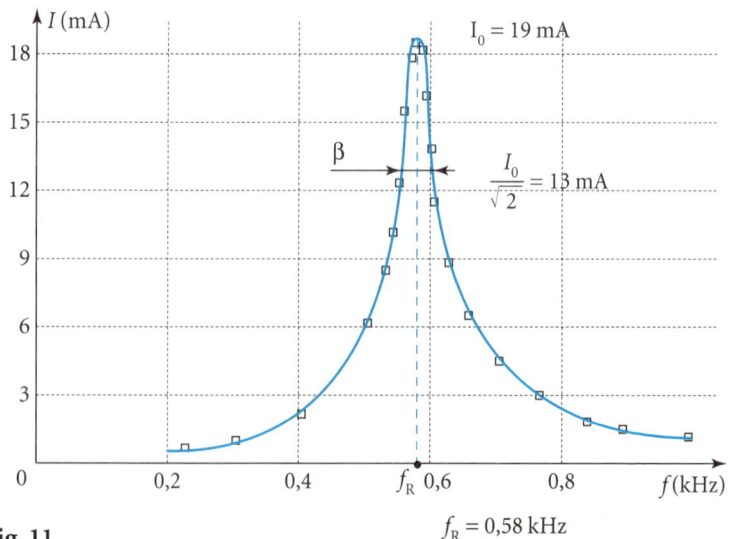

Fig. 11 $f_R = 0{,}58$ kHz

c) • Par définition, la bande passante à 3 dB de la résonance est l'intervalle des fréquences sur lequel l'intensité efficace I du courant est supérieure à $\dfrac{I_0}{\sqrt{2}}$.

Calcul de $\dfrac{I_0}{\sqrt{2}}$; $\dfrac{I_0}{\sqrt{2}} = 13$ mA.

• En traçant la droite horizontale d'ordonnée 13 mA, on obtient deux points d'intersection avec la courbe de résonance dont les abscisses sont :
$f_1 = 0,55$ kHz et $f_2 = 0,60$ kHz.
La bande passante β de la résonance est donc : $\beta = f_2 - f_1$; $\beta = 0,05$ kHz.

d) Le facteur de qualité est, par définition :
$Q = \dfrac{f_R}{\beta}$;
$Q = 12$.

e) La résistance R_T du dipôle « RLC » est donnée par le quotient de la tension U aux bornes du dipôle par l'intensité efficace maximale I_0. D'où :
$R_T = \dfrac{U}{I_0}$;
$R_T = 0,24$ kΩ.

On peut démontrer la formule de Thomson à partir de la fréquence du dipôle « LC ».
Il suffit de dire que la fréquence de résonance f_R du dipôle « RLC » est égale à la fréquence propre f_0 du dipôle « LC » (voir la courbe de résonance lorsque $R \to 0$) :
$T_0 = 2\pi\sqrt{LC}$;
$\dfrac{1}{f_R} = 2\pi\sqrt{LC}$, d'où : $1 = 4\pi^2 f_R^2 LC$.

4. À la résonance, les valeurs de L, C et ω_R sont liées par la relation de Thomson :
$LC\omega_R^2 = 1$, avec ω_R pulsation à la résonance : $\omega_R = 2\pi f_R$.
D'où : $LC 4\pi^2 f_R^2 = 1$

$L = \dfrac{1}{4\pi^2 f_R^2 C}$;

$L = 0,75$ H.

Méthode : tracer et exploiter une courbe de résonance

• **Tracé de la courbe**
– Relever sur le tableau de mesure la valeur maximale de l'intensité efficace et choisir une échelle de représentation en ordonnée qui puisse contenir cette valeur.
– Relever les valeurs maximale et minimale de la fréquence utilisée pour mettre en évidence le phénomène de résonance d'intensité du dipôle « RLC ».
– Choisir une échelle de représentation en abscisse qui puisse contenir ces valeurs extrêmes.
– Porter sur ce système d'axes les points correspondant aux mesures effectuées.
– Tracer la courbe au crayon en essayant de passer au plus près des points tracés. La courbe doit être régulière et continue, sans points anguleux.

• **Exploitation de la courbe**
– Relever les coordonnées du sommet de la courbe correspondant à la résonance d'intensité du dipôle « RLC » :
en abscisse, N_0 (ou f_0) fréquence de résonance ;
en ordonnée, I_0 l'intensité efficace de résonance.

– Calculer la valeur $\dfrac{I_0}{\sqrt{2}}$ et tracer la droite horizontale ayant pour ordonnée cette valeur.

– Cette droite coupe la courbe en 2 points, relever les valeurs des abscisses de ces 2 points : N_1 et N_2.
– Calculer la différence $N_2 - N_1$, cette différence notée β est, par définition, la bande passante de la résonance :
$$N_2 - N_1 = \beta.$$
– Calculer le facteur de qualité de la résonance Q :
$$Q = \dfrac{I_0}{\beta}.$$

EXERCICES

Amortissement d'un dipôle « *RLC* » ★

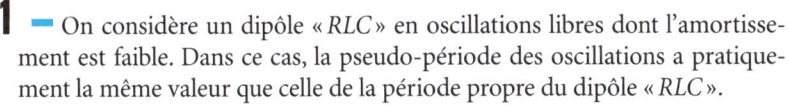

1 — On considère un dipôle «*RLC*» en oscillations libres dont l'amortissement est faible. Dans ce cas, la pseudo-période des oscillations a pratiquement la même valeur que celle de la période propre du dipôle «*RLC*».

1. Calculer la pseudo-période d'un dipôle «*RLC*» dont la capacité du condensateur est 4,8 µF et le coefficient d'auto-inductance de la bobine est 85 mH.

2. On remplace le condensateur par un autre de capacité 4,8 mF. Calculer la nouvelle valeur de la pseudo-période.

3. On place dans le circuit un conducteur ohmique afin que la résistance du dipôle «*RLC*» soit égale à la résistance critique R_c.

a) Que dire des oscillations électriques du dipôle ainsi constitué ? Dessiner l'allure de la courbe d'amortissement observée sur l'écran d'un oscilloscope, c'est-à-dire la tension aux bornes du condensateur en fonction du temps.

b) Calculer la résistance critique R_c du dipôle, sachant qu'elle est donnée par la relation :

$$R_c = 2\sqrt{L(C)^{-1}}.$$

c) Dessiner l'allure de la courbe d'amortissement observée sur l'écran de l'oscilloscope si la résistance du circuit R est telle que :
$$R > R_c.$$

1. Revoir si besoin la formule donnant la période du dipôle «*LC*» associé au dipôle «*RLC*».

2. Aucune difficulté particulière.

3. Revoir le cours, page 273, si des difficultés surviennent. *(corrigés p. 291)*

Auto-oscillations avec un dipôle « *RLC* » ★

2 — On branche aux bornes d'un dipôle «*RLC*» un amplificateur opérationnel (AO) fonctionnant en régime linéaire.

1. Quelle est la particularité d'un tel montage, au point de vue énergétique ?

2. Faire un schéma du montage.

3. On augmente progressivement la valeur de la résistance variable R_0 utilisée avec l'amplificateur opérationnel (AO). Qu'observe-t-on ?

> Bien revoir le cours sur l'entretien des oscillations dans un dipôle «RLC» avant de résoudre cet exercice. Consulter le cours, page 274. *(corrigés p. 291)*

Quelle est la capacité ? ★★

3 — On considère un dipôle «RLC» série dont le condensateur a été chargé. On joint les deux extrémités du dipôle par un fil de jonction et l'on visualise, sur l'écran d'un oscilloscope à mémoire, la tension aux bornes du condensateur (*fig. 12*). Le coefficient d'auto-inductance de la bobine est $L = 53$ mH.

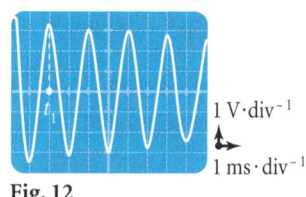

$1\ \text{V}\cdot\text{div}^{-1}$
$1\ \text{ms}\cdot\text{div}^{-1}$

Fig. 12

1. Comme les oscillations sont faiblement amorties, on considère que la pseudo-période est pratiquement égale à la période propre de l'oscillateur libre idéal. Déterminer la pseudo-période des oscillations libres.

2. En déduire la capacité du condensateur.

3. Calculer l'énergie électrique du condensateur à l'instant t_1.

> 1. Pour obtenir un maximum de précision dans les calculs numériques, considérer un maximum de périodes sur l'écran.
>
> 2. Revoir la formule donnant la période du dipôle «LC» associé au dipôle «RLC».
>
> 3. Se rappeler la formule donnant l'énergie électrique stockée dans un condensateur. *(corrigés p. 292)*

Quel est le coefficient d'auto-inductance ? ★★

4 — On branche en série un conducteur ohmique, une bobine et un condensateur chargé. On joint les deux extrémités du dipôle ainsi constitué par un fil de jonction et l'on visualise, sur l'écran d'un oscilloscope à mémoire, l'intensité instantanée du courant électrique passant dans le dipôle. On obtient un oscillogramme identique à celui de la figure 12.

1. Faire un schéma du circuit et des branchements à l'oscilloscope.

2. a) Que dire du régime des oscillations électriques ?

b) Que faut-il faire pour obtenir :
– un régime apériodique critique ?
– un régime apériodique sous-critique ?

3. On considère que la pseudo-période est pratiquement égale à la période propre de l'oscillateur libre idéal. Calculer la valeur du coefficient d'auto-inductance de la bobine. La capacité du condensateur est de 5,6 µF.

4. Calculer l'énergie magnétique de la bobine à l'instant t_1 (voir la figure 9). On donne la valeur de la résistance du conducteur ohmique : $R = 10{,}0\ \Omega$.

1. L'oscilloscope est un « mesureur » de tension : les branchements se font toujours en dérivation dans le circuit.

2. Revoir, si besoin, le cours.

3. Se rappeler la formule donnant la période du dipôle « LC » associé au dipôle « RLC ».

4. Revoir la formule donnant l'énergie magnétique stockée dans une bobine et penser à la loi d'Ohm ! *(corrigés p. 292)*

Énergie transférée ? ★★

5 — À l'aide du montage de la figure 1, on visualise sur l'écran d'un oscilloscope la tension aux bornes du condensateur d'un circuit « RLC ». On obtient l'oscillogramme de la figure 13.

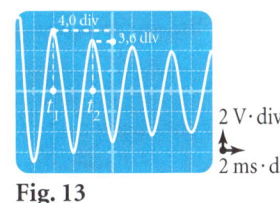

1. Déterminer la tension aux bornes du condensateur à l'instant t_1 et à l'instant t_2.

Fig. 13

2. Quelle est l'énergie électrique $\mathcal{E}_{él}$ stockée dans le condensateur à ces deux instants ?
On donne la capacité du condensateur : $C = 1{,}00$ mF.

3. Calculer l'énergie électromagnétique du dipôle « RLC » transférée à l'environnement, entre l'instant t_1 et l'instant t_2.

1. Lire le coefficient de déviation verticale k_v du spot sur la figure 10.

2. Revoir, si nécessaire, la formule donnant $\mathcal{E}_{él}$.

3. L'énergie transférée du dipôle « RLC » à l'environnement est donnée par la relation : $\mathcal{E}_{tr} = -\Delta\mathcal{E}_{él\text{-mag}}$. *(corrigés p. 293)*

Caractéristiques d'une bobine ★★★

6 — On alimente par une tension sinusoïdale, de valeur efficace constante, le montage en série d'une bobine, d'un condensateur et d'un conducteur ohmique de résistance $R' = 100\ \Omega$.

On visualise sur l'écran d'un oscilloscope la tension instantanée aux bornes du dipôle « RLC » (voie 1) et la tension instantanée existant aux bornes du conducteur ohmique (voie 2). On obtient l'oscillogramme de la figure 14.

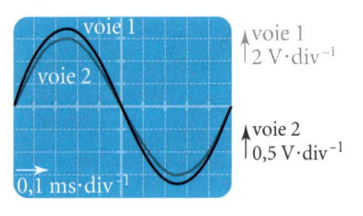

Fig. 14

1. a) Que peut-on dire du déphasage de l'intensité par rapport à la tension ?

b) Quel est le régime des oscillations électriques du dipôle « RLC » ?

2. Déterminer en utilisant l'oscillogramme :

a) l'intensité maximale du courant électrique passant dans le dipôle ;

b) la tension maximale aux bornes du dipôle.

3. Calculer la résistance r de la bobine.

4. a) Quelle est la période de la tension d'alimentation ?

b) Calculer le coefficient d'auto-inductance de la bobine si la capacité du condensateur est $C = 56\ \mu F$.

1. On rappelle qu'à la résonance $u(t)$ et $i(t)$ sont en phase.

2. Bien lire sur la figure les valeurs des coefficients de déviation verticale des voies 1 et 2.

3. La résistance du dipôle « RLC » est égale à la résistance de la bobine plus celle du conducteur ohmique.

4. Utiliser la relation donnant la période propre du dipôle « LC » au dipôle « RLC ». *(corrigés p. 294)*

Protocole expérimental : résonance ★★

7 — Entre les points P et M, une bobine de coefficient d'auto-inductance L et de résistance r est mise en série avec un condensateur de capacité C et un conducteur ohmique de résistance R. Le dipôle ainsi constitué est alimenté par un générateur de tension sinusoïdale dont la valeur efficace U, maintenue constante, est contrôlée avec un voltmètre. L'intensité efficace I du courant électrique dans le circuit est mesurée par un ampèremètre.

On fixe $U = 3{,}0$ V et on fait varier la fréquence N du générateur de 100 Hz à 1,00 kHz alors que $R = 90\ \Omega$. On obtient les intensités efficaces suivantes :

N (Hz)	100	300	500	600	700	800	820	840	850
I (mA)	0,13	0,44	1,00	1,50	2,60	7,10	10,1	16,8	23,1
N (Hz)	860	863	870	880	890	900	920	940	1 000
I (mA)	29,4	30,0	27,5	20,7	15,4	12,1	8,30	6,60	3,70

1. a) Tracer la représentation graphique de la fonction $I = f(N)$ en se limitant au seul intervalle de fréquences de 500 Hz à 1,00 kHz.

b) Quel phénomène traduit cette représentation graphique ?

c) Donner la fréquence de résonance N_0.

d) Déterminer l'intensité de résonance I_0.

2. a) Déterminer graphiquement la bande passante β de la résonance.

b) Calculer le facteur de qualité Q de la résonance.

3. a) On démontre que $\beta = \dfrac{R + r}{2\pi L}$. Calculer le coefficient d'auto-inductance de la bobine.

b) Calculer la résistance de la bobine.

4. Donner l'expression théorique de la fréquence de résonance du dipôle « RLC » et en déduire la capacité du condensateur.

5. Calculer les impédances du circuit pour les fréquences : 500 Hz ; 700 Hz ; 863 Hz ; 900 Hz ; 1 000 Hz. Que conclure de ces calculs ?

1. Utiliser une grande feuille de papier millimétré pour avoir un maximum de précision dans l'exploitation de la courbe de résonance.

2. Revoir au besoin la méthode, p. 282.

3. Utiliser la relation donnée dans le texte pour calculer L.

4. Utiliser la relation donnant la période propre du dipôle « LC » associé au dipôle « RLC ».

5. Pour effectuer tous les calculs numériques demandés, utiliser la relation de définition d'une impédance.

(corrigés p. 294)

Testez-vous !

8 — *Quatre points par réponse juste aux exercices 1, 2, 3, 4 ou 5. Bon courage !*

1. a) Comment obtient-on des oscillations électriques entretenues dans un dipôle « RLC » ?

b) Que se passe-t-il alors au point de vue de l'énergie ?

2. a) Définir la résistance critique d'un dipôle « RLC ».

b) Pour un dipôle « RLC » donné, on a $L = 150$ mH et $C = 220$ µF. Calculer la période propre de ce dipôle.

c) Calculer la résistance critique R_c du dipôle sachant qu'elle est donnée par la relation : $R_c = 2\sqrt{L(C)^{-1}}$.

3. a) Définir la bande passante d'une résonance d'intensité.

b) Définir le facteur de qualité d'une résonance.

4. À l'aide de la figure 7, calculer les facteurs de qualité des résonances d'intensité traduites sur les courbes 1, 2 et 3.

5. a) Calculer l'impédance du dipôle « RLC » en oscillation forcée dont les fonctions u et $R'i$ sont représentées sur la figure 6c. La tension aux bornes du dipôle « RLC » est visualisée en voie 1 ; celle prise aux bornes du conducteur ohmique de résistance $R' = 100$ Ω est visualisée en voie 2.

b) Calculer la résistance r de la bobine.

c) Le coefficient d'auto-inductance de la bobine est 230 mH.
Calculer la capacité du condensateur du dipôle « RLC ». *(corrigés p. 296)*

L'épreuve du bac

9 —

• À faire après l'étude des 8 exercices précédents.

• Comme pour le bac, aucune indication n'est donnée dans le texte.

• Rédiger la recherche la solution sans aucun document à portée de main.

• Arrêter la recherche et la rédaction de la solution après 53 minutes environ (durée pouvant être consacrée à cette partie durant l'examen).

• Essayer de noter le travail ainsi fait.

Recherche de la capacité
(Guadeloupe - Guyane - Martinique – juin 1999 – 5 points)

Indications lues sur le condensateur
Références : EFD
　　　　　　 CPM 13 B.
Capacité : 1,2 MF.
Tolérance : ± 10 %.
Tension maximale : 160 V.

La capacité de ce condensateur n'est pas de $1,2 \times 10^6$ F, contrairement à l'indication fournie par le fabricant.

Il est alors proposé une recherche de la valeur réelle de cette capacité mettant en œuvre deux méthodes vues en classe :

• oscillations forcées dans un circuit de type « RLC » série ;

• dipôle « RC » alimenté par une tension créneaux.

Première méthode : oscillations forcées

Le montage est constitué : d'un générateur basses fréquences (GBF) délivrant une tension sinusoïdale de valeur efficace $U = 2,0$ V ; d'un conducteur ohmique de valeur $R_1 = 10$ Ω ; d'une bobine d'inductance $L = 58$ mH et de résistance r ; du condensateur à étudier ; d'un voltmètre et d'un ampèremètre.

1. Schématiser le montage à réaliser de telle sorte que l'on puisse :

• vérifier que la tension efficace à la sortie du GBF est maintenue constante et égale à 2,0 V ;

• mesurer l'intensité efficace du courant dans le circuit « RLC » série. 　　0,5 pt

2. On va rechercher la résonance d'intensité en faisant varier la fréquence de la tension délivrée par le GBF. Les résultats d'un groupe sont notés dans le tableau ci-dessous.

f en Hz	300	350	400	450	500	550	580	600
I en mA	5,7	7,6	10,1	14,1	21,4	39,0	65,0	91,4
f en Hz	620	650	700	750	800	850	900	950
I en mA	90,3	56,6	30,0	20,5	15,6	12,7	10,7	9,4

Lors de ces mesures, le groupe constate qu'à la fréquence 610 Hz, l'intensité efficace prend sa valeur maximale 96,7 mA.

a) Tracer la courbe $I(f)$. 　　0,5 pt

b) Quelle est la valeur numérique de la fréquence propre du circuit ? Justifier. 　　0,5 pt

c) Déduire de cette fréquence, la valeur de C, capacité du condensateur. Quelle indication aurait dû porter le fabricant à la place de MF ? 　　0,5 pt

d) La valeur obtenue par cette méthode de mesure est-elle dans le domaine de tolérance donné par le constructeur ? `0,5 pt`

3. Il est ensuite demandé de vérifier que le phénomène de surtension à la résonance n'a pu provoquer la destruction du condensateur ; à cette fin, on rappelle que, à la résonance, le facteur de surtension U_C/U est égal au facteur de qualité $Q = f_0/\beta$; U_C est la tension efficace aux bornes du condensateur et β la bande passante à 3 dB.

a) Qu'appelle-t-on bande passante à 3 dB ? Quelle est la valeur de celle-ci ? `0,5 pt`

b) Quel est le facteur de surtension ? `0,5 pt`

c) Quelle est, à la résonance, la tension efficace U_C aux bornes du condensateur ? Conclure quant au risque de destruction du condensateur. `0,5 pt`

Deuxième méthode : oscillateur « RC »
On réalise le montage ci-contre. Le GBF délivre une tension créneaux $U_{AB} = 2{,}0$ V ou 0 V.
Le conducteur ohmique utilisé a pour résistance $R_2 = 2{,}2$ kΩ, il est monté en série avec le condensateur.
On utilise un oscilloscope pour lequel la « base des temps » est de 5 ms par division et le « gain vertical » de 0,5 V par division sur les deux voies.

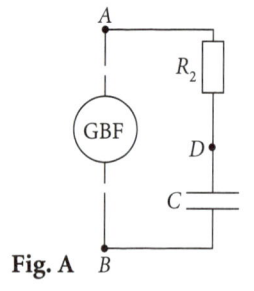

Fig. A

1. a) Reproduire et compléter le schéma de montage en indiquant comment brancher l'oscilloscope afin de pouvoir observer simultanément la tension u_{AB} aux bornes du générateur en voie Y_1 et la tension u_{DB} aux bornes du condensateur en voie Y_2. `0,5 pt`
La courbe observée à l'écran est reproduite sur la figure B ci-après.

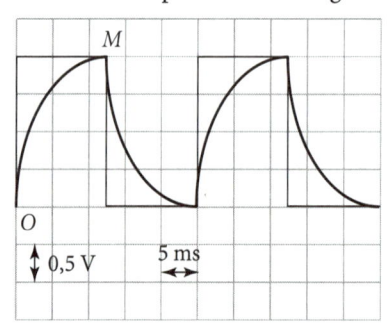

Fig. B

b) La partie OM de la courbe observée en voie Y_2 a pour équation :
$u_{DB} = 2[1 - \exp(-t/\tau)]$, avec u_{DB} exprimée en volts.
Quelle est la valeur de la tension u_{DB} à $t = \tau$? Déduire graphiquement la valeur de τ puis celle de C capacité du condensateur. `0,5 pt`

(corrigés p. 297)

CORRIGÉS

Amortisseur d'un dipôle « *RLC* »

1 –

1. La pseudo-période T_1 est pratiquement égale à la période propre T_{0_1} (résistance faible) :

$T_1 \approx T_{0_1}$ et $T_{0_1} = 2\pi\sqrt{LC_1}$.

$T_{0_1} = 2\pi\sqrt{85 \times 10^{-3} \times 4,8 \times 10^{-6}}$;

$T_1 = 4{,}0$ ms.

2. $T_2 \approx T_{0_2}$ et $T_{0_2} = 2\pi\sqrt{LC_2}$;

$T_2 = 127$ ms.

3. a) Les oscillations électriques des dipôles « *RLC* » sont apériodiques. Le régime des dipôles est dit apériodique critique, ou encore, régime « critique ».

L'allure de la courbe d'amortissement $u_c = f(t)$ est donnée à la figure 2c p. 273.

b) Par définition, la résistance critique des dipôles « *RLC* » est donnée par la relation :

$R_c = 2\sqrt{L(C)^{-1}}$; $R_{c_1} = 266\ \Omega$; $R_{c_2} = 8{,}4\ \Omega$.

c) Lorsque $R > R_c$, le circuit « *RLC* » est en régime apériodique, ou encore, en régime « sous-critique ».

L'allure de la courbe d'amortissement $u_c = g(t)$ est donnée à la figure 2d p. 273.

Auto-oscillation avec un dipôle « *RLC* »

2 –

1. Lorsque l'on branche aux bornes d'un dipôle « *RLC* » un amplificateur opérationnel (AO) fonctionnant en régime linéaire, ce dernier peut fournir exactement la même puissance que celle que le dipôle « *RLC* » transfère par effet Joule dans l'environnement.

2. Voir les figures 3 et 4.

3. Voir le cours, page 274.

Quelle est la capacité ?

3 -

1. D'après l'oscillogramme, la pseudo-période des oscillations électriques est :
$T = nk$; $T = 2{,}0 \text{ div} \times 1 \text{ ms} \cdot \text{div}^{-1}$; $T = 2{,}0 \text{ ms}$.

2. Par hypothèse, la pseudo-période est égale à la période propre des oscillations électriques du dipôle « RLC » :
$T = T_0 = 2\pi\sqrt{LC}$.
D'où : $T^2 = 4\pi^2 LC$. On en déduit :
$C = \dfrac{T^2}{4\pi^2 L}$; $C = 1{,}9 \text{ µF}$.

3. À l'instant t_1, la tension aux bornes du condensateur est $u_1 = n_1 k_v$.
$u_1 = 3{,}5 \text{ div} \times 1 \text{ V} \cdot \text{div}^{-1}$; $u_1 = 3{,}5 \text{ V}$.
L'énergie électrique stockée à cet instant dans la condensateur est :
$\mathscr{E}_{\text{él}} = \dfrac{1}{2} C u_1^2$; $\mathscr{E}_{\text{él}} = 12 \text{ µJ}$.

Quel est le coefficient d'auto-inductance ?

4 -

1.

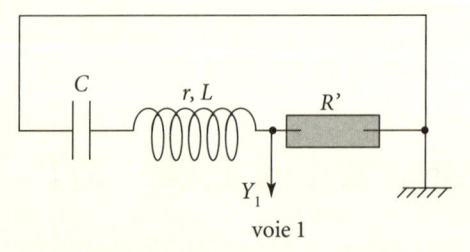

Fig. 15 voie 1

2. a) Les oscillations électriques sont faiblement amorties. Le régime est dit pseudo-périodique.

b) Il faut introduire dans le circuit « RLC » un conducteur ohmique à résistance variable.

• Pour obtenir un régime apériodique critique, il faut régler la résistance variable telle que la résistance totale du circuit « RLC » soit égale à la résistance critique dudit circuit.

CORRIGÉS

• Pour obtenir un régime apériodique sous-critique, il faut régler la résistance variable telle que la résistance totale du circuit « RLC » soit supérieure à la résistance critique dudit circuit.

3. Comme dans l'exercice précédent : $T = 2{,}0$ ms et $T = T_0 = 2\pi\sqrt{LC}$.

D'où : $L = \dfrac{T^2}{4\pi^2 C}$; $L = 18$ mH.

4. À l'instant t_1, la tension aux bornes du conducteur ohmique de résistance R est : $u_1 = Ri_1$.

D'où : $i_1 = \dfrac{u_1}{R}$.

D'après l'oscillogramme, on a : $u_1 = n_1 k_v$; $u_1 = 3{,}5$ V.

L'énergie magnétique stockée à cet instant dans le condensateur est :

$\mathcal{E}_{mag} = \dfrac{1}{2} L i_1^2$; $\mathcal{E}_{mag} = \dfrac{1}{2} L \left(\dfrac{u_1}{R}\right)^2$; $\mathcal{E}_{mag} = \dfrac{L}{2R^2} u_1^2$; $\mathcal{E}_{mag} = 1{,}1$ mJ.

Énergie transférée ?

5 –

1. Les tensions aux bornes du condensateur aux instants t_1 et t_2 sont :
$u_1 = n_1 k_v$ et $u_2 = n_2 k_v$; $u_1 = 8{,}0$ V et $u_2 = 7{,}2$ V.

2. $\mathcal{E}_{él}(t_1) = \dfrac{1}{2} C u_1^2$ et $\mathcal{E}_{él}(t_2) = \dfrac{1}{2} C u_2^2$.

$\mathcal{E}_{él}(t_1) = 32$ mJ et $\mathcal{E}_{él}(t_2) = 26$ mJ.

3. L'énergie électromagnétique du dipôle « RLC » s'écrit :
$\mathcal{E}_{él\text{-}mag} = \mathcal{E}_{él} + \mathcal{E}_{mag}$.

• À l'instant t_1, on a : $\mathcal{E}_{él\text{-}mag}(t_1) = \mathcal{E}_{él}(t_1) + \mathcal{E}_{mag}(t_1)$.
Or à l'instant t_1, la tension est maximale et l'intensité circulant dans le dipôle « RLC » est nulle ; on a donc : $\mathcal{E}_{mag}(t_1) = 0$.
D'où : $\mathcal{E}_{él\text{-}mag}(t_1) = \mathcal{E}_{él}(t_1)$.

• Il en est de même à l'instant t_2.
D'où : $\mathcal{E}_{él\text{-}mag}(t_2) = \mathcal{E}_{él}(t_2)$.

• L'énergie électromagnétique transférée $\mathcal{E}_{tr}$ du dipôle « RLC » à l'environnement est donc égale à sa variation entre les instants t_1 et t_2 :
$\mathcal{E}_{tr} = -\Delta \mathcal{E}_{él\text{-}mag} = -[\mathcal{E}_{él}(t_2) - \mathcal{E}_{él}(t_1)]$;
$\mathcal{E}_{tr} = \mathcal{E}_{él}(t_1) - \mathcal{E}_{él}(t_2)$; $\mathcal{E}_{tr} = 6$ mJ.

Caractéristiques d'une bobine

6 –

1. a) Les fonctions « intensité instantanée » et « tension instantanée » sont en phase.

b) Le régime des oscillations auquel le dipôle « RLC » est soumis est un régime d'oscillations électriques forcées. Dans l'étude effectuée, il y a résonance d'intensité.

2. a) $U_m = n_1 k_1$; $U_m = 6{,}0$ V.

b) $I_m = \dfrac{U_{m_2}}{R'} = \dfrac{n_2 k_2}{R'}$; $I_m = 17{,}5$ mA.

3. À la résonance : $Z = R = R' + r$ et $Z = \dfrac{U_m}{I_m}$.

$r = \dfrac{U_m}{I_m} - R'$; $r = 243\ \Omega$; $r = 0{,}24$ kΩ.

4. a) $T = kn$; $T = 10{,}0$ ms.

b) À la résonance : $T = T_0 = 2\pi\sqrt{LC}$.

D'où : $L = \dfrac{T_0}{4\pi^2 C}$; $L = 45$ mH.

Protocole expérimental : résonance

7 –

1. a)

Fig. 16

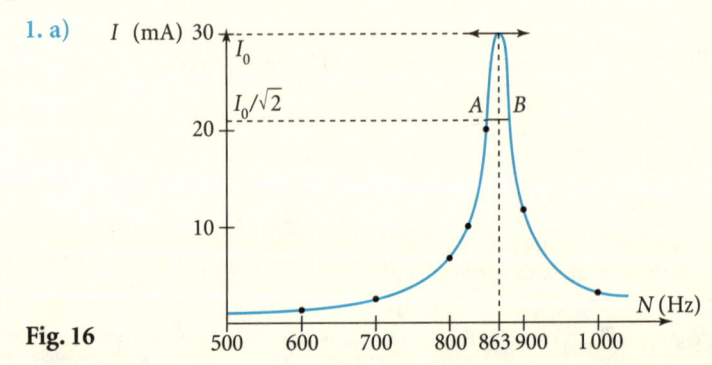

CORRIGÉS

b) Le phénomène traduit par la représentation graphique de la figure est une résonance d'intensité.

c) $N_0 = 863$ Hz est la fréquence de résonance.

d) L'intensité efficace de résonance du dipôle « *RLC* » est : $I_0 = 30{,}0$ mA.

2. a) L'intensité efficace correspondant à la bande passante est :

$I = \dfrac{I_0}{\sqrt{2}}$; $I = 21{,}2$ mA.

D'après la représentation graphique et le tracé de la droite d'équation $I = 21{,}2$ mA, on peut lire la valeur de la bande passante β : $\beta = 31$ Hz.

b) Le facteur de qualité Q de la résonance est : $Q = \dfrac{N_0}{\beta}$; $Q = 28$.

3. a) À la résonance, l'impédance Z du circuit « *RLC* » est égale à sa résistance, d'où :

$Z_0 = R + r = \dfrac{U}{I_0}$.

D'où la valeur du coefficient d'auto-inductance de la bobine :

$L = \dfrac{R + r}{2\pi\beta}$; $L = \dfrac{U}{2\pi\beta I_0}$; $L = 513$ mH.

b) La résistance de la bobine est donc :

$r = Z - R$; $Z = \dfrac{U}{I_0} - R$; $r = 10{,}0$ Ω.

4. La fréquence de résonance du dipôle « *RLC* » est : $N_0 = \dfrac{1}{2\pi}\sqrt{\dfrac{1}{LC}}$.

La capacité du condensateur utilisé est :

$C = \dfrac{1}{4\pi^2 N_0^2 L}$; $C = 66$ nF.

5. Calcul de quelques impédances du circuit.

Par définition, $Z = \dfrac{U}{I}$.

D'où : $Z_{(500)} = \dfrac{U}{I_{(500)}}$; $Z_{(500)} = \dfrac{3{,}0}{1{,}00 \times 10^{-3}}$; $Z_{(500)} = 300$ kΩ.

On obtient de même les autres impédances :
$Z_{(700)} = 1{,}15$ kΩ ; $Z_{(863)} = 100$ Ω ; $Z_{(900)} = 248$ Ω ; $Z_{(1\,000)} = 811$ Ω.
Conclusion : l'impédance du dipôle « *RLC* » à la résonance est la plus faible. Cette impédance est égale à la résistance du circuit.
$Z_0 = R + r = 100$ Ω.

Testez-vous !

8 — Réponses pour vérifier les résultats trouvés.

1. a) Voir page 274.

b) Lors des oscillations entretenues, la puissance perdue par effet Joule est compensée par la puissance fournie au dipôle « RLC » par le « générateur à relation caractéristique linéaire », encore appelé « dipôle à résistance négative ».

2. a) Voir pp. 272-273.

b) $T_0 = 2\pi\sqrt{LC}$;
$T_0 = 36$ ms.

c) $R_c = 2\sqrt{L(C)^{-1}}$;
$R_c = 52\ \Omega$.

3. a) et **b)** Voir p. 276.

4. Courbe 1 : $\beta_1 = 40$ Hz ; $Q_1 = 10$.
Courbe 2 : $\beta_2 = 92$ Hz ; $Q_2 = 4,3$.
Courbe 3 : $\beta_3 = 200$ Hz ; $Q_3 = 2$.

5. a) $Z = \dfrac{U_m}{I_m}$; $Z = \dfrac{3,0}{0,0175}$;

$Z = 171\ \Omega$;
$Z = 0,17$ kΩ.

b) Les fonctions intensité et tension étant en phase, le dipôle est en résonance d'intensité ; on a donc :

$Z = Z_0 = R' + r = \dfrac{U_m}{I_m}$.

La résistance r de la bobine est donc :

$r = \dfrac{U_m}{I_m} - R'$; $r' = 71\ \Omega$.

c) À la résonance, la période des oscillations est égale à la période propre de l'oscillateur « LC ». D'où :

$T = T_0 = 2\pi\sqrt{LC}$, avec $T_0 = 10,0$ ms.

$C = \dfrac{T_0^2}{4\pi^2 L}$; $C = 11\ \mu$F.

L'épreuve du bac

9 –

Première méthode : oscillations forcées

1. Schéma du montage permettant de réaliser l'expérience.
Le voltmètre est branché aux bornes du générateur afin de vérifier que la tension délivrée est bien constante et égale à 2,0 V.
L'ampèremètre est branché en série dans le circuit électrique, il mesure l'intensité efficace du courant électrique I.

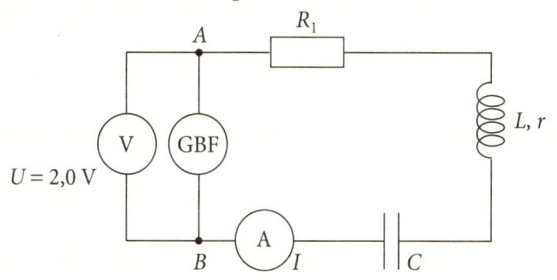

Fig. C

2. a) La courbe $I(f)$ est représentée à la figure D.
Elle s'appelle encore « courbe de résonance » d'intensité du dipôle « RLC » série.

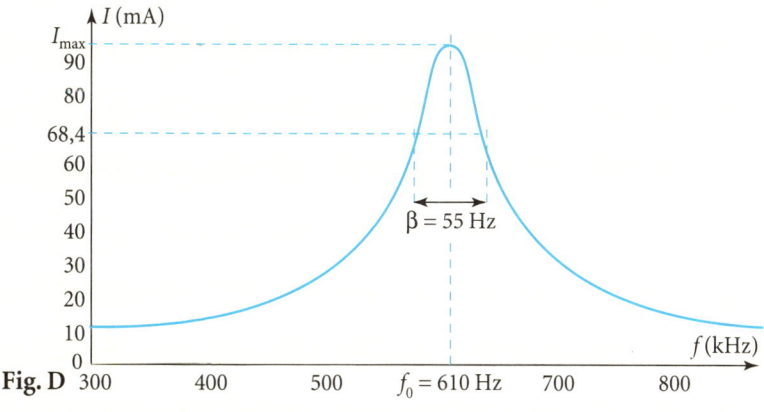

Fig. D

b) Le sommet S de la courbe tracée a pour coordonnées :
$I_0 = 96,7$ mA et $f_0 = 0,61$ kHz.
Cette fréquence f_0 est la fréquence de résonance du dipôle « RLC » série.
Or la résonance d'intensité d'un dipôle « RLC » série se produit lorsque la fréquence imposée par le générateur est égale à la fréquence propre du dipôle « LC » associé :

$$f_0 = 0,61 \text{ kHz}.$$

c) • À la résonance, on a : $\omega_0^2 LC = 1$ (formule de Thomson), avec ω_0 pulsation de la tension délivrée par le générateur.
Comme $\omega_0 = 2\pi f_0$, on obtient :
$$4\pi^2 f_0^2 LC = 1.$$
D'où :
$$C = \frac{1}{4\pi^2 f_0^2 L} \,;\; C = 1{,}2\ \mu F.$$

• Le fabricant aurait dû inscrire 1,2 μF et non 1,2 MF (le symbole M veut dire 10^6 et le symbole μ veut dire 10^{-6}) !

d) D'après les tolérances données par le fabricant (10 %), on a :
$$\Delta C = \frac{10}{100} C \,;\; \Delta C \approx 0{,}12\ \mu F.$$

Les valeurs extrêmes sont donc :
$$C \pm \Delta C.$$
D'où : $C_{min} = 1{,}1\ \mu F$ et $C_{max} = 1{,}3\ \mu F$.
La valeur obtenue par la méthode précédente est bien comprise dans le domaine de tolérance donné par le fabricant.

3. a) On appelle bande passante à 3 dB l'intervalle des fréquences β sur lequel l'intensité efficace I du courant est supérieur à $\dfrac{I_0}{\sqrt{2}}$.

$$\frac{I_0}{\sqrt{2}} = 68{,}4\ mA.$$

Sur la représentation graphique de la figure B, on trace une droite horizontale d'ordonnée $I = 68{,}4\ mA$.
D'après les tracés obtenus, on a :
$$\beta = 56\ Hz.$$

b) Par définition, le facteur de qualité Q de la résonance est donné par la relation :
$$Q = \frac{f_0}{\beta} \,;\; Q = 11.$$

À la résonance, le facteur de surtension est égal au facteur de qualité, d'où :
$$Q = \frac{f_0}{\beta} = \frac{U_{c_{rés}}}{U} \,;\; \frac{U_{c_{rés}}}{U} = 11.$$

c) La tension aux bornes du condensateur à la résonance est, d'après la relation précédente :
$$U_{c_{rés}} = 11\ U \,;\; U_{c_{rés}} = 22\ V.$$

CORRIGÉS

Le dipôle «*RLC*» est alimenté avec une tension de 2,0 V et la tension aux bornes du condensateur est de 22 V ! Ce phénomène s'appelle : phénomène de surtension.

• Aucun risque de destruction du condensateur puisqu'il peut supporter une tension de 160 V !

Deuxième méthode : oscillateur «*RC*»

1. a) On doit visualiser sur l'écran de l'oscilloscope les tensions u_{AB} en voie Y_1 et u_{DB} en voie Y_2. On constate que le point commun est le point *B*. Il doit être relié à la masse comme borne commune.
Le point *A* est relié à la voie Y_1 et le point *D* à la voie Y_2 (*fig. E*).

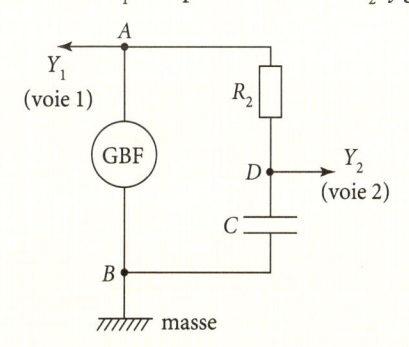

Fig. E

b) • La valeur de la tension à l'instant $t = \tau$ est donnée par l'expression :
$$u_{DB}(\tau) = 2\left[1 - \exp\left(-\frac{\tau}{\tau}\right)\right].$$

D'où :
$$u_{DB}(\tau) = 2\left[1 - \frac{1}{e}\right]$$

$$u_{DB}(\tau) = 1{,}26 \text{ V}.$$

Compte tenu de la précision les tracés, on prendra : $u_{DB}(t) = 1{,}3$ V.

• D'après le tracé de la figure F, la valeur de τ correspondant au couple de valeur (τ ; 1,3 V) est :

$$\tau = 2{,}5 \text{ ms}.$$

Fig. F

12
MODÈLE DE L'OSCILLATEUR LINÉAIRE

COURS

- Oscillations libres sinusoïdales
- Oscillations libres amorties

MÉTHODE

- Oscillateurs électriques non amorti et amorti

EXERCICES

- Circuit « *LC* » dans l'hélium liquide
- Analogie
- Oscillateur horizontal élastique libre
- Étude énergétique du circuit « *LC* »
- Testez-vous !
- L'épreuve du bac
- Corrigés

12
MODÈLE DE L'OSCILLATEUR LINÉAIRE

Oscillations libres sinusoïdales

Les équations différentielles

Oscillateur mécanique linéaire

Le **mouvement de l'oscillateur élastique libre non amorti** (*fig. 1*) vérifie l'équation différentielle suivante :

$$\ddot{x} + \frac{k}{m} x = 0 \quad (1).$$

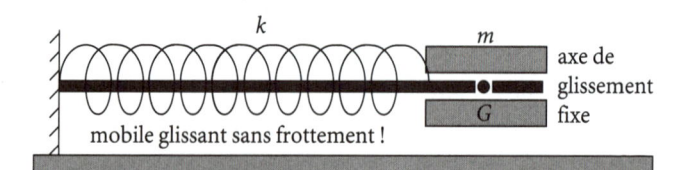

Fig. 1

Oscillateur électrique linéaire

La charge prise par la plaque A du condensateur est notée q_A ; on pose $q_A = q$. Les **oscillations des charges électriques**, dans un oscillateur électrique idéal ($R = 0$) libre, non amorti (*fig. 2*), vérifient l'équation différentielle suivante :

$$\ddot{q} + \frac{1}{LC} q = 0 \quad (2).$$

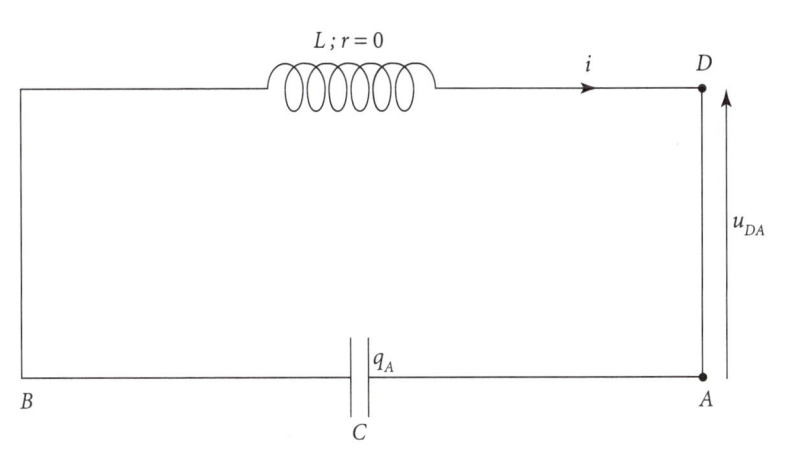

Fig. 2

Ces équations différentielles (1) et (2) sont de la forme $\ddot{u} + \omega_0^2 u = 0$, avec ω_0 la pulsation propre et T_0 la période propre des oscillations libres. La pulsation ω_0 et la période T_0 sont liées par la relation : $T_0 = \dfrac{2\pi}{\omega_0}$.

Les solutions des équations différentielles

Oscillateur mécanique linéaire

Une solution générale de l'équation différentielle (1) est une fonction de la forme : $x = x_m \cos(\omega_0 t + \varphi)$, avec x_m amplitude du mouvement de l'oscillateur et φ la phase à l'origine des temps.

La pulsation propre ω_0 et la période propre T_0 s'expriment par les relations :

$$\omega_0 = \sqrt{\dfrac{k}{m}} \text{ et } T_0 = 2\pi\sqrt{\dfrac{m}{k}}.$$

Oscillateur électrique linéaire

Une solution générale de l'équation différentielle (2) est une fonction de la forme : $q = q_m \cos(\omega_0 t + \varphi)$, avec q_m charge maximale prise par la plaque A du condensateur et φ la phase à l'origine des temps.

La pulsation ω_0 et la période T_0 s'expriment par les relations :

$$\omega_0 = \sqrt{\dfrac{1}{LC}} \text{ et } T_0 = 2\pi\sqrt{LC}.$$

Oscillations libres amorties

Les oscillations mécaniques

L'équation différentielle des oscillations d'un oscillateur mécanique élastique amorti est, avec f coefficient de frottement :

$$\ddot{x} + \frac{f}{m}\dot{x} + \frac{k}{m}x = 0.$$

Cette équation différentielle est linéaire mais comporte un terme supplémentaire par rapport à l'équation (2). Ce terme $\frac{f}{m}\dot{x}$ est appelé terme du « premier ordre », il rend compte mathématiquement de l'amortissement des oscillations, par perte d'énergie du système par frottement.

Les oscillations électriques

L'équation différentielle des oscillations d'un oscillateur électrique amorti « RLC » est, avec R résistance du circuit :

$$\ddot{q} + \frac{R}{L}\dot{q} + \frac{1}{LC}q = 0.$$

Cette équation différentielle est linéaire mais comporte un terme supplémentaire par rapport à l'équation (2). Ce terme $\frac{R}{L}\dot{q}$ est appelé terme du « premier ordre » ; il rend compte mathématiquement de l'amortissement des oscillations, par perte d'énergie du système par effet Joule.

Visualisation des oscillations amorties

On peut visualiser le phénomène d'amortissement par différentes méthodes, les résultats sont tous semblables.

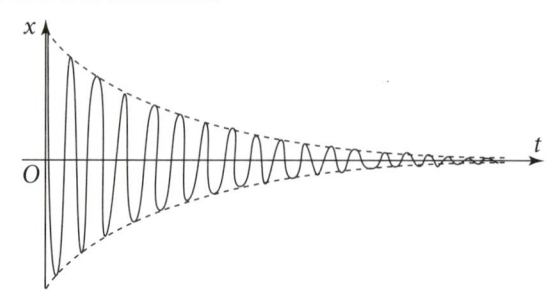

Fig. 3

MÉTHODE

Oscillateurs électriques non amorti et amorti

Énoncé

1. Établir l'équation différentielle qui régit les oscillations d'un oscillateur électrique non amorti :

a) en utilisant l'additivité des tensions ;

b) en utilisant la conservation de l'énergie de l'oscillateur.

L'oscillateur est constitué par un condensateur de capacité C et par une bobine de coefficient d'auto-inductance L et de résistance nulle.

2. On donne : $C = 560\ \mu F$ et $L = 98\ mH$.

a) Calculer la pulsation propre de l'oscillateur.

b) Calculer sa période propre.

3. À l'instant où l'on ferme l'interrupteur, le condensateur est sous une tension $U_{AB} = 240$ V. Déterminer la charge $q(t)$ prise par l'armature (A) du condensateur.

4. On considère maintenant que le circuit possède un conducteur ohmique de résistance R. Établir l'équation différentielle qui régit les oscillations de cet oscillateur électrique amorti en utilisant l'additivité des tensions.

Solution commentée

a) • Exprimer les tensions aux bornes d'un condensateur et d'une bobine, en indiquant bien les points entre lesquels sont définies les tensions.

• Écrire la relation entre les différentes tensions du circuit LC. Bien respecter l'ordre des indices de ces tensions.

• On se rappelle que la dérivée, par rapport au temps, de la charge de la plaque positive du condensateur donne l'intensité du courant électrique circulant dans l'oscillateur à l'instant t.

b) • Comme l'oscillateur est non amorti, l'énergie électromagnétique de celui-ci est constante dans le temps. Sa dérivée par rapport au temps est donc nulle.

• On dérivera donc la fonction donnant l'énergie électromagnétique de l'oscillateur par rapport au temps. Simplifier l'expression trouvée.

1. a) À l'instant t, la tension u_{AB} aux bornes du condensateur est :
$$u_{AB} = \frac{q}{C}.$$
À ce même instant, la tension u_{CD} aux bornes de la bobines est :
$$u_{CD} = ri - e, \text{ avec } e = -L\frac{di}{dt}.$$
Par hypothèse $r \approx 0$, d'où $u_{CD} = L\dfrac{di}{dt}$.

L'additivité des tensions s'écrit :
$$u_{AB} + u_{CD} = 0, \text{ ou encore } \frac{q}{C} + L\frac{di}{dt} = 0 \quad (1).$$

Par définition, $i = \dfrac{dq}{dt}$, d'où $\dfrac{di}{dt} = \dfrac{d^2 i}{dt^2} = \ddot{q}$.

L'équation (1) s'écrit :
$$L\ddot{q} + \frac{1}{C}q = 0, \text{ ou } \ddot{q} + \frac{1}{LC}q = 0.$$

b) L'énergie électromagnétique de l'oscillateur s'écrit :
$$\mathcal{E}_{\text{él-mag}} = \frac{1}{2C}q^2 + \frac{1}{2}Li^2 = \frac{1}{2C}q^2 + \frac{1}{2}L\dot{q}^2.$$

En l'absence de résistance électrique du circuit oscillant, l'énergie reste constante, d'où :
$$\frac{d\mathcal{E}_{\text{él-mag}}}{dt} = \frac{2}{2C}q\dot{q} + \frac{2}{2}L\dot{q}\ddot{q} = 0.$$

Comme $\dot{q} = 0$ n'est pas solution, on a :
$$L\ddot{q} + \frac{1}{C}q = 0, \text{ ou } \ddot{q} + \frac{1}{LC}q = 0.$$

Les équations différentielles trouvées dans le **1.** sont de la forme :
$$\ddot{x} + \omega_0^2 x = 0 \quad (1).$$
Par identification de l'expression (1) avec les équations différentielles trouvées, on obtient la pulsation et la période des oscillations.

2. a) Les équations différentielles obtenues sont de la forme :
$\ddot{u} + \omega_0^2 u = 0$.

D'où : $\omega_0 = \sqrt{\dfrac{1}{LC}}$; $\omega_0 = 135 \text{ rad} \cdot \text{s}^{-1}$.

b) Par définition, $T_0 = \dfrac{2\pi}{\omega_0}$.

D'où : $T_0 = 2\pi\sqrt{LC}$;
$T_0 = 46{,}5$ ms.

• Un oscillateur non amorti est un oscillateur sinusoïdal. L'équation différentielle qui régit les oscillations de celui-ci admet une solution qui est une fonction sinusoïdale.

• On rappelle que la charge d'un condensateur est donnée par la relation :
$$Q = CU.$$
La question n'est pas posée, mais on aurait pu également demander l'expression de l'intensité du courant électrique, en fonction du temps, passant dans l'oscillateur : $i(t)$.
Par définition :
$$i(t) = \dot{q}(t).$$
En supposant que $q(t) = q(m)\cos(\omega_0 t + \varphi)$, la fonction intensité s'obtiendrait ainsi :
$$i(t) = -\omega_0 q_m \sin(\omega_0 t + \varphi).$$

3. Une solution de l'équation différentielle est :
$q = q_m \cos(\omega_0 t + \varphi)$.
Or, lorsque $t = 0$, $q = q_m = CU$.
D'où : $q_m = q_m \cos\varphi$;
$\cos\varphi = 1$; $\varphi = 0$ (mod. 2π).
On obtient donc :
$q(t) = CU \cos\omega_0 t$;
$q(t) = 13{,}4 \times 10^{-3} \cos(135 t)$, en C.

Pour trouver l'équation différentielle demandée, écrire l'additivité des tensions dans le circuit. Penser à la loi d'Ohm !
La méthode utilisée ici est identique à celle utilisée dans le 1. a).

4. L'additivité des tensions appliquées au circuit oscillant « RLC » donne :
$u_C + u_R + u_L = 0$;
$\dfrac{q}{C} + Ri + L\dfrac{di}{dt} = 0$, avec $i = \dot{q}$.

D'où : $L\ddot{q} + R\dot{q} + \dfrac{1}{C}q = 0$.

Méthode : retrouver l'expression de la période d'un oscillateur sinusoïdal

- Écrire l'expression de la variable caractérisant un oscillateur sinusoïdal
$$x = x_0 \sin(\omega_0 t + \varphi).$$

- Dériver deux fois cette expression, on obtient :
$$\dot{x} = \omega_0 x_0 \cos(\omega_0 t + \varphi)$$
$$\ddot{x} = -\omega_0^2 x_0 \sin(\omega_0 t + \varphi).$$

Comme $x = x_0 \sin(\omega_0 t + \varphi)$, on a :
$$\ddot{x} + \omega_0^2 x = 0 \quad (1).$$

- Écrire les équations différentielles de l'oscillateur mécanique non amorti et de l'oscillateur électrique non amorti.

$$\ddot{x} + \frac{k}{m} x = 0$$
$$\ddot{q} + \frac{1}{LC} q = 0 \quad (2).$$

- Identifier l'équation (1) avec chacune des équations (2), on obtient les expressions suivantes :

$$\omega_0^2 \frac{k}{m}$$

$$\omega_0^2 \frac{1}{LC}$$

- Calculer la période de l'oscillateur en utilisant la relation de définition $\omega_0 = \dfrac{2\pi}{T_0}$, on obtient les résultats suivants :

$$T_0 = 2\pi \sqrt{\frac{m}{k}}$$

$$T_0 = 2\pi \sqrt{LC}.$$

COURS   MÉTHODE   EXERCICES

EXERCICES

Circuit « *LC* » dans l'hélium liquide ★ ★

1 — On réalise le circuit « LC » (fig. 5) que l'on plonge dans de l'hélium liquide ; dans ce cas, la résistance du circuit est nulle. La capacité du condensateur est alors $C = 2,4\ \mu F$ et le coefficient d'auto-inductance de la bobine est $L = 12,7$ mH.
On désigne par q la charge prise par l'armature (A) du condensateur à l'instant t et par i l'intensité du courant électrique circulant dans le circuit à l'instant t.

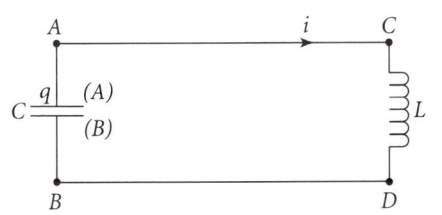

Fig. 4

1. Déterminer l'équation différentielle qui régit l'évolution de la charge q en fonction du temps.

2. a) Vérifier qu'à chaque instant la charge q est une fonction sinusoïdale de la forme :
$q = Q_m \cos(\omega_0 t + \varphi)$.
b) Calculer la fréquence propre N_0 du circuit oscillant.

3. a) En supposant qu'à l'instant $t = 0$, la charge du condensateur était $Q_m = 37\ \mu C$, exprimer les fonctions $q = f(t)$ et $i = g(t)$.
b) Que dire du déphasage de ces deux fonctions ?
c) Quelle est l'intensité maximale I_m qui circule dans le circuit « LC » ?

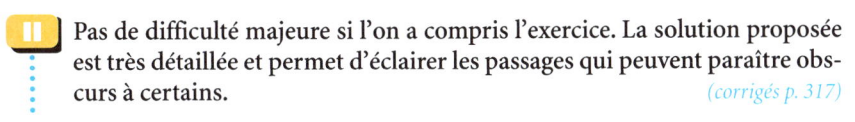

Pas de difficulté majeure si l'on a compris l'exercice. La solution proposée est très détaillée et permet d'éclairer les passages qui peuvent paraître obscurs à certains.   *(corrigés p. 317)*

Analogie ★ ★

3 — On se propose d'effectuer une étude analogique entre deux oscillateurs non amortis représentés sur les figures 5a et 5b.

a.

à l'instant $t = 0$, on libère la masselotte

b.

À l'instant $t = 0$, on ferme l'interrupteur.

Fig. 5

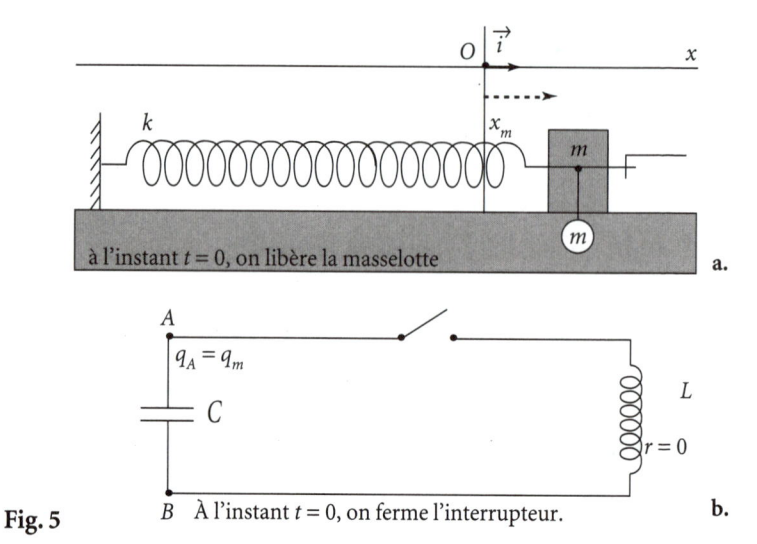

Schéma	Fig. 6a	Fig. 6b
Condition initiale	À l'instant $t = 0$, on lâche la masselotte.	À l'instant $t = 0$, on ferme l'interrupteur.
Équation différentielle	$m\ddot{x} + A = 0$	B
Pulsation propre	C	D
Période propre	E	F
Équation des oscillations	G	H
Analogie entre différentes grandeurs utilisées par les oscillateurs mécanique et électrique	m	I
	k	J
	K	q
	L	i
	M	une tension u
Nom de la grandeur dérivée	$\dot{x} : N$	$\dot{q} : O$
Expression temporelle de la grandeur dérivée	P	Q
Nom de l'énergie « d'évolution »	R	S
Nom de l'énergie « d'évolution »	T	U
Nom de l'énergie potentielle	V	W
Expression de l'énergie potentielle	X	Y

Rechercher les expressions des lettres en gras. On pourra refaire un nouveau tableau pour plus de commodité. *(corrigés p. 319)*

Oscillateur horizontal élastique libre ★ ★ ★

3 — 1. Établir l'équation différentielle qui régit les oscillations d'un oscillateur horizontal élastique libre et non amorti :

a) en utilisant la relation de la dynamique ;

b) en utilisant la conservation de l'énergie de l'oscillateur.

L'oscillateur est constitué d'une masselotte de masse m et d'un ressort dont le coefficient de raideur est k.

2. On donne : $m = 253$ g et $k = 12{,}8$ N·m^{-1}.

a) Calculer la pulsation propre de l'oscillateur.

b) Calculer sa période propre.

3. À l'instant du lâcher de la masselotte, l'élongation de celle-ci est $x_m = 6{,}0$ cm. Déterminer l'élongation $x(t)$ de la masselotte.

4. On considère maintenant que le système possède une force de frottement visqueux agissant sur l'oscillateur élastique au cours de son mouvement, de la forme $\vec{F} = -f\vec{v}$, où f est un coefficient constant.

Établir l'équation différentielle qui régit les oscillations de cet oscillateur mécanique amorti, en utilisant la relation de la dynamique.

1. a) Projeter la relation de la dynamique sur un axe $(O\,;\vec{i})$, axe où s'effectue le mouvement oscillatoire.

b) Comme l'oscillateur mécanique est non amorti, son énergie mécanique est constante dans le temps. La dérivée par rapport au temps de l'énergie mécanique de l'oscillateur est donc nulle. En simplifiant l'expression obtenue par dérivée, on a l'équation différentielle recherchée.

2. Pas de difficulté pour cette question.

3. La solution de l'équation différentielle est une fonction sinusoïdale qui possède trois constantes : ω_0, x_0 et φ :

• la valeur de ω_0 est obtenue avec les résultats du **2.** ;

• les valeurs de x_0 et φ sont obtenues avec les conditions initiales du mouvement de l'oscillateur.

4. Même étude que celle vue dans le **1.**, mais maintenant, il y a une force de plus.

Attention à son orientation sur l'axe $(O\,;\vec{i})$! *(corrigés p. 319)*

Étude énergétique du circuit « LC » ★ ★ ★

4 — Un circuit « LC » est constitué d'un condensateur de capacité $C = 200$ nF et d'une bobine dont le coefficient d'auto-inductance est $L = 3{,}7$ mH (fig. 7). Le tout est maintenu à la température de l'ébulition de l'hélium ; dans ces conditions, on considère que la résistance du circuit est nulle.

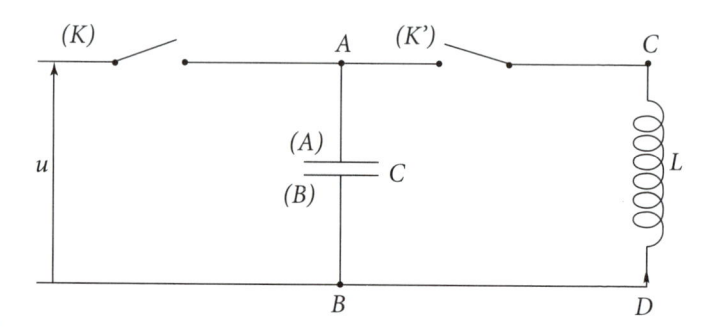

Fig. 6

1. L'interrupteur (K') étant ouvert, on charge le condensateur sous une tension $U_m = 12{,}4$ V, puis on ouvre l'interrupteur (K). Calculer la charge Q_m prise par l'armature (A) du condensateur.

2. À un instant $t = 0$, on ferme l'interrupteur (K'). On appelle $i(t)$ l'intensité du courant électrique dans le circuit à l'instant t et $q(t)$ la charge de l'armature (A) du condensateur à ce même instant t. Établir l'équation différentielle du circuit oscillant.

3. Donner les expressions des fonctions temporelles :

a) de l'énergie électrique stockée dans le condensateur $\mathscr{E}_{el}(t)$;

b) de l'énergie magnétique stockée dans la bobine $\mathscr{E}_{mag}(t)$.

c) Représenter ces deux fonctions sur deux périodes.

4. a) Calculer l'énergie électromagnétique totale $\mathscr{E}$ du circuit.

b) Vérifier cette conclusion à l'aide de la représentation graphique tracée au **3.**.

1. Question très proche du cours ; calcul immédiat.

2. Pas de difficultés, si les exercices précédents ont été compris.

3. Bien noter les conditions initiales du mouvement de l'oscillateur pour exprimer les énergies demandées.

4. Se rappeler la relation trigonométrique suivante : $\sin^2 x + \cos^2 x = 1$. L'expression de l'énergie totale se simplifie considérablement si on utilise cette dernière relation.

(corrigés p. 321)

Testez-vous !

5 — *Quatre points pour chaque exercice juste. Bon courage !*

1. a) Établir l'équation différentielle qui régit le mouvement d'un oscillateur mécanique élastique non amorti.

b) Si la masse de l'oscillateur est 154 g et le coefficient de raideur du ressort utilisé est 4,5 N·m^{-1}, calculer la période des oscillations.

2. a) Établir l'équation différentielle qui régit les oscillations d'un oscillateur électrique non amorti.

b) Si la capacité du condensateur utilisé est 68 µF et le coefficient d'auto-inductance de la bobine du circuit oscillant est 86 mH, calculer la fréquence des oscillations.

3. a) Établir l'équation différentielle qui régit le mouvement d'un oscillateur mécanique élastique amorti.

b) Établir l'équation différentielle qui régit les oscillations d'un oscillateur électrique amorti.

4. L'équation horaire d'un oscillateur élastique horizontal s'écrit :

$$x = 46 \times 10^{-3} \sin\left(23t + \frac{\pi}{2}\right), \text{ en USI.}$$

a) Calculer son abscisse initiale et sa vitesse initiale.

b) Calculer sa période T_0 et sa fréquence N_0.

c) Calculer la constante de raideur k.

On donne la masse de l'oscillateur : $m = 37$ g.

5. On utilise les données de l'exercice précédent.

a) Calculer son abscisse et sa vitesse à la date $t_1 = \dfrac{T_0}{8}$.

b) Calculer son énergie cinétique et son énergie potentielle élastique à la date $t_1 = \dfrac{T_0}{8}$.

c) Calculer son énergie mécanique.

(corrigés p. 323)

L'épreuve du bac

6 –

- À faire après l'étude des 5 exercices précédents.
- Comme pour le bac aucune indication n'est donnée dans le texte.
- Rédiger la solution sans aucun document à portée de main.
- Arrêter la recherche et la rédaction de la solution après 63 minutes environ (durée pouvant être consacrée à cette partie durant l'examen).
- Essayer de noter le travail ainsi fait.

Xylophone électronique
(Pondichéry – juin 1998 – 6 points)

Par un dispositifs approprié, on charge un condensateur de capacité $C = 3,3$ µF. On relie ses armatures A et B aux bornes d'une bobine d'auto-inductance $L = 40$ mH et de résistance $r = 9,0$ Ω.

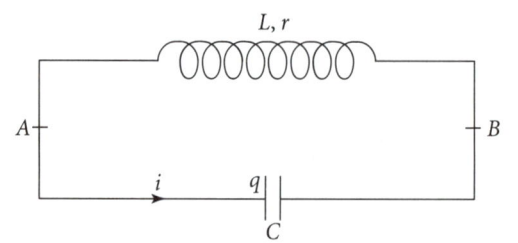

Fig. A

Des oscillations électriques s'établissent dans le circuit ainsi formé.

A. Période d'un oscillateur LC

1. Choisir parmi les expressions suivantes celle qui convient pour exprimer la période T_0 d'oscillations électriques libres non amorties :

a) $2\pi\sqrt{LC}$ b) $2\pi\sqrt{\dfrac{1}{LC}}$ c) $2\pi\sqrt{\dfrac{L}{C}}$ d) $2\pi\sqrt{\dfrac{C}{L}}$.   0,5 pt

2. a) Vérifier par l'analyse dimensionnelle que l'expression choisie a pour unité de mesure la seconde.   0,75 pt

b) Calculer la valeur de T_0 pour des valeurs de L et de C égales à celles du circuit oscillant étudié.   0,75 pt

B. Étude graphique

Un ordinateur relié au circuit électrique étudié effectue, par l'intermédiaire d'une interface de prise de données, des mesures à intervalles de temps réguliers de la tension u_{AB} aux bornes du condensateur, sur une durée de 14,2 ms.
Une imprimante associée à l'ordinateur fournit la figure B ci-après.
On a repéré sur cette figure trois instants notés t_1, t_2 et t_3.

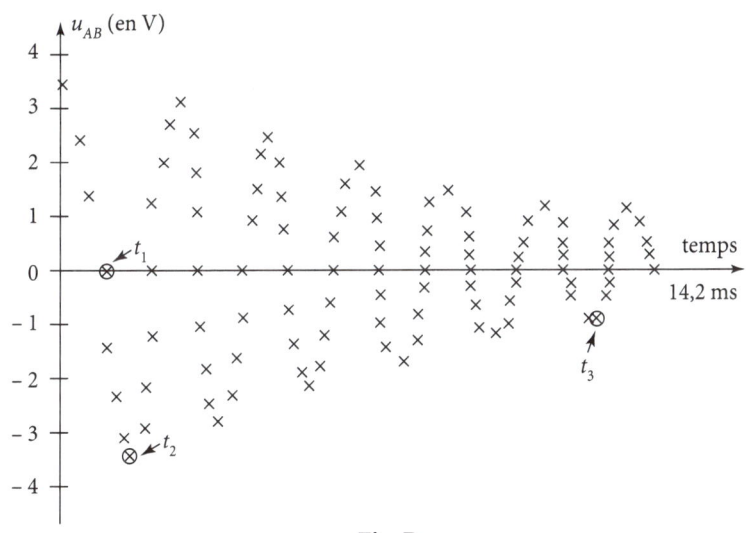

Fig. B

1. Pourquoi dit-on que les oscillations représentées sur cette figure sont pseudo-périodiques ? `0,5 pt`

2. Mesurer la durée T de la pseudo-période d'une oscillation. `0,75 pt`

3. Ces oscillations électriques sont transformées à l'aide d'un amplificateur et d'un haut-parleur en un son audible de même fréquence.

a) À une fréquence donnée correspond une hauteur musicale identifiée par une note :
Do$_3$: fréquence 262 Hz
Mi$_3$: fréquence 330 Hz
La$_3$: fréquence 440 Hz
Ré$_4$: fréquence 587 Hz.
Parmi les notes présentées ci-dessus, reconnaître la hauteur musicale du son produit. `0,75 pt`

b) La mesure de T effectuée au **B. 2.** montre que l'on peut prendre, comme expression approchée de la pseudo-période des oscillations, celle choisie pour T_0 au **A. 1.**.

Par quel facteur faut-il multiplier ou diviser la capacité du condensateur pour obtenir la note La_4 de fréquence 880 Hz ? *0,75 pt*

c) En admettant que le rapport entre les amplitudes de deux oscillations successives vaut constamment 0,77, calculer le rapport entre les amplitudes aux instants t_3 et t_2 puis vérifier sa valeur sur le graphique. *0,75 pt*

d) Le son entendu est très bref, rappelant la percussion d'un xylophone en bois. Vérifier que l'amplitude des oscillations est inférieure à 1 % de sa valeur initiale après 0,04 s (le niveau sonore a alors diminué de 40 décibels, ce qui rend le son inaudible). *0,5 pt*

C. Étude énergétique

Tenant compte de l'orientation du circuit (voir figure A), l'intensité du courant a pour expression :
$$i = C \frac{du_{AB}}{dt}.$$

1. Dans quel dipôle est stockée E_1 de l'oscillateur à l'instant t_1 ? Justifier votre réponse.

2. Dans quel dipôle est stockée l'énergie E_2 de l'oscillateur à l'instant t_2 ?

3. Comment évolue l'énergie de l'oscillateur au cours du temps ? Pourquoi ?

(corrigés p. 324)

CORRIGÉS

Circuit « LC » dans l'hélium liquide

1 -

1. Équation différentielle régissant la charge q.
À l'instant t, la tension u_{AB} aux bornes du condensateur est :
$$u_{AB} = \frac{q}{C}.$$

À ce même instant, la tension u_{CD} aux bornes de la bobine est :
$$u_{CD} = ri - e, \text{ avec } e = -L\frac{di}{dt}.$$

Par hypothèse $r \approx 0$,

d'où $u_{CD} = L\dfrac{di}{dt}$.

L'additivité des tensions s'écrit :
$u_{AB} + u_{CD} = 0$,

ou encore $\dfrac{q}{C} + L\dfrac{di}{dt} = 0$ (1).

Par définition, $i = \dfrac{dq}{dt}$,

d'où $\dfrac{di}{dt} = \dfrac{d^2q}{dt^2} = \ddot{q}$.

L'équation (1) s'écrit : $\ddot{q} + \dfrac{1}{LC}q = 0$ (2).

2. Solution de l'équation différentielle

a) $q = Q_m \sin(\omega_0 t + \varphi)$ doit vérifier l'équation (2).
Les dérivées premières et secondes s'écrivent :
$\dot{q} = \omega_0 Q_m \cos(\omega_0 t + \varphi)$,
$\ddot{q} = -\omega_0^2 Q_m \sin(\omega_0 t + \varphi)$, ou encore $\ddot{q} = -\omega_0^2 q$.
D'où : $\ddot{q} + \omega_0^2 q = 0$ (3).
Cette équation différentielle est bien de la même forme que l'équation (2) :
$q = Q_m \sin(\omega_0 t + \varphi)$ est bien solution de l'équation (2).

b) Par identification des équations (2) et (3), on obtient :
$\omega_0^2 = \dfrac{1}{LC}$, avec $\omega_0 = 2\pi N_0$.

D'où : $N_0 = \dfrac{1}{2\pi \sqrt{LC}}$;

$N_0 = 912$ Hz.

3. Étude des fonctions $q = f(t)$ et $i = g(t)$

a) Par hypothèse : $\begin{cases} t = 0 \text{ quand } q = Q_m \\ q = Q_m \sin(\omega_0 t + \varphi). \end{cases}$

D'où : $Q_m = Q_m \sin \varphi$;
$\sin \varphi = 1$

et $\varphi = \dfrac{\pi}{2}$ rad.

La charge q s'écrit alors :
$q = Q_m \cos \omega_0 t$,

ou encore $q = Q_m \cos \sqrt{\dfrac{1}{LC}}\, t$,

avec $t \in \mathcal{D}$ où $\mathcal{D}$ est la durée pendant laquelle le circuit LC est en régime oscillant.
$q = 37 \times 10^{-6} \cos(5{,}73 \times 10^{+3} t)$, en coulomb (C).
Par définition, $i = \dot{q}$:
$i = -\omega_0 Q_m \sin \omega_0 t$.

Ou encore : $i = -\dfrac{1}{\sqrt{LC}} Q_m \sin \sqrt{\dfrac{1}{LC}}\, t$, avec $t \in \mathcal{D}$ (4) ;

$i = -0{,}212 \sin(5{,}73 \times 10^{+3} t)$, en ampères (A).

b) Les deux fonctions $q = f(t)$ et $i = g(t)$ sont en quadrature l'une par rapport à l'autre : déphasage de $\dfrac{\pi}{2}$ rad des fonctions sinus et cosinus.

c) L'intensité maximale circulant dans le circuit est, d'après (4) :

$I_m = \dfrac{1}{\sqrt{LC}} Q_m$; $I_m = 0{,}212$ A.

CORRIGÉS

Analogie

2 —

Fig. 10a	Fig. 10b
$A \Rightarrow kx$	$B \Rightarrow L\ddot{q} + \dfrac{1}{C}q = 0$
$C \Rightarrow \omega_0 = \sqrt{\dfrac{k}{m}}$	$D \Rightarrow \omega_0 = \sqrt{\dfrac{1}{LC}}$
$E \Rightarrow T_0 = 2\pi\sqrt{\dfrac{m}{k}}$	$F \Rightarrow T_0 = 2\pi\sqrt{LC}$
$G \Rightarrow x = x_m \cos(w_0 t + \varphi)$	$H \Rightarrow q = q_m \cos(\omega_0 t + \varphi)$
	$I \Rightarrow L$
	$J \Rightarrow \dfrac{1}{C}$
$K \Rightarrow x$	
$L \Rightarrow v = \dot{x}$	
$M \Rightarrow$ une force $\vec{F}$	
$N \Rightarrow$ vitesse de la masselotte	$O \Rightarrow$ intensité du courant
$P \Rightarrow \dot{x} = \omega_0 x_m \cos\left(\omega_0 t + \varphi + \dfrac{\pi}{2}\right)$	$Q \Rightarrow \dot{q} = -\omega_0 q_m (\omega_0 t + \varphi)$
$\dot{x} = -\omega x_m \sin(\omega_0 t + \varphi)$	
$\dot{x} = v = -v_m(\omega_0 t + \varphi)$	$\dot{q} = i = -I_m(\omega_0 t + \varphi)$
$R \Rightarrow$ énergie cinétique	$S \Rightarrow$ énergie magnétique
$T \Rightarrow \mathcal{E}_c = \dfrac{1}{2}mv^2$	$U \Rightarrow \mathcal{E}_{mag} = \dfrac{1}{2}Li^2$
$V \Rightarrow$ énergie potentielle élastique	$W \Rightarrow$ énergie électrique
$X \Rightarrow \mathcal{E}_p = \dfrac{1}{2}kx^2$	$Y \Rightarrow \mathcal{E}_{él} = \dfrac{1}{2C}q^2$

Oscillateur horizontal élastique libre

3 —

1. a) Système étudié par rapport au référentiel terrestre supposé galiléen : la masselotte de masse m.
Les forces appliquées à la masselotte : voir la figure 7.
$\vec{P} + \vec{R} + \vec{T} = m\vec{a}_G$, avec $\vec{T} = -k\overrightarrow{OG}$.

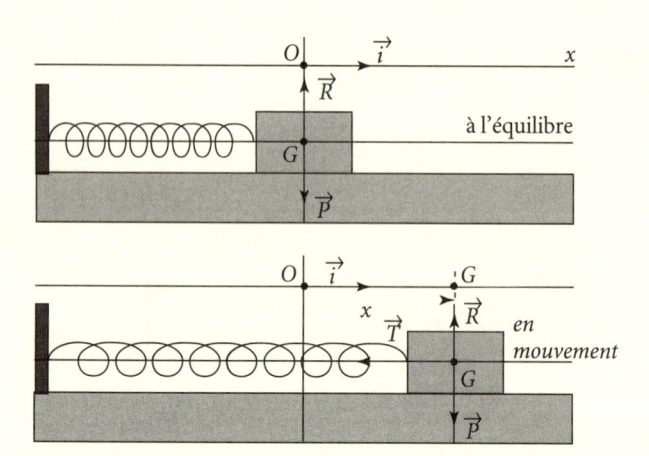

Fig. 7

En projetant sur l'axe $(O, \vec{i})$, on a :
$0 + 0 - kx = ma_G = m\ddot{x}$.

D'où : $m\ddot{x} + kx = 0$ ou $\ddot{x} + \dfrac{k}{m}x = 0$.

b) L'énergie mécanique $\mathcal{E}_m$ de l'oscillateur élastique est :

$\mathcal{E}_m = \dfrac{1}{2}kx^2 + \dfrac{1}{2}mv^2 = $ cte.

$\dfrac{d\mathcal{E}_m}{dt} = \dfrac{1}{2} \times 2 \times kx\dot{x} + \dfrac{1}{2} \times 2 \times mv\dot{v} = 0$.

Comme $\dot{x} = 0$ n'est pas solution, on a donc :
$kx + m\ddot{x} = 0$ ou $\ddot{x} + \dfrac{k}{m}x = 0$.

2. a) Les équations différentielles obtenues sont de la forme :
$\ddot{u} + \omega_0^2 u = 0$.

D'où : $\omega_0 = \sqrt{\dfrac{k}{m}}$; $\omega_0 = 7{,}11$ rad·s^{-1}.

b) $T_0 = 2\pi \sqrt{\dfrac{m}{k}}$; $T_0 = 0{,}88$ s.

3. Une solution de l'équation différentielle est :
$x = x_m \cos(\omega_0 t + \varphi)$.
Or, lorsque $t = 0$, $x = x_m$.
D'où : $x_m = x_m \cos \varphi$, $\cos \varphi = 1$; $\varphi = 0$ (mod 2π).
On obtient donc :
$x(t) = x_m \cos \omega_0 t$; $x(t) = 6{,}0 \times 10^{-2} \cos(1{,}80\, t)$, en m.

CORRIGÉS

4. Le théorème du centre d'inertie donne alors :
$\vec{P} + \vec{R} + \vec{T} + \vec{F} = m\vec{a}_G$.
En projetant sur l'axe $(O, \vec{i})$, on obtient : $0 + 0 - kx - fv = ma_G$.
Comme $v = \dot{x}$, on a : $m\ddot{x} + f\dot{x} + kx = 0$.

Étude énergétique du circuit « LC »

4 —

Réponses pour vérifier les résultats trouvés.

1. $Q_m = CU_m$; $Q_m = 2,48$ μC.

2. Voir l'exercice 2 : $\ddot{q} + \dfrac{1}{LC} q = 0$ (1).

L'équation différentielle (1) est de la forme : $\ddot{q} + \omega_0^2 q = 0$.

D'où : $\omega_0 = \sqrt{\dfrac{1}{LC}}$; $\omega_0 = 3,7 \times 10^4$ rad·s^{-1}.

3. a) À un instant donné t, la charge prise par le condensateur est une solution de l'équation différentielle (1). Soit :
$q = Q_m \sin(\omega_0 t + \varphi)$.

D'autre part : $\begin{cases} \text{quand } t = 0 : q = Q_m \\ \text{et } q = Q_m \sin(\omega_0 t + \varphi). \end{cases}$

D'où : $Q_m = Q_m \sin \varphi$, $\sin \varphi = 1$ et $\varphi = \dfrac{\pi}{2}$ rad.

D'où : $q = Q_m \cos(\omega_0 t)$.
L'énergie électrique stockée par le condensateur en fonction du temps est :

$\mathcal{E}_{\text{él}}(t) = \dfrac{Q_m^2}{2C} \cos^2(\omega_0 t)$, avec $t \in [0 ; 2T]$.

$\mathcal{E}_{\text{él}}(t) = 15,4 \cos^2(3,7 \times 10^4 t)$, en μJ.

b) L'intensité passant dans le circuit « LC » est telle que :
$i = \dot{q}$, soit : $i = -\omega_0 Q_m \sin(\omega_0 t)$.
L'énergie magnétique stockée par la bobine en fonction du temps est donc :

$\mathcal{E}_{\text{mag}}(t) = \dfrac{L\omega_0^2 Q_m^2}{2} \sin^2(\omega_0 t)$, avec $t \in [0 ; 2T]$;

$\mathcal{E}_{\text{mag}}(t) = 15,4 \sin^2(3,7 \times 10^4 t)$, en μJ.

c) La représentation graphique des fonctions $\mathcal{E}_{él}(t)$ et $\mathcal{E}_{mag}(t)$ est donnée par la figure suivante.

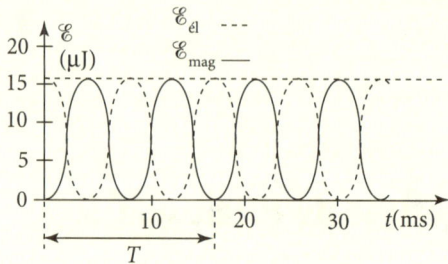

Fig. 8

4. a) À chaque instant, on a : $\mathcal{E} = \mathcal{E}_{él}(t) + \mathcal{E}_{mag}(t)$.

$\mathcal{E} = \dfrac{Q_m^2}{2C} \cos^2(\omega_0 t) + \dfrac{L\omega_0^2 Q_m^2}{2} \sin^2(\omega_0 t)$.

Or $\omega_0^2 = \dfrac{1}{LC}$, d'où : $\mathcal{E} = \dfrac{Q_m^2}{2C}(\cos^2 \omega_0 t + \sin^2 \omega_0 t)$.

Ou encore : $\mathcal{E} = \dfrac{Q_m^2}{2C}$ (2).

L'énergie totale du circuit est constante.

Remarque. Comme $I_m = \omega_0 Q_m$, l'expression (2) s'écrit encore :

$\mathcal{E} = \dfrac{I_m^2}{2C\omega_0^2}$: $\mathcal{E} = \dfrac{LI_m^2}{2}$.

b) Sur la représentation graphique de la figure 9, on vérifie bien qu'à chaque instant :

$\mathcal{E}_{él}(t) + \mathcal{E}_{mag}(t) = \mathcal{E}$, avec $\mathcal{E} = 1{,}54 \times 10^{-5}$ J.

Testez-vous !

5 —

Réponses pour vérifier les résultats trouvés.

1. a) Voir le corrigé de l'exercice 4, p. 319.

b) $T_0 = 2\pi\sqrt{\dfrac{m}{k}}$; $T_0 = 1{,}16$ s.

2. a) Voir le corrigé de l'exercice 4, p. 319.

b) $N_0 = \dfrac{1}{2\pi}\sqrt{\dfrac{1}{LC}}$; $N_0 = 65{,}8$ Hz.

CORRIGÉS

3. a) Voir l'exercice 3 au 4., p 320.
b) Voir l'exercice 4, p. 312.

4. a) $v = \dot{x} = 46 \times 23 \times 10^{-3} \cos(23t + \frac{1}{2\pi})$ (USI)

Applications numériques :

$x_0 = 46$ mm ; $v_0 = 1,06 \cos \frac{\pi}{2}$, ou encore, $v_0 = 0$.

b) $T_0 = \frac{2\pi}{\omega_0}$; $T_0 = 0,27$ s. $N_0 = \frac{1}{T_0}$; $N_0 = 3,7$ Hz.

c) $\omega_0^2 = \frac{k}{m}$, d'où : $k = \omega_0^2 \, m \cdot k = 20$ N·m^{-1}.

5. a) On remarque que :
$23t_1 + \frac{\pi}{2} = 23\frac{T_0}{8} + \frac{\pi}{2} = 23 \times \frac{2\pi}{8 \times 23} + \frac{\pi}{2} = \frac{3\pi}{4}$

$x_1 = 46 \times 10^{-3} \sin\left(\frac{3\pi}{4}\right)$; $x_1 = 33$ mm.

$v_1 = 46 \times 23 \times 10^{-3} \cos \frac{3\pi}{4}$; $v_1 = -0,75$ m·s^{-1}.

b) $\mathcal{E}_{c_1} = \frac{1}{2}mv_1^2$; $\mathcal{E}_{c_1} = 10$ mJ, par défaut. $\mathcal{E}_{p_1} = \frac{1}{2}kx_1^2$; $\mathcal{E}_{p_1} = 10$ mJ, par défaut.

c) $\mathcal{E}_m = \mathcal{E}_{m_1} = \mathcal{E}_{c_1} + \mathcal{E}_{p_1} \cdot \mathcal{E}_m = 21$ mJ.

L'épreuve du bac

6 –

A. 1. D'après la relation démontrée dans le cours, la période T_0 des oscillations électriques libres non amorties est :
$$T_0 = 2\pi\sqrt{LC}.$$

2. a) La constante de temps d'un dipôle RL série est :
$$\tau = \frac{L}{R} ;$$
τ s'exprime en seconde.

La constante de temps d'un dipôle RC série est :
$$\tau' = RC$$

D'où :
$$\tau\tau' = LC.$$

Ce produit s'exprime donc en s^2.

$T_0 = 2\pi\sqrt{LC}$ s'exprime en seconde (s).

b) Application numérique :
$$T_0 = 2{,}3 \text{ ms.}$$

B. 1. La tension u_{AB} n'est pas périodique car son « motif » ne se répète pas identique à lui-même dans le temps. Cependant, un certain nombre de grandeurs se reproduisent à intervalles de temps réguliers T : T n'est pas tout à fait égal à T_0. T est appelé pseudo période de la tension u_{AB} amortie.

2. Sur l'enregistrement, la durée de 14,2 ms correspond à : $6T + \dfrac{T}{4}$.

D'où : $6T + \dfrac{T}{4} = 14{,}2$ ms

$\dfrac{25}{4}T = 14{,}2$ ms ; $T = 2{,}27$ ms.

3. a) La fréquence du son émis par le haut-parleur est égale à la fréquence de la tension électrique u_{AB}.

$N = \dfrac{1}{T}$; $N = 440$ Hz.

Cette fréquence est la fréquence du la$_3$.

b) Par hypothèse : $T = T_0 = 2\pi\sqrt{LC}$.

De plus, $N' = 2N$. D'où : $T' = \dfrac{T}{4}$.

Cette dernière relation s'écrit encore :
$2\pi\sqrt{LC'} = \pi\sqrt{LC}$
$4LC' = LC$
$C' = \dfrac{C}{4}$.

Il faut diviser la capacité du condensateur par 4 pour obtenir une fréquence double : soit 880 Hz.

c) • Par définition, on a :
$u_{AB}(t_2 + T) = 0{,}77\, u_{AB}(t_2)$
$u_{AB}(t_2 + 2T) = 0{,}77\, u_{AB}(t_2 + T)$
$u_{AB}(t_2 + 2T) = 0{,}77^2\, u_{AB}(t_2)$
… etc…
$u_{AB}(t_2 + 5T) = (0{,}77)^5\, u_{AB}(t_2)$
$u_{AB}(t_2 + 5T) = 0{,}27\, u_{AB}(t_2)$
$\dfrac{u_{AB}(t_2 + 5T)}{u_{AB}(t_2)} = 0{,}27$.

• Par mesure sur la représentation graphique, on a :
$\dfrac{u_{AB}(t_2 + 5T)}{u_{AB}(t_2)} = 0{,}27$.

Ce résultat expérimental confirme bien les hypothèses du texte.

d) Après 0,04 s, le nombre de pseudo-périodes écoulé est :
$n = \dfrac{0{,}04}{2{,}27 \times 10^{-3}}$; $n \approx 18$.

L'amplitude des oscillations de la tension u_{AB} est alors :
$u_{AB}(0{,}04 \text{ s}) = (0{,}77)^{18} u_{AB}(0)$
$u_{AB}(0{,}04 \text{ s}) = 9{,}1 \times 10^{-3} u_{AB}(0)$
$u_{AB}(0{,}04 \text{ s}) < 10^{-2} u_{AB}(0)$.
On a donc le rapport :
$\dfrac{u_{AB}(0{,}04 \text{ s})}{u_{AB}(0)} < 10^{-2}$.

D'après l'énoncé, le son émis par le xylophone, à la date 0,04 s après la percussion, est donc quasi-inaudible.

C. 1. L'énergie électrique stockée dans le condensateur est :
$\mathscr{E}_{el}(t) = \dfrac{1}{2} C u_{AB}^2(t)$.

L'énergie magnétique stockée dans la bobine est :
$\mathscr{E}_{mag}(t) = \dfrac{1}{2} L i^2(t)$.

L'énergie $\mathscr{E}(t)$ de l'oscillateur est donc : $\mathscr{E}(t) = \dfrac{1}{2} C u_{AB}^2(t) + \dfrac{1}{2} L i^2(t)$ (1).

À la date t_1, $u_{AB}(t_1) = 0$, donc : $\mathscr{E}(t_1) = \dfrac{1}{2} L i^2(t_1)$.

Toute l'énergie de l'oscillateur est stockée dans la bobine à la date t_1.

2. À la date t_2, la tension $u_{AB}(t_2)$ passe par un extremum : sa dérivée est donc nulle.
$\dfrac{\mathrm{d}u_{AB}(t_2)}{\mathrm{d}t} = 0$.

Comme par hypothèse, $i = C \dfrac{\mathrm{d}u_{AB}}{\mathrm{d}t}$, on a : $i(t_2) = 0$.

La relation (1) s'écrit : $\mathscr{E}(t_2) = \dfrac{1}{2} C u_{AB}^2(t_2)$.

Toute l'énergie de l'oscillateur est stockée dans le condensateur à la date t_2.

3. La tension u_{AB} à la date $t_2 + T$ est :
$$u_{AB} = 0{,}77 \, u_{AB}(t_2 + T) = 0{,}77 \, u_{AB}(t_2)$$
$$\mathscr{E}(t_2 + T) = (0{,}77)^2 \dfrac{1}{2} C u_{AB}^2(t_2)$$
$$\mathscr{E}(t_2 + T) = 0{,}59 \, \mathscr{E}(t_2).$$

L'énergie de l'oscillateur diminue constamment à chaque période. Cette diminution est due aux pertes d'énergie par effet Joule, principalement dans la bobine de résistance 9,0 Ω.

13
LUMIÈRE : LE MODÈLE ONDULATOIRE

COURS

- Propagation de la lumière
- Limite du modèle du rayon lumineux
- Interférences lumineuses
- Ondes électromagnétiques

MÉTHODE

- Diffraction et interférences

EXERCICES

- Diffraction par des trous
- Ondes électromagnétiques et diffraction
- Interférence et lame de verre
- Protocole expérimental : interférences lumineuses
- Testez-vous !
- L'épreuve du bac
- Corrigés

13 LUMIÈRE : LE MODÈLE ONDULATOIRE

▶ Propagation de la lumière

Propagation et vitesse

• Dans un milieu homogène, la lumière se propage en ligne droite. Dans le vide, elle se propage avec une vitesse :
$$c = 299\,792\,458 \text{ m} \cdot \text{s}^{-1}.$$
Par définition, cette valeur est exacte. On utilise plus fréquemment dans les calculs numériques la valeur approchée :
$$c = 3{,}000 \times 10^8 \text{ m} \cdot \text{s}^{-1}.$$

• Dans l'air, la vitesse de la lumière est légèrement inférieure à c. On peut utiliser la valeur approchée suivante :
$$c_{air} = 3{,}00 \times 10^8 \text{ m} \cdot \text{s}^{-1}\,;\ (c_{air} = 2{,}997 \times 10^8 \text{ m} \cdot \text{s}^{-1}).$$
La vitesse de propagation dans les autres matériaux transparents est toujours inférieure à c :
$$c_{verre} = 2{,}0 \times 10^8 \text{ m} \cdot \text{s}^{-1}\,;\ c_{eau} = 2{,}26 \times 10^8 \text{ m} \cdot \text{s}^{-1}.$$

Fréquence et longueur d'onde

Pour interpréter un certain nombre d'expériences, dont les interférences lumineuse, on admet que la lumière est de nature ondulatoire. À ce propos, on rappelle quelques définitions.

• La fréquence d'une radiation lumineuse est indépendante de son milieu de propagation. La fréquence caractérise la radiation lumineuse et détermine la couleur correspondante.

| $T = \dfrac{1}{\nu}$ ou $\nu = \dfrac{1}{T}$ | T période de la radiation (s) ;
 ν fréquence de la radiation (Hz). |

• La longueur d'onde d'une radiation lumineuse dans le vide ou dans un milieu transparent est la distance qu'elle parcourt pendant une durée égale à sa période.

| $\lambda_0 = cT$ ou $\lambda_0 = \dfrac{c}{\nu}$ | λ_0 longueur d'onde dans le vide (m) ;
 c vitesse de la lumière (m·s^{-1}) ;
 T période de la radiation (s) ;
 ν fréquence de la radiation (Hz). |

Limite du modèle du rayon lumineux

Le phénomène de diffraction

1. Un faisceau de lumière parallèle, obtenu à partir d'un laser, est dirigé vers un écran. Une tache de quelques millimètres de diamètre apparaît sur l'écran.

2. Dans le faisceau, entre le laser et l'écran est interposé une plaque métallique. Celle-ci est percée d'un très petit trou de rayon r de quelques centièmes de millimètre de diamètre. Sur l'écran, on observe alors une figure de diffraction formée d'un grand nombre de cercles concentriques entourant une tache centrale (fig. 1). Ce phénomène d'étalement de la lumière s'appelle : « **phénomène de diffraction** ».

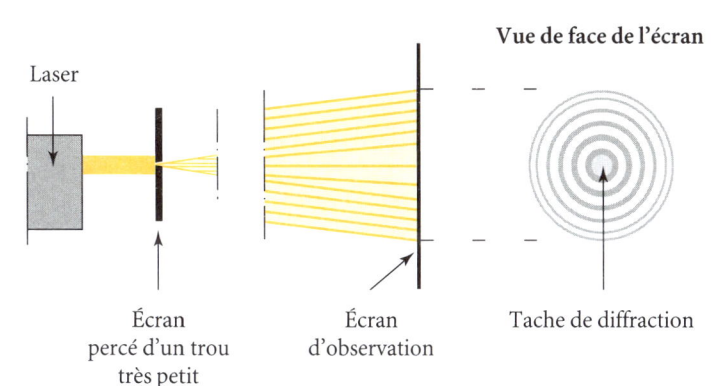

Fig. 1

Le demi-angle de diffraction

- Soit R le rayon de la tache centrale de diffraction. Le demi-angle de diffraction de cette tache, à partir du petit trou, a pour mesure $\alpha = \dfrac{R}{D}$.

On montre que cette valeur a également pour expression (*fig. 2a*) :

$\alpha = \dfrac{R}{D} = 0{,}61 \dfrac{\lambda_0}{r}$	α mesure du demi-angle de diffraction (rad) ; R rayon de la tache de diffraction (m) ; D distance « trou-écran » (m) ; λ_0 longueur d'onde de la radiation dans le vide (m) ; r rayon du trou provoquant la diffraction (m).

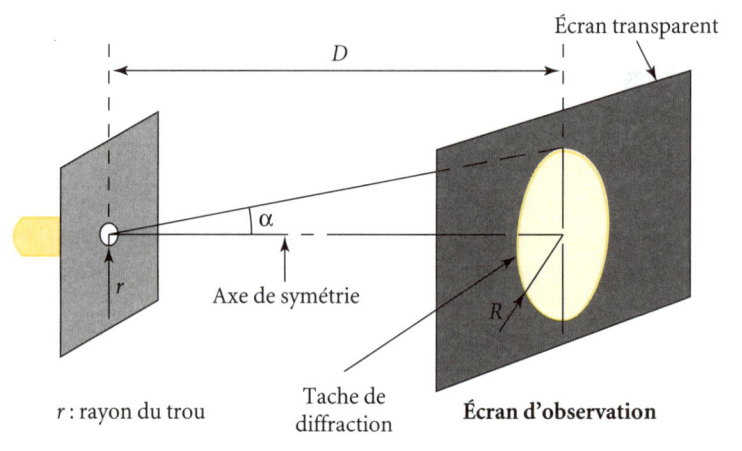

Fig. 2. a)

- Si la plaque métallique possède une fente très fine, la lumière est diffractée dans la direction perpendiculaire à celle de la fente. On montre que la valeur du demi-angle de diffraction de la frange centrale a pour expression (*fig. 2b*) :

$\alpha = \dfrac{\lambda_0}{u}$	α mesure du demi-angle de diffraction (rad) ; λ_0 longueur d'onde de la radiation dans le vide (m) ; u largeur de la fente provoquant la diffraction.

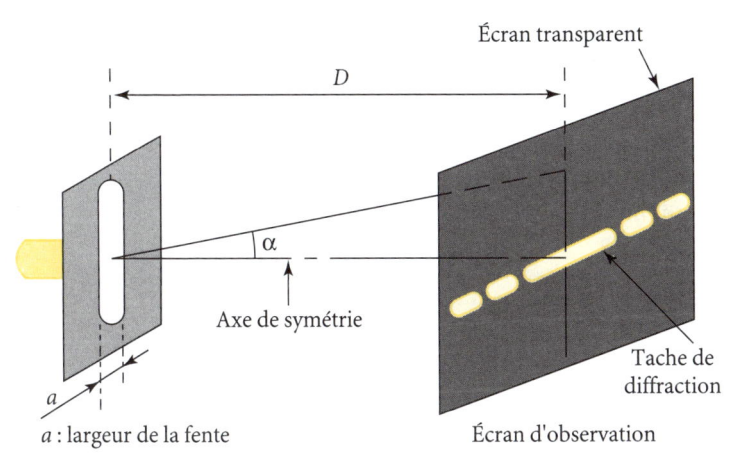

Fig. 2. b)

Interférences lumineuses

Expérience et observation

• À l'aide des bimiroirs de Fresnel, on réalise des interférences lumineuses en lumière monochromatique de longueur d'onde λ_0. On observe sur l'écran des franges d'interférences brillantes et obscures (*fig. 3*).

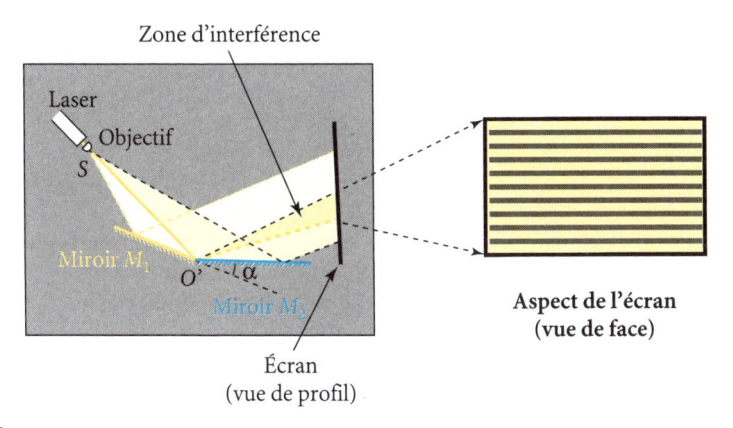

Fig. 3

• Les franges d'interférences sont rectilignes, parallèles, de direction perpendiculaire à la droite joignant les sources secondaires.

Interprétation

• La lumière est de nature ondulatoire. La source S émet des ondes lumineuses. Les deux miroirs donnent de la source S deux sources secondaires S_1 et S_2. Ces deux sources lumineuses virtuelles émettent des ondes lumineuses en phase : on dit que ces deux sources sont des sources de lumière cohérentes (fig. 4).

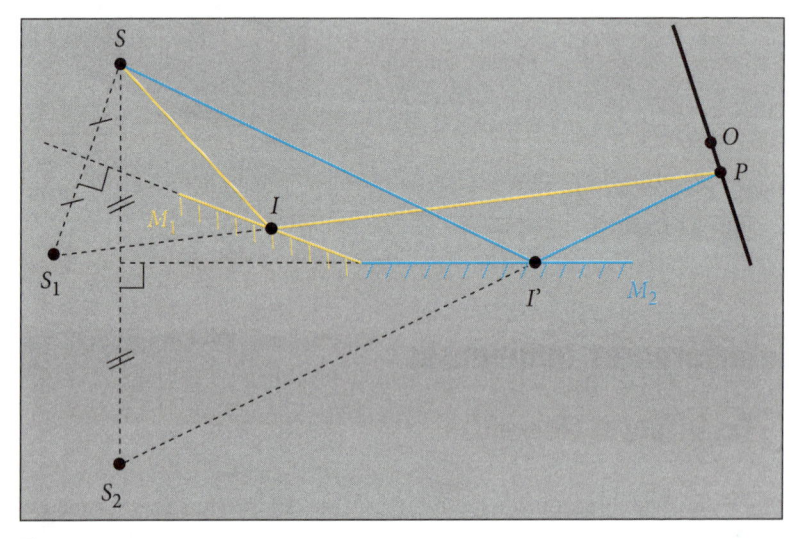

Fig. 4

• Par analogie avec les expériences d'interférences acoustiques, on admet les faits suivants.

1. Il y a interférences constructives si les ondes arrivant respectivement de S_1 et S_2 sur l'écran sont en phase. Leur différence de marche δ est alors égale à un nombre entier de longueur d'onde de la radiation employée :
$$\delta = k\lambda_0, \text{ avec } k \in Z.$$
2. Il y a interférences destructives si les ondes arrivant respectivement de S_1 et S_2 sur l'écran sont en opposition de phase. Leur différence de marche δ est alors égale à un nombre impair de demi-longueurs d'onde :
$$\delta = (2k+1)\frac{\lambda_0}{2}, \text{ avec } k \in Z.$$

Ondes électromagnétiques

Définition

Une onde électromagnétique est une onde résultant de l'association d'un champ électrique et d'un champ magnétique. Ces deux champs vibrent à la même fréquence et se propagent simultanément dans l'espace à la même vitesse. Dans le vide, toutes les ondes électromagnétiques se propagent à la même vitesse.

$$c = 3{,}000 \times 10^8 \text{ m} \cdot \text{s}^{-1}$$

Les différents domaines

Selon l'ordre de grandeur de leurs longueurs d'onde, les ondes électromagnétiques sont répertoriées en différents domaines (*fig. 5*).
La lumière visible est constituée par des ondes électromagnétiques dont les fréquences de vibration sont comprises entre :

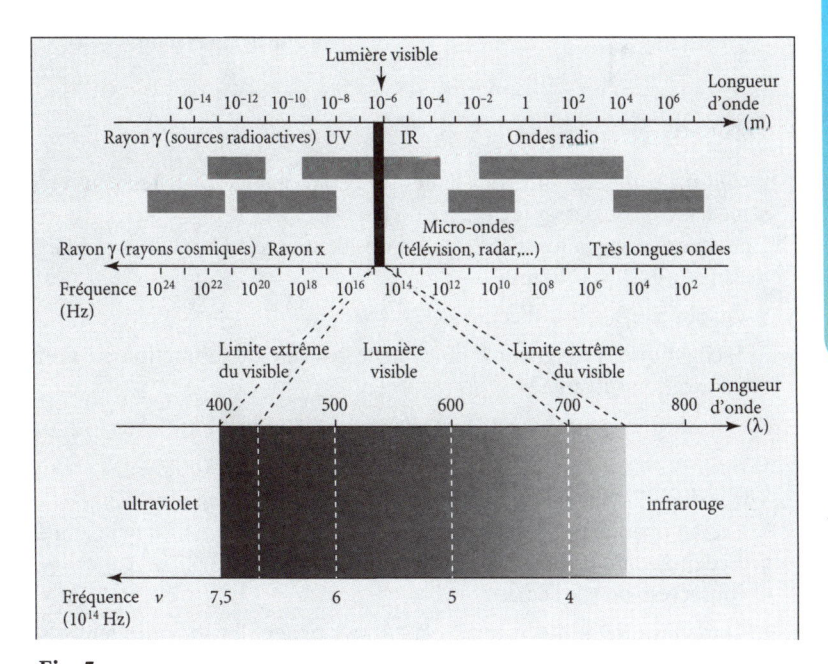

400 et 750 nm (1 nm = 10^{-9} m)

Fig. 5

MÉTHODE

Diffraction et interférences

Énoncé

On éclaire à l'aide d'un laser, sous incidence normale, deux fentes F_1 et F_2 pratiquées dans un écran opaque et situées à la distance $a = 1,00$ mm l'une de l'autre. La longueur d'onde de la « lumière laser » est $\lambda = 633$ µm.

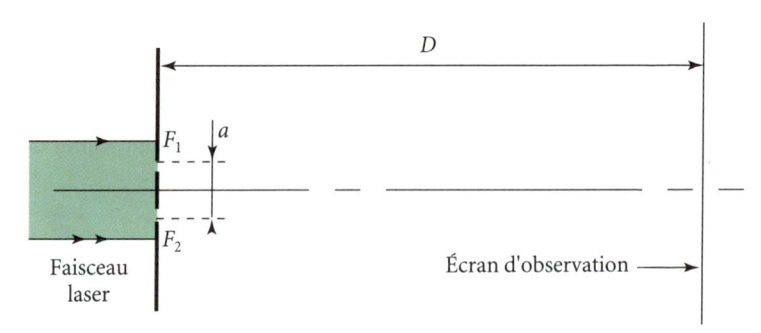

Fig. 6

A. On place devant l'une des fentes un écran opaque de telle façon qu'une seule fente laisse passer la lumière du laser.
La distance entre la fente et l'écran d'observation est $D = 2,00$ m. La largeur de la fente est $u = 0,10$ mm.

1. Qu'observe-t-on sur l'écran ?

2. Sachant que la longueur d de la tache centrale de diffraction est donnée par la relation suivante :

$$\frac{d}{2D} = \frac{\lambda}{u}$$

Calculer cette longueur d.

3. L'écran opaque est maintenant placé devant l'autre fente. La fente qui était précédemment occultée éclaire maintenant l'écran.
Qu'observe-t-on sur l'écran ?

B. On enlève définitivement le petit écran opaque et les deux fentes sont maintenant éclairées par le faisceau laser.

COURS — **MÉTHODE** — **EXERCICES**

1. Qu'observe-t-on sur l'écran ?

2. On montre que la distance i entre les deux franges brillantes est donnée par la relation :
$$i = \frac{\lambda D}{a}.$$

Combien de franges brillantes peut-on voir dans la tache centrale de diffraction ?

3. Peut-on justifier au cours des expériences précédentes la proposition suivante :

« lumière + lumière = obscurité » ?

4. Quelle hypothèse permet de comprendre une telle proposition ?

Solution commentée

> Pour répondre à cette question, il faut se rappeler les expériences faites en classe ou les documents photographiques du livre.

A. 1. On observe une figure de diffraction sur l'écran semblable à celle de la figure 2b p. 331.

> La formule donnée n'est pas exigible à l'examen du baccalauréat. Toutes les grandeurs contenues dans cette relation sont définies dans le texte en différents endroits. À vous de les rechercher.
>
> Dans l'application numérique qui s'ensuit, utiliser le mètre comme unité de longueur pour toutes les grandeurs, cela évitera de faire des erreurs de calcul.

2. D'après la relation $\dfrac{d}{2D} = \dfrac{\lambda}{u}$ donnée dans l'énoncé, on obtient la valeur de d, largeur de la tache centrale :
$$d = 2D\frac{\lambda}{u} \; ; \; d = 25 \text{ mm}.$$

> Penser à la réponse du 1. On peut introduire le petit décalage de la deuxième fente par rapport à la première, ce décalage étant de 1 mm.

3. La largeur u des fentes F_1 et F_2 étant identiques, on observe sur l'écran exactement la même figure de diffraction que celle observée au 1.
La seule différence, quasi invisible, est que cette dernière est décalée de 1 mm par rapport à la première. Cette distance est due à la distance $a = 1{,}0$ mm entre les deux fentes F_1 et F_2.

Pour répondre à cette question, il faut se rappeler les expériences faites en classe ou les documents photographiques du livre. Ici deux phénomènes optiques se superposent.

B. 1. On observe sur l'écran deux phénomènes qui se superposent.
Premier phénomène. On observe une tache centrale de longueur voisine de 25 mm due à la diffraction des deux fentes. Ce sont les deux figures de diffraction observées au 1. et 3. du A. qui, elles aussi, se superposent.
Deuxième phénomène. On observe dans la tache centrale et dans les autres taches de diffraction, des franges obscures (*fig. 7*). Ce phénomène est dû aux interférences lumineuses provoquées par les deux fentes F_1 et F_2.

Franges sombres dues aux interférences lumineuses

Tache centrale de diffraction

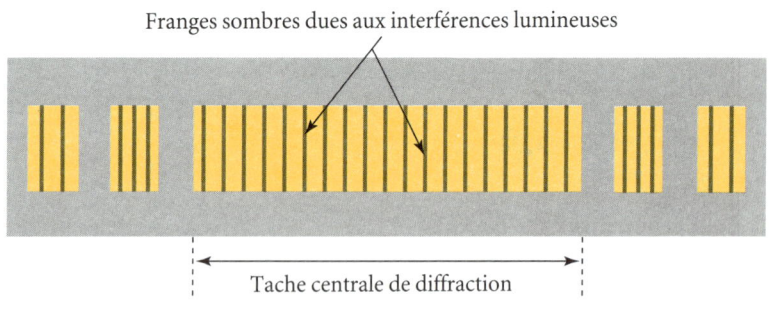

Fig. 7

L'expression de l'interfrange est hors programme, elle n'est donc pas à savoir. C'est la raison pour laquelle elle est donnée dans le texte pour effectuer une simple application numérique.

Faire un dessin pour dénombrer le nombre d'interfranges et le nombre de franges brillantes observées dans la tache centrale de diffraction : cela simplifie la compréhension du phénomène.

2. Le nombre d'interfranges n, distance entre deux franges, est donné par la relation :

$$n = \frac{d}{i}.$$

D'où : $n = \dfrac{2\not{D}\not{\lambda}a}{u\not{\lambda}\not{D}}$;

$n = \dfrac{2a}{u}$; $n = 20.$

On observe 20 interfranges dans la tache centrale ; ces interfranges sont dénombrables en raison de la présence des franges obscures.
Le nombre de franges brillantes situées entre deux franges obscures est donc égal au nombre d'interfranges : soit $n = 20$.

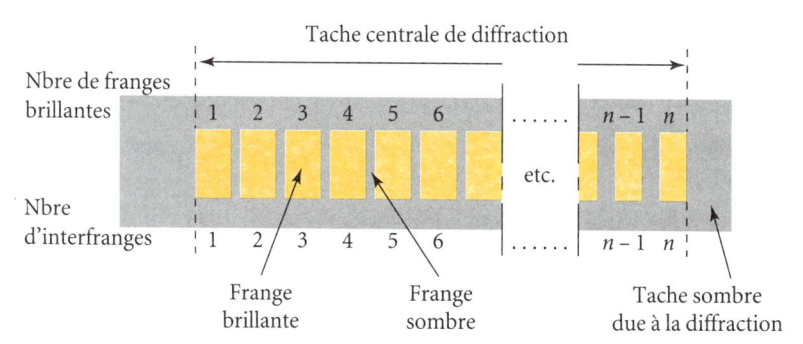

Fig. 8

> Considérer un point quelconque M situé sur une frange sombre d'interférence et noter l'état d'éclairement de ce point dans les expériences précédentes.

3. Soit M un point quelconque situé sur une frange sombre due au phénomène d'interférence.
Lorsque seule la fente F_1 éclaire l'écran, ce point M reçoit de la lumière.
Lorsque seule la fente F_2 éclaire l'écran, ce point M reçoit également de la lumière.
Lorsque la fente F_1 et la fente F_2 éclairent le point M, on observe « de l'obscurité » en M !
D'où la proposition insolite donnée dans l'énoncé :
$$\text{lumière + lumière = obscurité !}$$

> Pour émettre une hypothèse qui permette d'interpréter ce phénomène, penser aux expériences interférences sonores.

4. En émettant l'hypothèse suivante :
« La lumière est de nature ondulatoire », on peut interpréter ce phénomène.

• On constate que deux sources sonores S_1 et S_2 créent en des points M de l'espace des zones de « silence ». On a donc la proposition :
$$\text{« bruit + bruit = silence ».}$$
La nature ondulatoire du son permet d'expliquer ces observations.
Si les deux ondes, arrivant respectivement de S_1 et de S_2 en M, sont en opposition de phase, la vibration sonore résultante devient nulle : d'où le silence enregistrer en M.

• Si les ondes lumineuses, arrivant respectivement de F_1 et de F_2 en M, sont en opposition de phase, la vibration lumineuse résultante devient nulle : d'où la frange sombre observée sur l'écran.
« La lumière est de nature vibratoire » permet d'interpréter cette expérience d'interférence lumineuse.

Méthode : interpréter une expérience

Exemple : interpréter une expérience d'interférence lumineuse.

• Noter les observations finales de l'expérience.
Exemple : observation des franges obscures et brillantes.

• Rechercher une loi connue ou une hypothèse qui permette d'interpréter les observations. Si l'interprétation ne permet pas d'expliquer le phénomène observé, rejeter la loi ou l'hypothèse utilisée.
Exemple : hypothèse : « la lumière est constituée de particules » qui passent à travers les fentes et sont projetées sur l'écran à la manière d'un jet d'eau. Dans ce cas, tout l'écran serait éclairé et l'on ne pourrait pas observer des franges sombres : hypothèse à rejeter.

• Si aucune loi connue n'est envisageable, rechercher une expérience ou une observation qui provoquerait le même phénomène.
Exemple : dans une interférence sonore utilisant deux sources, on constate qu'il y a des zones où le son perçu est quasi inaudible. Or, on sait que le son est de nature vibratoire : c'est une onde sonore.

• Émettre une hypothèse en se calquant sur celle qui puisse expliquer l'expérience ou l'observation retenue.
Exemple : l'hypothèse émise est « la lumière est de nature ondulatoire ».

• Montrer que cette hypothèse permet de justifier l'expérience que l'on cherche à interpréter.
Exemple : en un point donné, si deux vibrations sont en opposition de phase, l'onde résultante est nulle : ceci explique le fait que l'on ne peut pas avoir une onde lumineuse en ce point.

EXERCICES

Diffraction pour des trous

1 — On réalise une expérience de diffraction avec un très petit trou de diamètre $d = 0,10$ mm éclairé par la lumière monochromatique provenant d'un laser.
La longueur d'onde de cette lumière est $\lambda_0 = 0,633$ μm.
La figure de diffraction se forme sur un écran placé à une distance $D = 2,50$ m du trou.

1. Décrire sommairement l'aspect de la figure de diffraction observée sur l'écran.

2. En utilisant la relation suivante, calculer le diamètre d de la tache de diffraction.

$d = 2,44 D \dfrac{\lambda_0}{u}$	d diamètre de la tache de diffraction (m) ; D distance « trou-écran » (m) ; λ_0 longueur d'onde de la radiation (m) ; u diamètre du trou (m).

3. Montrer qu'après quelques modifications de notations, la relation précédente peut s'écrire comme celle donnée dans le cours, page 330.

(corrigés p. 344)

Ondes électromagnétiques et diffraction

On utilisera la relation donnée dans l'exercice 1.

2 — Des impulsions laser sont envoyées sur la surface de la Lune. Elles sont réfléchies par un réflecteur déposé lors d'une mission lunaire puis reçues par un récepteur situé à proximité de l'émetteur.
La distance « surface de la Terre – surface de la Lune » est : $D = 3,84 \times 10^8$ m.

1. Calculer la durée d'un « aller-retour » d'une impulsion.

2. La longueur d'onde dans le vide de la radiation utilisée est $\lambda_0 = 0,53$ μm. Calculez la fréquence de la radiation.

3. Le rayon de l'ouverture du télescope qui envoie les impulsions est de 1,00 m. Calculer le diamètre de la tache de diffraction, formée sur la Lune.

(corrigés p. 344)

Interférence et lame de verre

3 — Parmi les radiations émises par une source à hydrogène, on isole, à l'aide d'un filtre, la radiation de longueur d'onde $\lambda_2 = 656$ µm.
On utilise cette radiation pour produire des franges d'interférence, à l'aide du dispositif de la figure 2 (fentes d'Young).

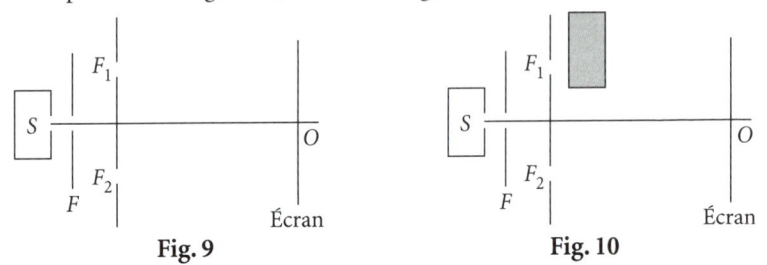

Fig. 9   **Fig. 10**

S est la source produisant la radiation monochromatique de longueur d'onde $\lambda_2 = 656$ µm.
Les fentes F_1 et F_2, placées à égale distance de la fente F, se comportent comme deux sources synchrones et cohérentes.

1. Peut-on utiliser 2 lampes S_1 et S_2 au lieu d'une seule lampe S éclairant 2 fentes F_1 et F_2? Pourquoi?

2. Au point O de l'écran, équidistant de F_1 et de F_2, observe-t-on une frange d'interférences sombre ou brillante? Justifier la réponse.

3. À l'arrière de la fente F_1, on dispose une petite lame de verre d'indice $n = 1,5$ (fig. 3) qui augmente le temps de trajet de l'onde lumineuse qui, partant de S, passe par F_1. On appelle frange centrale située en O', la frange initialement en O pour laquelle la lumière met le même temps pour effectuer les trajets F_1O' et F_2O'. Le point O' est-il situé au-dessus ou au-dessous de O? Justifiez qualitativement la réponse.

(corrigés p. 344)

Protocole expérimental : interférences lumineuses

4 — On dispose respectivement sur un banc optique :
– d'une source de lumière blanche ;
– d'une fente très fine notée S ;
– d'un bimiroir de Fresnel ;
– d'un oculaire micrométrique que l'on peut déplacer sur le banc d'optique.
En outre, on dispose de quatre filtres de lumière ne laissant passer que la lumière située au voisinage d'une longueur d'onde λ_i.

1. a) Faire un schéma du dispositif. Pour simplifier la représentation, on remplacera l'oculaire par un écran.

b) Où sont situées les deux sources cohérentes de lumière ?

2. On interpose, entre la fente et les bimiroirs, un filtre rouge.

a) Qu'observe-t-on dans l'oculaire, celui-ci étant dirigé vers les bimiroirs ?

b) Comment sont disposées les franges observées ?

3. a) Qu'appelle-t-on « interfrange » ?

b) Avec l'aide du micromètre, on mesure la distance d séparant 11 franges brillantes.

On note la longueur d'onde caractérisant le filtre utilisé λ_i. On obtient les résultats suivants :

λ_i (µn)	0,45	0,56	0,62	0,70
d (mm)	1,6	2,0	2,2	2,5
i (mm)				

Compléter le tableau.

c) Tracer la représentation graphique de la fonction : $i = f(\lambda)$.

L'axe des « λ » sera tracé de 0 à 0,75 µm avec l'échelle suivante : 25 mm pour 0,10 µm (λ).

L'axe des « i » sera tracé de 0 à 2,5 mm avec l'échelle suivante : 50 mm pour 0,5 mm (i).

d) Quelle conclusion peut-on donner à la vue de ce tracé ?

4. L'interfrange i d'une figure d'interférence est donnée par la relation $i = \dfrac{\lambda D}{a}$.

D désigne la distance des sources S_1 et S_2 à l'écran d'observation (ici, l'oculaire) ; a représente la distance $S_1 S_2$.

On estime que la distance D a pour valeur 1,30 m. En exploitant le tracé de la fonction $i = f(\lambda)$, déterminer la valeur de a. *(corrigés p. 346)*

Testez-vous !

5 — 1. Montrer, à partir d'un calcul, que les conversations radio entre les astronautes et le centre de contrôle sur Terre sont :
– possibles si les astronautes se trouvent sur la Lune ;
– problématiques si ceux-ci se trouvent sur Mars.
On donne :
– la distance « Terre-Lune », $D_1 = 3,8 \times 10^8$ m ;
– la distance « Terre-Mars », $D_2 = 3,3 \times 10^8$ km.

2. a) Un faisceau laser pénètre à travers un petit trou en incidence normale. Que constate-t-on sur un écran placé dans le prolongement des rayons sortant du petit trou ?

b) Même question et même dispositif, mais maintenant on utilise une fente très fine au lieu du petit trou.

3. a) Décrire une expérience d'interférence lumineuse de votre choix.

b) Quand y a-t-il « interférences constructives » ? Quand y-a-t'il « interférences destructives » ?

4. a) Donner les différents domaines des ondes électromagnétiques ?

b) À quelle vitesse se déplacent ces ondes dans le vide ?

5. On réalise l'expérience d'interférences lumineuses à l'aide du dispositif des fentes d'Young, en lumière monochromatique.

a) Quelle est la différence de marche des rayons lumineux en un point O équidistant des fentes source S_1 et S_2 ?

b) La frange centre est-elle brillante ou noire ?

c) Dans quel sens se déplace la frange centrale quand la source S se déplace verticalement vers le bas ?

d) Dans quel sens se déplace la frange centrale quand on intercale, sur le chemin de la lumière issue de S_1, un film transparent de faible épaisseur ?

(corrigés p. 349)

L'épreuve du bac

6 –

- À faire après l'étude des 5 exercices précédents.
- Comme pour le bac, aucune indication n'est donnée dans le texte.
- Arrêter la recherche et la rédaction de la solution après 53 minutes environ (durée pouvant être consacrée à cette partie durant l'examen).
- Essayer de noter le travail ainsi fait.

Les trous d'Young
(Projet d'un sujet pour le baccalauréat – 5 points)

On réalise une expérience d'interférence lumineuse à l'aide du dispositif des « trous d'Young ». La lumière utilisée est celle d'un laser, en incidence normale, dont la longueur d'onde est $\lambda = 0{,}633$ µm.

On obtient sur un écran, placé à une distance $D = 2{,}0$ m des trous, la figure suivante :

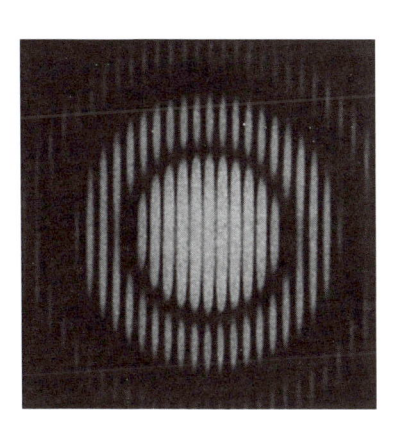

Fig. A

Grandeur nature de la figure observée sur l'écran.
On peut mesurer le diamètre de la tache centrale suivant une direction d'environ 45° par rapport à celle des franges sombres.

A. 1. Faire le schéma du montage expérimental.

2. a) Comment expliquer la présence de la tache centrale et des cercles concentriques sur l'écran ?

b) Comment expliquer la présence des franges sombres visibles dans les parties éclairées ?

3. Quelle figure obtiendrait-on si l'expérience précédente était réalisée avec un seul trou ?

4. a) Qu'appelle-t-on « interfrange » ?

b) Combien d'interfranges y a-t-il le long d'un diamètre de la tache centrale ? Quelle est la valeur d'une interfrange ?

B. 1. En utilisant la relation suivante, calculer le diamètre u des trous d'Young.

$d = 2,44 D \dfrac{\lambda}{u}$	d diamètre de la tache de diffraction (m) ; D distance « trou-écran » (m) ; λ longueur d'onde de la radiation (m) ; u diamètre du trou (m).

2. La distance i entre deux franges sombres est donnée par la relation suivante :

$i = \dfrac{\lambda D}{a}$	i distance entre deux franges sombres (m) ; λ longueur d'onde de la radiation (m) ; a distance entre les centres des deux trous (m).

Calculer la distance d entre les centres des deux trous.

3. Sans rien changer au dispositif expérimental, on éclaire maintenant les deux trous avec un laser à cristal donnant une lumière dont la longueur d'onde est $\lambda' = 532$ µm.

a) Que dire du diamètre de la tache centrale ?

b) Que dire de la valeur de l'interfrange ?

c) Que dire de l'aspect de la figure observée sur l'écran ?   *(corrigés p. 350)*

CORRIGÉS

Diffraction par des trous

1 –

1. La figure observée sur l'écran est une figure de diffraction semblable à celle de la *figure 2a* page 330.

2. Le diamètre de la tache centrale est :

$d = 2{,}44\, D\, \dfrac{\lambda_0}{u}$;

$d = 2{,}44 \times 2{,}50 \times \dfrac{0{,}633 \times 10^{-6}}{0{,}10 \times 10^{-3}}$, en m ;

$d = 38$ mm.

3. La formule donnant la valeur du demi-angle de la tache centrale de diffraction est :

$\alpha = \dfrac{R}{D} = 0{,}61\, \dfrac{\lambda_0}{r}$ (1).

Or R représente le rayon de la tache centrale, on dit donc que : $R = \dfrac{d}{2}$.

D'autre part, r représente le rayon du trou provoquant la diffraction, on a donc : $r = \dfrac{u}{2}$.

En portant ces valeurs de R et de r dans l'expression (1), on obtient :

$\dfrac{d}{2D} = 0{,}61\, \dfrac{\lambda_0}{u} \times 2$;

$d = 4 \times 0{,}61\, D\, \dfrac{\lambda_0}{u}$.

D'où : $d = 2{,}44\, D\, \dfrac{\lambda_0}{u}$.

C'est la relation donnée dans le texte.

Ondes électromagnétiques et diffraction

2 –

1. La distance franchie par la lumière laser est $2D$. Soit c la vitesse de la lumière.

La durée d'un « aller-retour » de la lumière laser entre la surface de la Terre et la surface de la Lune est :

$$\tau = \frac{2D}{c} \ ; \ \tau = 2{,}6 \text{ s.}$$

2. Par définition, la longueur d'onde est la distance franchie par l'onde lumineuse pendant une période, l'onde se déplaçant dans le vide :
$\lambda_0 = cT$, ou encore,

$\lambda_0 = \dfrac{c}{\gamma}$ (1). D'où :

$\gamma = \dfrac{c}{\lambda_0}$; $\gamma = 5{,}7 \times 10^{14}$ Hz.

3. D'après la relation donnant le diamètre de la tache centrale de diffraction, on a :

$d = 2{,}44 \, D \, \dfrac{\lambda_0}{u}$

$d = 2{,}44 \times 3{,}84 \times 10^8 \times \dfrac{0{,}53 \times 10^{-6}}{1{,}0}$, en m

$d = 0{,}50$ km.

Interférence et lame de verre

3 –

1. Deux sources de lumière différentes ne sont pas cohérentes. Elles émettent de façon indépendante.
Ces ondes ne peuvent donc pas interférer. On ne peut pas observer le phénomène d'interférence avec deux sources de lumière indépendantes.

2. Le point O se trouve sur l'axe de symétrie de la figure, il est situé à égale distance des points F_1 et F_2 : $OF_1 = OF_2$.
La différence de marche des ondes (F_1O) et (F_2O) est donc nulle. Toutes les ondes arrivant en O sont en phase : on observe en O une frange brillante (interférences constructives).

3. La vitesse de la lumière dans le verre est plus faible que celle se propageant dans l'air.
L'onde (F_1O) passant dans la lame de verre est en retard par rapport à l'onde (F_2O) passant dans l'air.
Pour obtenir la frange centrale, il faut donc augmenter le trajet de l'onde passant dans l'air.

Dans ce cas, la frange centrale se trouve décalée vers le haut de la figure, du côté de la lame de verre. Soit O' la position sur l'écran de la frange centrale. On a égalité des « chemins optiques » (F_1O') et (F_2O').

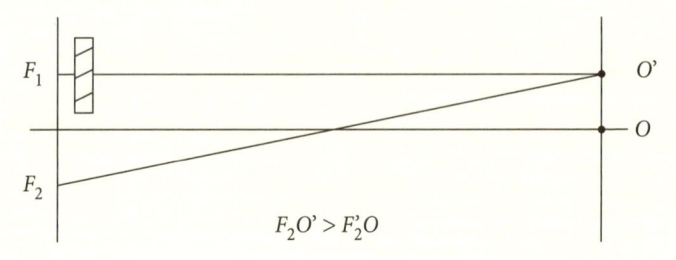

[Figure: schéma montrant F_1, F_2, O, O' avec $F_2O' > F'_2O$]

Protocole expérimental : interférences lumineuses

4 –

1. a) La représentation schématique du dispositif est donnée à la figure suivante :

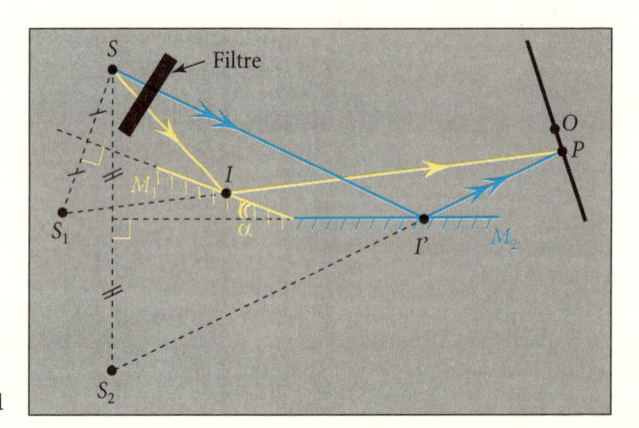

Fig. 11

La valeur α de l'angle fait par les deux miroirs M_1 et M_2 est très faible : une dizaine de minutes.
Cette valeur a été volontairement exagérée sur le dessin pour les besoins de représentation et de tracé.

b) La source lumineuse est représentée en S. Les deux miroirs M_1 et M_2 donnent les images S_1 et S_2. Ce sont ces sources virtuelles qui constituent les deux sources cohérentes qui créent le phénomène d'interférence lumineuse sur l'écran.

2. a) À travers l'oculaire, on observe des franges rouges et des franges sombres. Toutes ces franges sont situées à égale distance les unes des autres.

b) Les franges sont disposées parallèlement à l'arête de séparation des deux miroirs M_1 et M_2.
Sur la figure, cette arête est horizontale.
Les franges observées sont également horizontales.

3. a) On appelle « interfrange » la distance séparant deux franges brillantes, ou deux franges sombres, consécutives : soit i sa désignation.

b) Par hypothèse, soit d la distance séparant 11 franges brillantes. La première frange et la onzième frange sont donc séparées par une distance de 10 interfranges, d'où :
$$d = 10i.$$
Le tableau donné dans l'énoncé est complété ainsi :

λ_i (μn)	0,45	0,56	0,62	0,70
i (mm)	0,16	0,20	0,22	0,25

c) La représentation graphique de la fonction $i = f(\lambda)$ est donnée à la figure suivante :

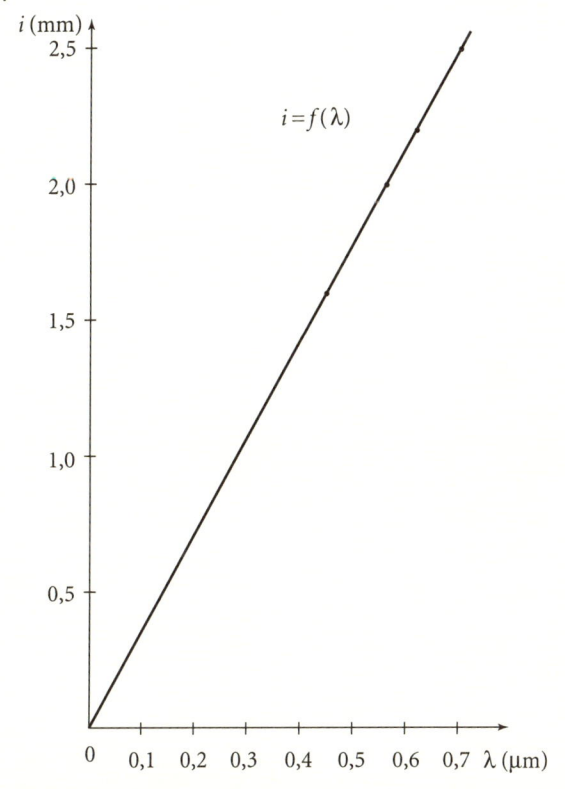

Fig. 12

d) La fonction tracée $i = f(\lambda)$ passe par l'origine, c'est donc une fonction linéaire de la forme : $i = A\lambda$.

4. D'après la représentation graphique, le coefficient directeur de la fonction tracée est :

$A = \dfrac{2,5 \times 10^{-3}}{0,70 \times 10^{-6}}$; $A = 3,57 \times 10^{3}$.

Par hypothèse, la fonction $i = f(\lambda)$ est : $i = \dfrac{D}{a} \lambda$.

On a donc : $A = \dfrac{D}{a}$.

La valeur de a est donc : $a = \dfrac{D}{A}$

$a = 3,6 \times 10^{-4}$ m, ou encore, $a = 0,36$ mm.

Testez-vous !

5 —

1. La durée de la propagation d'une onde radio entre la Terre et la Lune est :
$\tau_1 = \dfrac{D_1}{c}$; $\tau_1 = 1,3$ s.

La durée de la propagation entre la Terre et Mars est :
$\tau_2 = \dfrac{D_2}{c}$;

$\tau_2 = 18$ min !
Les conversations avec les astronautes situés :
– sur la Lune sont possibles, avec un petit décalage ;
– sur Mars sont quasi impossibles ; il faut attendre la réponse à la question posée de 36 minutes !

2. Voir le cours, page 329.

3. Voir le cours, page 331.

4. Voir le cours, page 332.

5. a) $\delta = 0$.

b) Brillante.

c) Vers le haut, car $\delta = 0$ implique que :
$d'_1 + d_1 = d'_2 + d_2$.

CORRIGÉS

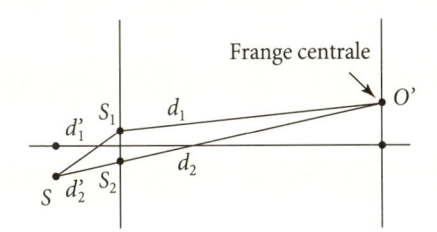

Fig. 13

d) Vers le haut, du côté de S_1 car le film transparent augmente le « chemin optique ».

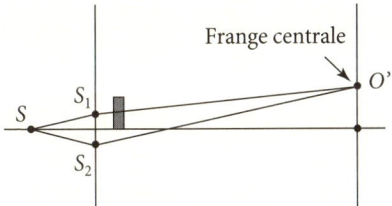

Fig. 14

L'épreuve du bac

6 —

A. 1. Le schéma du montage est donné à la figure suivante :

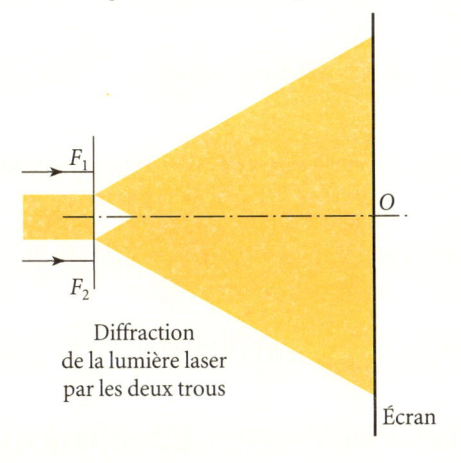

Fig. B

2. a) La présence de la tache centrale et des cercles concentriques sur l'écran s'explique par la diffraction de la lumière laser rouge par les deux trous

circulaires. Chaque trou donne une figure de diffraction identique. Ces deux figures se superposent pratiquement au même endroit si l'on néglige le petit décalage des deux trous.

b) La présence des franges sombres dans les parties éclairées s'explique par le phénomène d'interférence lumineuse. Les franges sombres correspondent à des interférences destructives des ondes arrivant respectivement de S_1 et de S_2.

3. On observe alors uniquement un phénomène de diffraction. La figure obtenue est : une tache centrale de diffraction avec les cercles concentriques de moins en moins visibles à mesure que l'on s'éloigne du centre.

4. a) On appelle « interfrange » la distance séparant deux franges sombres, ou brillantes, consécutives.

b) La mesure du diamètre de la tache centrale sur la figure de l'énoncé donne : $d = 21$ mm.
Comme on dénombre 11 franges brillantes dans cette tache, la valeur de l'interfrange i est donnée par la relation :

$i = \dfrac{d}{11}$;

$i = 1,9$ mm.

B. 1. Le diamètre des trous d'Young est :

$u = 2{,}44\, D\, \dfrac{\lambda}{d}$.

$u = 0,15$ mm.

2. La distance entre les deux trous est :

$a = \dfrac{\lambda D}{i}$;

$a = 0,67$ mm.

3. a) D'après la relation donnée au **B. 1.**, on constate que le diamètre de la tache d est proportionnel à λ. La tache observée est donc plus petite ; elle a pour diamètre d', tel que :

$d' = d\, \dfrac{\lambda'}{\lambda}$;

$d' = 18$ mm.

b) D'après la relation donnée au **B. 2.**, on constate que l'interfrange i est proportionnelle à λ.
L'interfrange observée est donc plus petite ; elle a pour valeur :

$i' = i\, \dfrac{\lambda'}{\lambda}$;

$i' = 1,6$ mm.

CORRIGÉS

c) La figure observée est semblable à celle donnée à la figure A p. 343 mais plus petite.

Le nombre de franges brillantes situées dans la tache centrale de diffraction est :

$n = \dfrac{d}{i} = \dfrac{2{,}44\, \cancel{D}\cancel{\lambda} a}{u\cancel{\lambda}\cancel{D}}$

$n = 2{,}44\, \dfrac{a}{u} = \text{cte} = 11.$

Le nombre de franges brillantes reste identique à celui dénombré sur la figure A p. 343.

TABLE DES MATIÈRES

1 Interaction gravitationnelle 5

2 Interaction électromagnétique 29

3 Lois de la dynamique 57

4 Théorème de l'énergie cinétique 83

5 Mouvements de chute. Satellites et planètes . 107

6 Particule dans un champ électrique 137

7 Particules chargées
dans un champ magnétique 165

8 Systèmes oscillants. Oscillateurs mécaniques . 193

9 Condensateur et dipôle *RC* 219

10 Induction. Auto-induction. Dipôle *RL* 243

11 Oscillations électriques libres et forcées.
Dipôle *RLC* 271

12 Modèle de l'oscillateur linéaire 301

13 Lumière : le modèle ondulatoire 327